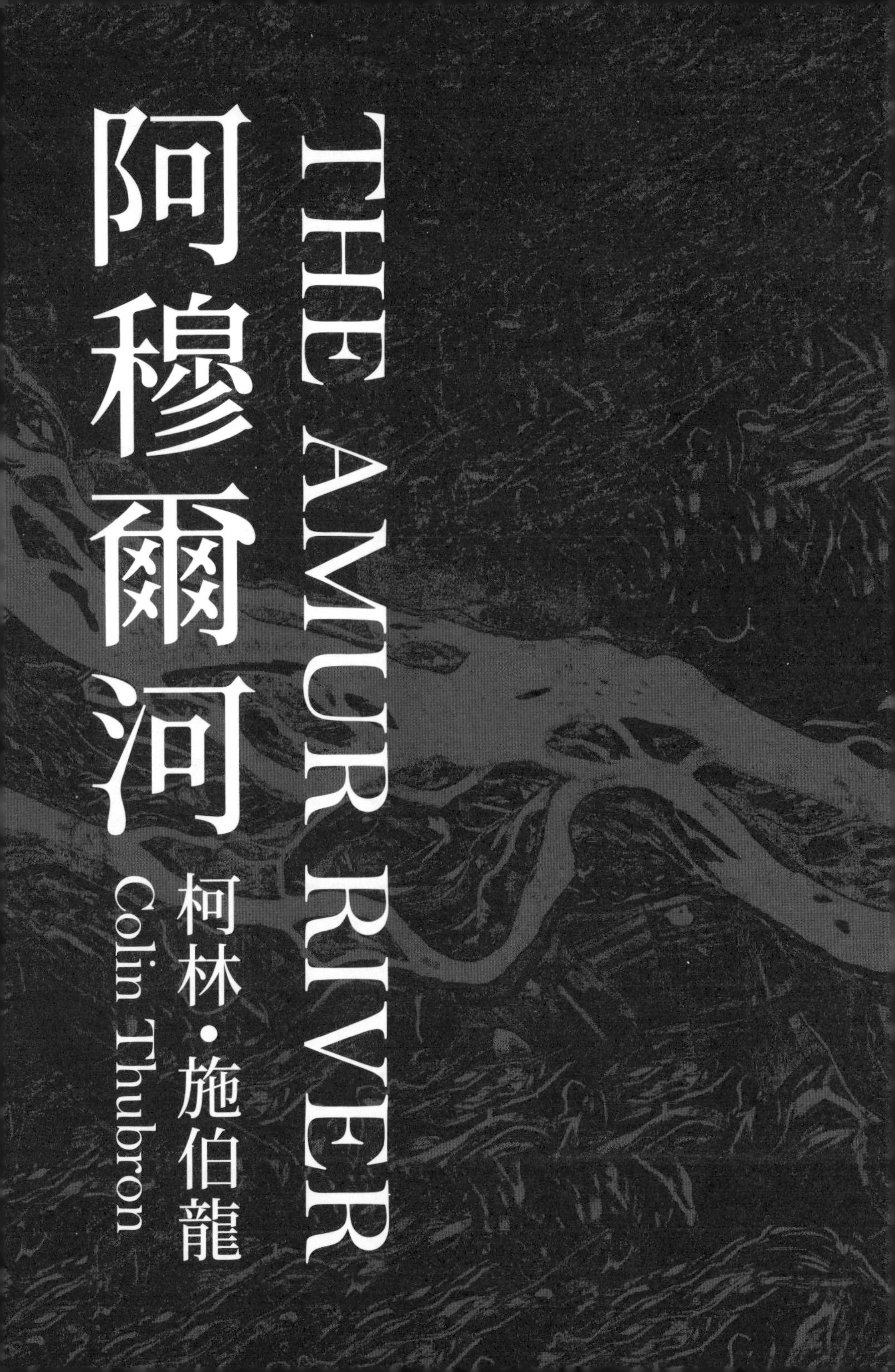

阿穆爾河

THE AMUR RIVER

柯林・施伯龍

Colin Thubron

獻給

Austin、Paula、Eliseo

Contents

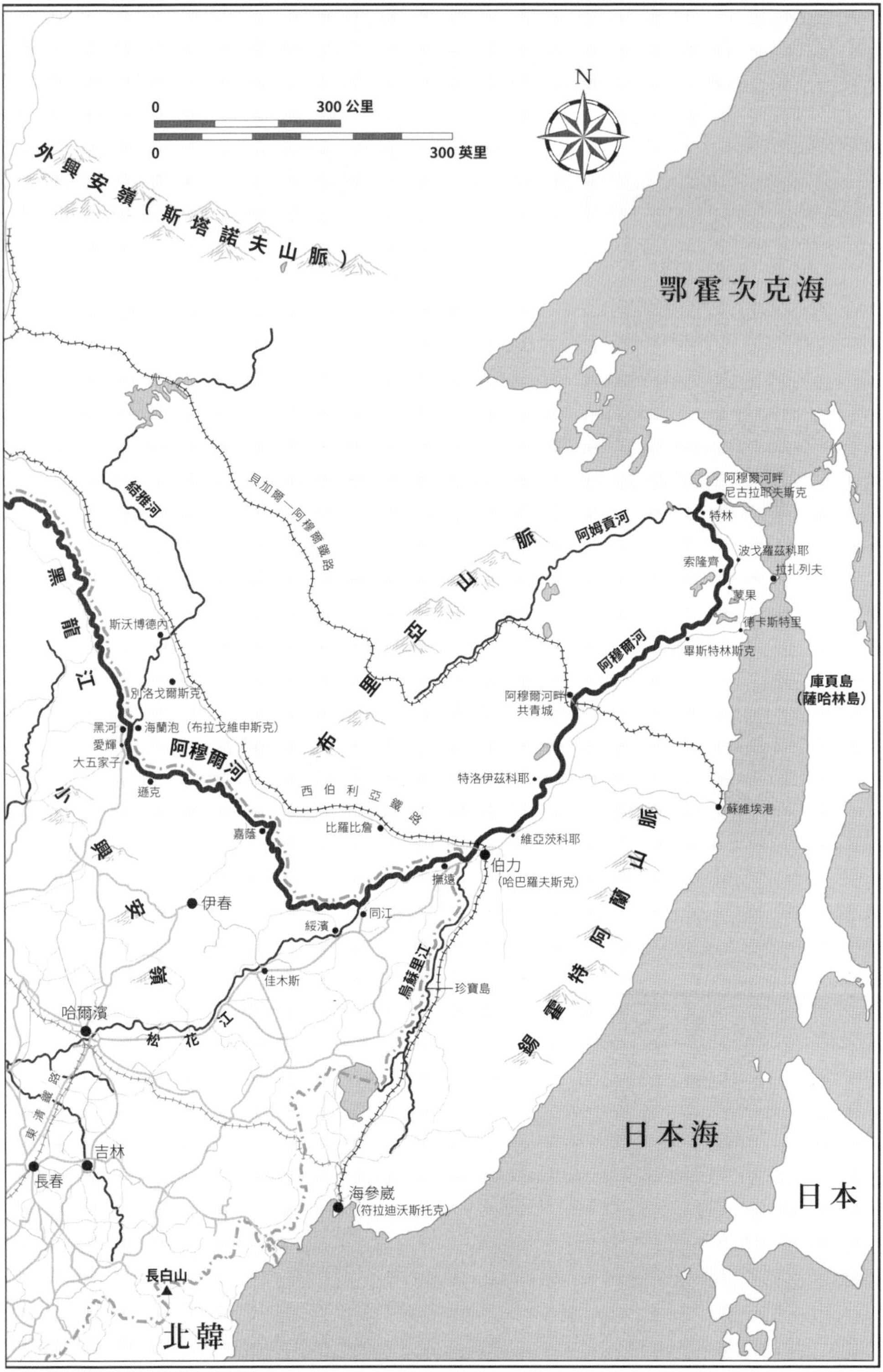

N
0
300 公里
0
300 英里
外興安嶺（斯塔諾夫山脈）
鄂霍次克海
結雅河
貝加爾－阿穆爾鐵路
布里亞山脈
阿姆貢河
阿穆爾河畔
尼古拉耶夫斯克
特林
波戈羅茲科耶
索隆齊
拉扎列夫
蒙果
德卡斯特里
畢斯特林斯克
庫頁島
（薩哈林島）
阿穆爾河
阿穆爾河畔
共青城
黑龍江
斯沃博德內
別洛戈爾斯克
黑河
海蘭泡（布拉戈維申斯克）
愛輝
大五家子
遜克
阿穆爾河
西伯利亞鐵路
特洛伊茲科耶
蘇維埃港
比羅比詹
嘉蔭
維亞茨科耶
伯力
（哈巴羅夫斯克）
撫遠
小興安嶺
伊春
同江
綏濱
佳木斯
烏蘇里江
珍寶島
錫霍特阿蘭山脈
哈爾濱
松花江
東清鐵路
吉林
長春
日本海
海參崴
（符拉迪沃斯托克）
日本
長白山
北韓

阿穆爾河

|黑龍江|

貝加爾一阿穆爾鐵路
俄羅斯
貝加爾湖
雅布洛諾夫山脈
西伯利亞鐵路
赤塔
音果達河
達烏里亞山脈
莫戈伊圖伊
阿金斯科耶
楚戈爾
阿克沙
納拉森
尼布楚
(涅爾琴斯克)
石勒喀
斯利堅斯克
石勒喀河
烏留姆河
烏斯季卡爾斯克
石勒喀區
喀拉河
阿爾貢河
阿穆爾河
雅克薩(阿爾巴津)
札林達
斯科沃羅季諾
滕達
額倫察布
東清鐵路
大興安嶺
達達勒
烏爾罕
巴彥烏爾
都日格墓地
鄂嫩河
汗肯特
(嚴格自然保護區)
施捨者牆
巴昔利特
賓德爾
岩石雕畫
蒙根莫里特
胡爾林河
烏蘭巴托
溫都爾汗
克魯倫河
喬巴山
西烏爾特
蒙古
中國
瀋陽

導讀

國立政治大學民族系副教授 藍美華

這本書好似一部公路電影，只不過公路變成一條河，電影變成一本書。作者施伯龍（Colin Thubron）帶著我們從黑龍江／阿穆爾河的源頭出發，沿著河岸各重要城鎮，穿越蒙古、俄羅斯、中國三個國家，最後在俄羅斯遠東地區的尼古拉耶夫斯克（廟街）目送這條河流入太平洋，跟讀者告別，完成了這趟近三千英里的旅程。在跟著八十多歲的作者前進的路程中，我們不只是認識這條河，更重要的是理解此流域的歷史、民族、文化以及當地居民面臨的社會、經濟、政治與生態的各類挑戰，督促我們進一步思考生存、生命與人群互動的意義。

從施伯龍的蒙古嚮導巴特蒙赫的身上，我們知道他的父母是蘇聯時代在莫斯科進修的第三世界青年，安哥拉的男子和蒙古姑娘相愛生下了他，但當他母親回到蒙古時，她被自己的父親斥責，來自非洲的貧窮青年也無法同往。混血兒在蒙古向來是遭歧視的，甚至在二〇一七年夏天總統選舉時，就有候選人被指稱具有「中國人血統」，會出賣蒙古利益，要求其公布上五代的族譜。外表明顯不同的巴特蒙赫成長的過程肯定是辛苦的，還好外公一直支持著他們母子，也鼓勵他，贏得巴特蒙赫的尊敬與愛。

在二十世紀初，因為俄國的革命與內戰，許多布里亞特人往南逃到蒙古。走到布里亞特蒙古人居住的地區，作者大篇幅談及蒙古、俄國與中國的關係。從蒙古的布里亞特人口中，知道蘇聯政府在其家鄉推動蘇維埃化、洗腦，甚至將遊牧民族的孩童送到住宿學校，企圖讓他們脫離遊牧生活與文化。雖然有人不滿蘇聯政策，但同意俄國替他們帶來歐洲文化、醫藥與教育；他們更厭惡中國人，不信任他們，痛恨其經濟剝削，害怕他們會併吞蒙古。作者還提到成吉思汗出生地和陵墓、《蒙古祕史》、匈奴的都日格墓地，以及蒙古人對成吉思汗的崇拜，他們寧可成吉思汗陵墓維持現狀，不要被找到。

到達達勒時，寫到一九三〇年代白色恐怖時期喀爾喀蒙古人欺壓布里亞特人的行動，還有政府消滅宗教的作為，但也提及十七世紀藏傳佛教迫害薩滿信仰的經過。進入俄羅斯的布里亞特共和國，布里亞特人與俄羅斯人混居，提到當地寺院的歷史以及一九三〇年代寺院被毀、僧侶被迫害，有制度的宗教信仰消失殆盡。等到宗教自由重新返回時，自己的小孩卻對父母的頌禱與跪拜感到滑稽、詭異，但當地許多人試圖找出藏起來的經書、重建寺院。施伯龍從遠在天邊的妻子電話中，才得知自己停留的地方正在進行大規模的俄中聯合軍事演習。

接下來花了頗多篇幅談論一六八九年中俄簽訂的《尼布楚條約》，這是雙方在國際法精神下簽訂的第一份邊界條約，該條約令俄國在百多年內失去了爭奪黑龍江中下游廣大地區的機會，但與清朝建立了貿易關係。中國覺得這個條約還算公平合理，但俄國卻認為這是被中國占了便宜，是俄國的恥辱，所以鮮少提及，在俄國沒有一個地方願意紀念，甚至在簽約地尼布楚也沒留下紀念碑。施伯龍記得在當地的布汀兄弟宅邸曾經展示這個條約的副本，但這次沒看見，經詢問後，才由館長小心翼翼地從紅色文件夾中拿出供其觀看。筆者曾聽政大民族系退休教授唐屹提過，他原本在我國外交部檔案中看過《尼布楚條約》，但後來卻不見了，不知是被偷了，還是被長期借了，希望這份重要的條約沒有丟失。

在石勒喀河對岸的斯利堅斯克時，由於船停駛四天，作者只能在當地閒晃，但警察找上他，因為他在那個外國人不會來的地方待了太久。他們問了很多話，說他的簽證有問題，要遣送他去赤塔，看看移民官如何處置。可能因為當地口譯女子的協助，幾個小時後得到釋放，平安度過這個危機。他坐上船，前進另一個西伯利亞小鎮烏斯季卡爾斯克，從那兒經斯科沃羅季諾，再往中俄邊境村莊雅克薩（阿爾巴津），那兒是俄羅斯在此地帶的首座堡壘，代表對黑龍江最早的軍事占領。施伯龍知道年近九十歲的朵洛斯科娃在編寫四冊的雅克薩史，還蒐集了很多文物，希望可以放在真正的博物館裡，遺憾的是，她在二〇〇二年逝世，願望尚未達成，只出版了一篇發黃的專文，作者感受到「身為寫作者的悲痛」。當俄軍在雅克薩建立堡壘，滿人卻只是向當地部族強徵貢品獻給遠方的皇帝，較少施加軍事占領。《尼布楚條約》對俄國是恥辱，但一八五八年的《璦琿條約》卻是俄國的勝利，從中國取得黑龍江以北約六十萬平方公里的土地，當然也留下了刻著俄國文字的紀念碑。

到了黑龍江沿岸的第二大城海蘭泡，河對岸聳立著中國的黑河市，三十年前的小村鎮，現在人口與發展均超過海蘭泡。蘇聯解體後，兩座城市間的穿梭貿易興起，中國商人無所不在，沒辦法和他們競爭的俄商只能重複述說對手大量生產、削價競爭、仿冒等劣跡。數百萬中國人的增長，令當地人懷疑黃禍的幽靈是否就要重返。然而，實際在俄國遠東地區生活的中國人總數並不多，他們說這裡氣候嚴寒、警察貪婪、人民不友善，自己都不是情願留下來的。在海蘭泡的地方博物館，解說員描述穆拉維耶夫占領黑龍江，採取行動對抗中國入侵，不僅沒提到《尼布楚條約》，地方當局也禁止中國嚮導發表他們自己關於那段歷史的見解。作者還描述了一九〇〇年海蘭泡和江東六十四屯慘案，那是俄國在黑龍江對中國人前所未有、慘絕人寰的大屠殺，連俄國軍官都嚇壞了，想像著「可以踩著屍體橫渡黑龍江到中國」。當然，俄方不提，關於這場屠殺的一切所知，在海蘭泡就漸漸被遺忘了。作者的嚮導格列伯二十年前在大學讀中文，這時則藉其語言專長在進口中國機具，他把成功的希望寄託在中國業務上，但因為海蘭泡的經濟停滯，他說：「即使是來這裡投資的中國人都開始後悔了。」格列伯帶作者去他家，是棟比大部分房子都好的鄉間別墅，他的兒子在學中文，覺得有點無聊，爸爸聽見了，說：「中文就是未來！繼續念！」

施伯龍之前曾受邀在斯利堅斯克中學的一堂英文課上講話，那裡是個窮困、死氣沉沉的地方，學生幾乎不會說英語，也無法回答作者畢業後要做什麼的提問，因為光是能找到工作就是幸運的，他們對未來也沒有太大期望。他在海蘭泡也受邀去和學生講話，這群學生是另一種人，未必富有，但財力足以開創作夢的可能，嚮往去美國、歐洲的大城市，讓老師幾乎崩潰，開始宣揚遠東地區所有情況都在好轉，莫斯科在幫助他們，批評美國學生甚至無法確定莫斯科在哪裡。作者認為，老師的世界顯然不是學生的世界。

接著作者到了中國境內黑龍江岸的黑河市，是由原先的自由貿易區擴建而成。俄國人曾經帶著大批錢財湧入，中國人百般嘗試迎合俄國人的胃口，甚至連垃圾桶都做成俄羅斯娃娃的造型，讓俄國人非常憤慨。不過，現在生意相當慘澹，連以前湧來的俄國買春遊客也不復見。作者也去了小鎮愛輝（即瑷琿），參觀市中心的博物館，中俄邊界已經正式劃定，但中國人堅持《瑷琿條約》是不平等的，俄國人在海蘭泡的大屠殺、瑷琿被夷為平地等悲慘歷史在這裡以聲光效果清楚呈現。他還去大五家子鎮尋找當地唯一會說滿語的人阿轀，當地四分之一的本地人是滿族，但除了他幾乎沒人能說半句滿語。後來施伯龍在綏濱縣的飯店也遇到邊防武警來盤查他，因為外國人從來不到這座城鎮，但如同在斯利堅斯克的情況，他順利度過，武警影印他的簽證後離開了。

伯力（哈巴羅夫斯克）是黑龍江／阿穆爾河沿岸最大的都市，因為河流結冰，他必須過幾給月再回來。作者在這一章描寫了十九世紀俄國開拓英雄穆拉維耶夫的作為和史達林大整肅時期伯力所遭遇的迫害，還提及昔日政府對當地原住民所實施的「寄宿」體系，將兒童帶離家園遠赴數百哩外的俄語寄宿學校，再於互相疏遠的情況下送回家人身邊。中國末代皇帝溥儀曾在這裡淪為俄國階下囚達五年之久，而北韓第二代領導人金正日是在伯力北邊的維亞茨科耶村出生的。在伯力的博物館也沒有中國的痕跡，施伯龍揣想，俄境內的阿穆爾河沿岸毫無中國的痕跡，是否源於對中國索討土地的潛在恐懼。作者還寫了珍寶島事件。

在烏蘇里江湧入阿穆爾河附近，來到錫哈契阿里安村，是俄國人和赫哲人各半混居的小村莊。作者看見大量的岩刻，面具似的臉反覆出現，可能是赫哲人祖先的作品。在西伯利亞和俄國遠東地區的少數民族中，阿穆爾河谷以赫哲人最多，但目前也不到一萬兩千人。在蘇聯時代曾正式設置赫哲人保留區，作為試驗場，觀察這群「沒有文化」的貧窮人們能否跳過馬克思主義的歷史階段，直接進入共產主義社會。赫哲人敬拜熊，有自己的文化，但現在卻是「囚禁」在俄式小博物館裡，連赫哲語也在消逝中。

接著來到了阿穆爾河畔的共青城，是一九三二年建立的，一九四五年有五萬名日本戰犯被拘留在此，建造了很多建築，但因拘留時間長，處境嚴苛，有近半數的人死去。共青城的墓園有一區葬著黑道老大，施伯龍聽他說著流利美語的嚮導亞歷山大描述伯力幫和共青城幫駁火以及黑幫老大瓦辛的故事。亞歷山大對很多事情不滿，他說看電視讓他被洗腦，開始討厭西方人。他討厭地方政府、野生動物面臨威脅、共產主義、女性主義，還有中國人，但更討厭莫斯科；他批評普丁害他們倒退回蘇聯時期，一切都由少數幾個大頭擁有與掌控。

經過年輕人都離開了的畢斯特林斯克、一支白軍曾躲避過的小海港德卡斯特里、半數房子又破又空的拉扎列夫、人人釣魚的波戈羅茲科耶，最後到達了尼古拉耶夫斯克。中間他們拜訪了人數最少的原住民烏爾奇人，總數僅有三千人，一座原有兩百人的村莊，只剩三十個居民，老人說：「很快這地方就會不復存在。」、「俄國人剝奪我們的文化。」烏爾奇人被迫集體化、聚落不斷減少，還面臨被迫通婚的威脅，導致如今半數人是與異族通婚的。

靠近阿姆貢河匯入阿穆爾河處有陡峭的陸岬，元朝在此蓋了永寧寺，供奉觀音，有寫著漢文、蒙文、女真文的石碑，邊緣還刻著佛教六字心咒。十九世紀中葉，俄國學者才來到這裡，兩塊銘刻石碑留存下來，運往了海參崴的阿爾謝尼耶夫的博物館，一堵高牆遺跡、紀念柱底座和完整的八角柱還留存在當地。

最後俄國KGB來電詢問施伯龍的事，倔強自信的亞歷山大幫他擺平了。作者在和他別離時，突然想念他熊一般的頑強，心想當自己對俄羅斯感到絕望時，會想起他。

除了親身的見聞和相關資料外，作者在書中引用了許多歐美和俄國旅遊作家的作品，用的最多的就是十九世紀末俄國著名的短篇小說家、劇作家契訶夫的旅遊紀錄。作者也常把遇見的景象和他二十年前到訪時的情況加以比較，發現在西伯利亞很多地方其實變化不大。此外，書上許多和中國人互動過的民族或人群，幾乎都表示畏懼、討厭或不信任中國人，包括在烏蘭巴托的布里亞特人、在石勒喀的俄國司機、在雅克薩的哥薩克人、海蘭泡的俄國年輕人和中學教師、伯力的俄國推銷員、共青城裡說著流利美語的嚮導。這當然與中俄近代歷史上的衝突、二十世紀下半葉中蘇衝突、還有當代雙方人民互動時的矛盾相關。儘管雙方政府極力顯現彼此的合作與友好，但長期留在雙方人民心中的挫折與刻版印象仍是處處可見。

這本書儘管頁數不多，但內容卻很豐富，許多我們原本陌生的地方、人群與實際生活，在作者細膩的描繪下栩栩如生。作者補充的歷史，讓我們對蒙古、中俄關係、俄國東進西伯利亞、俄國少數民族政策、人群互動等主題有進一步的理解。我們也知道當地人面臨著經濟破敗、民族文化消失、家庭分離、生態破壞、歷史重建、宗教振興、族群矛盾、貪汙腐敗等問題，它們不僅是黑龍江流域的問題，也是世界其他地方遇到的問題。而解決問題的途徑有賴人們理解真相、相互溝通、相互包容、彼此合作，提出具體有效的策略，才能將書中哀愁、悲傷的部分轉成彼此欣賞、共善共好的篇章。

最後補充，這本書值得一讀。

Chapter

1

源頭

The Source

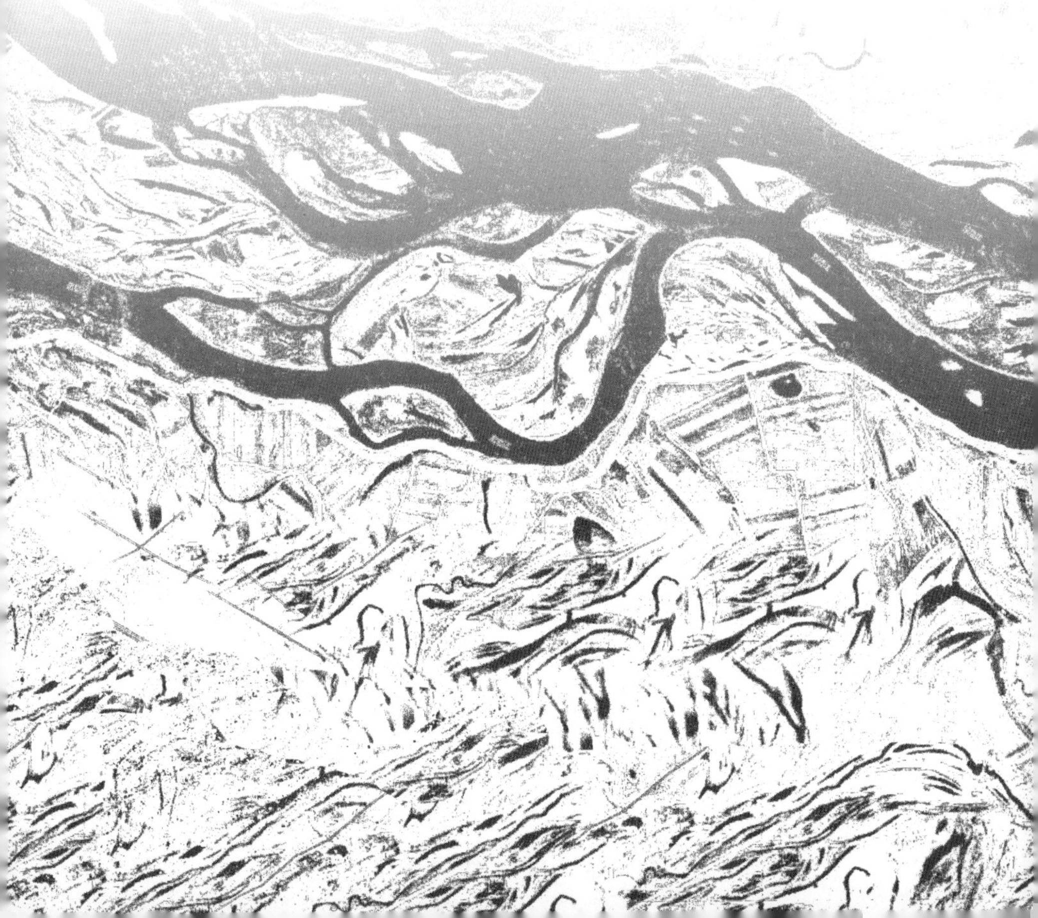

越過亞洲的中心點，在乾草原與森林自古以來的交會處，蒙古[1]的青草地以墨綠色海洋之姿捲向西伯利亞。

這片大地的寂靜幾乎從不間斷，人跡罕至。延伸到最遠端的俄羅斯邊界周圍，近五千平方英里禁止旅人駐足。這處山區曾是成吉思汗（Genghis Khan）的故鄉，如今成為幾乎不容侵犯的荒野。通往山區的那條孤徑，盡頭是柵欄和巡山員的小屋。我們在這裡等候，共有一位嚮導、兩位馬夫與我，準備踏進我們沒有一個人真正知曉的地域。

就在深入眼前偏遠腹地的某處，發源出世上令人極其敬畏的河流。它的流域面積達巴基斯坦國土的兩倍，支流超過兩百條，其中有些浩瀚洶湧，在春季注入滾滾洪流。它在俄羅斯與中國之間構成長達一千多英里的疆界：一條籠罩於古老猜疑下的斷裂線。

黑龍江（阿穆爾河〔Amur〕）[2]難以捉摸，連名稱的由來都不明確。對西方人而言，這條河顯得遙不可及，連聽說過的人都不多。關於河流長度的估算落差巨大，稱它是世界上第十，甚至是第八長河。它的江岸在中國境內幾乎無人造訪，俄羅斯境內則從頭到尾布滿尖刺鐵絲網與哨塔，屬於地表上防禦工事最密集的邊界。

過了一個白晝，接著是一個夜晚，我們為了跨進禁閉的山區而等候。在名為汗肯特嚴格自然保護區（Khan Khentii Strictly Protected Area）之地，這片區域的巡山員不太情願放我們通過，即使我握有入山證——由替我找來嚮導和馬夫的可靠旅遊業務所取得的。我首度感到一陣不安。我們搭在草地上的三頂帳篷開始顯得淒涼，至於展開旅程的歡欣情緒，那些發自內心的興奮、一陣陣的忐忑，正消退成我們也許永遠無法啟程的擔憂。夜裡我被帳篷外馬兒吃草的聲音吵醒，就在那時分，我的腦中一片黑暗。突然間，跟著一條長達兩千八百二十六英里的河（公認的估算數據），隨它穿過西伯利亞東南部、接著與中國相會，最後止步於太平洋，這念頭似乎不過是幻想。

我在寒冷的暗夜裡掀開帳篷門，平緩呼吸節奏。我的濃黑影子覆在草地上。頭頂

◆**本書隨頁注皆為繁體中文版編注或譯注。**

1 譯注：指獨立國家蒙古國（Mongolia），簡稱「蒙古」。

2 編注：本書的部分名詞將出現兩種名稱，一是俄語音譯，一是中文慣稱。首次出現時，將附上兩種名稱，後續則僅出現一種名稱。為配合中文讀者的閱讀習慣，本書將以「黑龍江」慣稱為主，而中國境外的上下游區域，則以「阿穆爾河」呈現。

的夜空閃爍星光，銀河劃出一道冷冽光流橫越蒙古的遼闊天空。

曙光鋪展另一顆星球的稀薄光芒，世界似乎還未上色。在遙遠的四面八方，太陽使結滿露水的草原升起發光霧氣，好似迅速席捲平原的一場大火。片刻間，那陣霧使勾勒天際線邊緣的山丘身影朦朧，接著霧氣消散無蹤，彷彿方才一切僅是我們的想像。空氣變得暖和一些。日行性小蛾從草叢中飛升，身影成謎的柳鶯在那裡鳴唱，蚱蜢的刮擦與唧鳴聲充斥四周。在此行走宛如涉過野花的浪潮：花色紛雜的紫菀[3]、龍膽、乳黃色的委陵菜、孔雀藍的夢幻草。在更遠處的山坡，成片盛開的高山火絨草形成連綿數里的白霜。

隨後馬夫現身，身穿厚實的本地蒙古袍（deel），短刀插於皮帶，他們前來查看繫拴的馬匹。早晨過了大半，巡山員才出現，騎機車到我們帳篷前，腳踩特大號靴子並繫著海盜般的頭巾。他們手提小小的公事包。我的嚮導巴特蒙赫（Batmonkh）出身蒙古首都，他說巡山員慎重行事，因為總理來此朝覲不兒罕合勒敦山（Burkhan Khaldun），即成吉思汗出生的聖山。不過他們待在這裡相當久，吃我們的甜餅乾，並詳查我們的文件。他們說明前方的地區很危險，幾乎無法通行。黑龍江最荒僻的支流鄂嫩河（Onon）發源自偏遠的沼澤地，這個夏天的季風帶來劇烈降雨。而今到了八月底，地面被水淹沒，危機四伏。此外，有熊出沒。一旦進入保留區，我們將孤立無援。

巴特蒙赫漠不關心地聽著他們說話。他說他們討厭自己的土地上有外來的闖入者。交談的內容我一個字都聽不懂，只能默默期望他們不會禁止我們前行。巡山員來來去去之際，有時巴特蒙赫輕蔑地閒晃走遠，馬夫也嘲笑他們，語帶自由人對官僚機構的鄙視。最後，巡山員出示一份文件讓我們簽署，免除他們的所有責任。跟我們畫清界線後，他們終於離去，騎著中國製的機車顛簸彈跳地駛過草原。

不用說，我們真該聽進他們的勸告。

動身離開前再看最後一眼，天空赫然逼近，比平原更加廣闊且不平靜。從一端到另一端，地平線似乎下沉到地球的曲面之外，一幅詭譎的雲彩全景圖在我們頭頂展開。

3 譯注：紫菀的名稱裡雖有紫，實際上有各種花色，從白色、淺粉、桃紅、淡紫到深紫色皆有。後文的高山火絨草，即俗稱的小白花。

在這頭只是幾抹薄霧，而在另一頭，艦隊般的積雲飄往無窮遠方。

前一刻我們停步在保留區邊緣，下一刻已置身林下灌木叢，從分水嶺處沿著往東流的克魯倫河（Kherlen）順行。山坡愈見陡峭，樹木茂密成林。一隻晚啼的杜鵑鳥鳴叫。半路上才意識過來，我們正越過分界線，從歐亞大草原進入西伯利亞針葉林帶。壓碎野花的香味消逝在馬蹄下，行動自由讓我們所有人興高采烈。

然而轉瞬間，地形變得溼軟。偶遇仍在流動的沼澤水，使馬匹腳步陷入掙扎。有一次，彷彿不祥惡兆，帶隊馬夫下方的地面坍陷，他那匹雄性沙色駿馬跌進泥坑，並在他重新上馬時奮力站起。

剛過正午，我們俯瞰河水，沿著丘陵騎行。鵟群低飛掠過樹沼。數英里的路程間，我們與低矮樺木叢輕輕擦身，而落葉松群立於山腰底部，好似一支來襲軍隊滲入溪谷。只聽見我們自己發出的聲音。隨著空氣變得清朗，我察覺腳下路徑愈來愈顯得偏僻，並湧起踏入另一個國度的熟悉與奮感。

我騎的馬是一匹十二歲公馬，沒有名字。對馬夫來說，牠就是「白馬」，其餘任何稱呼都嫌感情用事。牠個性強韌，身上有傷疤。我們由九匹馬組成零散隊伍，帳篷和糧食縛在五匹馱馬背上。經過夏季的放牧，馬兒強壯且毛皮散發光澤，不再是冬末的病弱動物。牠們腿短頭大，傳承蒙古人征戰所騎的堅毅馬匹的血脈，能夠奔馳十公里不停歇。我們也依照蒙古人的騎乘方式，雙腿自膝蓋往後彎曲，踩於短鐙上。馬夫的年紀約莫四十歲出頭，平時是牧民或獵人，飽經風霜的面容顯得粗獷，身材十分削瘦。他們也一樣，看起來堅毅不倦。

不過蒙古馬祖先的原棲地並非草原，而是森林。千年前牠們首度走出森林，在很長的一段時光裡，此種過渡並不連貫，若回顧過往，草坡仍與林地間雜，而早期的遊牧蹄聲漸漸隱沒，融入森林的寂靜。

臨近傍晚，危機的初步跡象浮現。我們的馱馬之中有一匹尚未馴服，牠的狂野精力引得其餘馬匹心神不寧。在我們前方的一片低矮林地間，馱馬群突然推擠、衝撞在一塊，接著牠們掙脫籠頭牽繩。其中三匹馬沿原路奔返，牠們的眼睛因恐懼而擴張，馬夫追在後頭。

巴特蒙赫和我將最後兩匹馱馬拴於細瘦的幼樹上，原地守候。感覺起來我們彷彿等了好幾個小時。當馬夫帶著負責看管的馬匹回來，我們發現那匹未馴服的金毛馬甩掉了背上的重擔，如今行李落在周圍森林中的某個地方——亦即任何地方。他們回頭找行李，巴特蒙赫與我沮喪地猜想遺失的是哪個巨大的馬鞍袋。我意識到，假如我的背包在裡頭，那麼我的護照和簽證就不見了，我們的旅程就此告終。我踩著沉重的腳步，朝馬匹身影消失的方向回溯，可是林子往四周蔓生，遮蔽視線的樺木叢彷彿上了釉。我獵尋驚慌的蹄印、撞折的樹枝，踏上的小徑卻逐漸消隱，徒留某些路過已久的動物足跡。隨著馬夫搜找的範圍擴大，他們座騎的嘶鳴聲聽起來愈顯遙遠。有時在灌木叢中，一株倒地的垂枝樺閃現片刻希望——它們有如瓷器般明亮且光滑。但不久後，我已無法想像能從這片荒野中尋回任何事物。

我回來時，巴特蒙赫在查看仍捆於拴繫的馬匹背上的剩餘行李。他發出警訊，口糧不見蹤影，這麼一來我們不得不立即折返。遲疑之際，我們懷抱改觀的希望，笨手笨腳地開啟馬背上的一袋行李，然而背負行李的公馬扯開繩索，把木製馬鞍拖在身後。如今馬匹全都驚惶不安。我們只能圍住牠，並且等待。

過了一小時，我們聽見遠方的喊叫聲。巴特蒙赫說：「我想他們找到了。」不久後，兩人帶著遺落的馬鞍袋折返，表情依然高深莫測，彷彿找回行李是意料中之事。當天晚上，在沼澤上方一片林木茂密的坡地，我們卸下行囊，發現尋獲的行李裝著旅途食糧。

黃昏時分，我們在雨後的溼軟土地上搭帳篷，馬夫砍下樹枝，搭建他們自己的藏身處。我們攜帶的物品散置草地上：餐盒、水壺、馬輓具、短柄斧頭，甚至還有一張帆布休閒椅。馬兒卸下重擔，在樹下吃草。身處緲無人跡的孤絕地帶，意識到我們的營火是僅有的人造光亮，唯獨狼或甦醒的熊看得見，有種不可思議的奇特感覺。

在向晚的寒意中，火堆讓我們靠得更近，煙驅散在我們周遭飛舞的蚊群。巴特蒙赫用攜帶式瓦斯爐煮麵和碎牛肉，馬夫喝著加鹽的茶，抽起菸。他們起初似乎像是一對雙胞胎，不過現在漸漸顯露出差異。蒙戈（Mongo）看起來比實際年齡大，像土匪一樣繫著腰帶，厚臉皮且健談；甘普雷（Ganpurev）保有男孩般的樣貌，不過卻是飽經煩憂的敏銳男孩，在一個衰敗的家庭中排行幼子。他們都穿戴尖帽和長靴，防寒夾克上印著仿冒的品牌名稱。圍著營火，他們談論現實問題：牧馬與金錢。他們說，在這種地勢下，騎八小時只能走二十英里。兩人的菸頭在黑暗中亮了又滅。巴特蒙赫的英語流利，偶爾協助翻譯。可是他的世界不同於他們，也許在馬夫眼中，他就跟我一樣陌生。我們終於安睡時，那片寧靜是精疲力竭的靜。連馬兒都沒躁動，在星光下站著入睡。

大河的源頭時常隱密難尋。它們自一系列紊亂的支流向下奔流，或者從無法抵達的沼澤與冰川處沖刷而下。印度河源自位於爭議區域的六條溪流，據稱多瑙河始於黑森林中的一條小溝。至於黑龍江的起源，當一群來自俄羅斯和中國的地理學者祕密開會爭論這件事時，他們懊惱地發現，大河最深的源頭並不落在彼此的國家，而是位於這片僻遠的蒙古山脈。我的馬夫只知道這條河叫鄂嫩河，意味著「神聖的母親」。不過，倘若這位母親誕生於別處，除了甘普雷以外鮮少有人曉得確切的地點，而他只在十年前到過那個地方一次。

周圍山脈的側影為我們指路，可是對我來說，當太陽升起，它們只是冰雪消融的暗影。早晨的空氣冷冽純淨。我們帳篷頂的露水凝成一層冰釉，拴起馬匹的毛皮結霜發光，牠們噴出氣息，在霜上化為煙霧。整個早上我們置身高原，沿著數十年前蘇聯軍事演習留下的坦克轍痕，騎馬穿越落葉松林。俄羅斯邊界在我們北方四十英里處。但如今轍痕已模糊，成為泛流細溪，被灌木和青草遮蔽。落葉松林也歷經某些變化。樹林在我們四周堆疊層層墨綠，但有時我們察覺路過的山坡蒙受野火蹂躪。死後的樹木保持直立，焦黑樹皮剝落，到最後我們的路彷彿穿行於變黑的絞刑架間。沿著淡去的轍痕前行時，有兩次，我們遇見高高疊起的樹枝捆，上面掛著如今已成破布的供奉長巾，由巡山員或盜獵者放置。這些敖包（ovoo）象徵山脊的峰頂，屬於當地神靈的領域。這類神靈喜怒無常，有時會發怒，在此地是我們的未知事物。蒙戈和甘普雷下馬繞行敖包一圈，潑灑伏特加祈求息怒。他們要我們照著做，為了旅途平安。

不過到了中午，我們深深陷入另一種地形。小徑收窄至與馬身等寬，且幾乎消失於樺木叢中，我們盲目摸索著，擦身穿越。數小時間，我們只聽見騎乘馬匹的涉水蹚步聲。隨後隊伍急降涉入陡岸溪流，判斷是未知河川的支流，馱馬跟在後頭。有時我們下馬，牽領馬匹前行。溪水深及小腿，我的防水運動鞋毫無效用，其他人的靴子也進水。

馬不習慣這種地形。牠們是遊牧騎兵的後裔，為草原培育的品種。騎上牠們，你會忘記學過的任何知識。白馬輕輕摩蹭前方馱馬的臀部時，我不再勒緊韁繩約束牠。此外，你不是用鞋跟驅策牠們前進，而是發出「驅—驅」（Chu-chuh）的噴氣聲。你絕不撫摸牠們的頭。當我們攀抵較高的地勢，推進速度開始加快，讓人鬆一口氣。但白馬偏好的步履並非悠哉緩行，而是快速的小跑步。接連好幾英里，牠堅持這般顛簸奔波，西方騎士熟悉的乘坐馬鞍起起落落並不適用——節奏太快了。相反的，你改成站立在馬鐙上，像蒙古入侵者一樣。

正是在其中一段激烈的小跑步後，我們停下來，讓身體躺入草中。我記得草原的柔軟，還有自己呼吸的沉重。幾分鐘後我站起來，突然一陣暈眩襲來，恢復意識時身在白馬腳邊，我的腳踝扭傷並壓在身體下。正覺得擔憂，我就感到腳踝傳來的疼痛。巴特蒙赫扶我坐進馬鞍。有一度我懷疑高度是讓我摔倒的原因，可是我們僅僅位於海拔六千七百英尺處[4]。我執意判定腳踝不可能骨折，那麼到隔天早上就可以走路。而後，我又感到騎在馬上的輕鬆自在，腳在鐙裡似乎沒有重量，山谷在我們前方開展，綠草連成閃亮的海洋。此情此景引發陣陣顫慄：一種造訪全無記憶或人類歷史傷疤的土地，從而不寒而慄地驚嘆。有時赤褐色峭壁破出滿覆林木的山頭，形似人造城牆與堡壘，不過只是錯覺。人跡漸漸消失，飛越的兀鷲是破空的唯一航線。

然而即使在此地，空無並非全景。蘇聯解體後，紛擾年代興盛的盜獵行徑已式微，但未曾消失。仍見俄羅斯獵人時不時跨越邊界宰殺麝香鹿和熊，供應中國的傳統藥材市場。不過我的旅伴保證野生動物正在恢復生機，連日來我們唯一撞見的入侵者是個老頭子，穿著破爛衣衫在拾撿松子。

往日的陰影在此更為古老深沉，因為這裡是蒙古人的重地。八百年前，成吉思汗命定鄂嫩河與克魯倫河的上游河谷為禁入聖地，僅有蒙古皇族獲准通行，封閉舉辦皇家的私人儀式與葬禮。聖地形同成吉思汗遼闊帝國的精神根源。即使到了今天，據巴特蒙赫表示，踏進這片山區的旅人會招致憤恨。這是神聖的土地。在東邊某處，連

4 譯注：約兩千零四十二公尺，以臺灣來說，約莫是阿里山山脈的平均高度。

綿薊鬱山巒爬升至汗肯特保護區的岩頂，尊稱為「不兒罕合勒敦山」。年輕的成吉思汗一無所有且孤單，在那片山坡上找到遠離部族敵人的靜地。蒙古史詩流傳，在那受到庇護的高處，他像一隻可憐蚱蜢般地躲藏，於是日後心懷感激與崇敬地看待這座山——對他的族人已是神聖山嶺，迫近他們自古敬拜的長生蒼天（Eternal Blue Sky）。此外，大汗將萬古後代的崇敬奉獻給這座山，他自己也在遭逢危機時重返，再次汲吸山的原始力量。

不兒罕合勒敦山的真實位址不明，然而在我們遠處的鄂嫩河分水嶺間，未來的征服者曾於谷地屢遭逆境。約一一六二年，他在地位較次要的本地酋長家族出生。遭族人遺棄後，他的母親沿河岸挖掘植物根莖，家中男孩到分支溪流抓魚，養活骨肉。也是在這裡，成吉思汗逃脫敵對突襲者的監禁，縱身投向鄂嫩河水，靠著用來限制行動的木枷鎖把頭浮於水面上，隨後脫身。

我們在一片狹長硬地紮營。火光外的空氣冷冽靜止，森林萬般寂靜。我們享用燉羊肉，一邊談天說地，空中繁星點點。有時馬夫神色一亮，面露苦笑並爆出開懷笑聲。

他們倆的祖輩有某種血緣關係。在黑暗中，同樣生於馬年的兩人（雖然他們說那不代表什麼），具備的特質與年紀似乎有所交會。巴特蒙赫翻譯著他們的散漫喉音與互相交流的抱負。

他們講述國家受害者情結的故事：從前有位形同強盜的俄羅斯貴族，沿著中國奴隸開闢的道路竊取蒙古的黃金。「祖先這樣告訴我們。」

巴特蒙赫露出隱約的微笑。藉著營地之便，在星光閃爍的天空下，他突然開始聊起自然奇觀，彷彿要用更奇特、更真實的事物置換馬夫的民間傳說。他說在外太空的某個地方，土星的衛星泰坦星（Titan）出現太陽系第一抹生命跡象。

馬夫在沉默中點點頭。不可能得知這對他們造成多少震撼，或者也許不過是一則遙遠的故事，就像其他的萬千故事。畢竟這幫不上他們餵飽家人，或是夜裡繞著我們打轉的馬匹。

可是巴特蒙赫不一樣。他在烏蘭巴托（Ulaanbaatar）有妻小，心中卻滿懷深思與夢想。他看起來完全不像我見過的蒙古人。他膚色黝黑而英俊，有一雙水汪汪的大眼睛，體型比馬夫瘦小，顯得靈巧，同時也較柔弱。

「人們覺得我是印度人。」他輕聲說道，儘管馬夫聽不懂。「我父親是安哥拉人（Angolan），你知道的，來自非洲南部。蘇聯時代我母親在莫斯科遇見他，身分是第三世界的學生。」他講到這個詞彙露出微笑。「結果就有了我。」

我印象中有那麼幾年，莫斯科的盧蒙巴人民友誼大學（Lumumba University）從開發程度較低的國家吸收優秀學生，許多來自非洲。蘇聯提供他們免費教育，讓他們深深沉浸於蘇維埃的理想。我疑惑問道：「你父母親如今身在何方？」

「我母親回到蒙古，可是我父親沒辦法跟著她。我們的政府不肯准許，一個貧窮的非洲國家……」

巴特蒙赫吐露，他母親再婚，也生了更多小孩，而他獲取哈爾濱的大學入學資格，拿到地理學學位[5]。「可是我回國時，好工作根本不可能找到。你需要有人牽線，而我沒有……」

我猜測：「需要人脈？」

「對。」他的聲音帶著一絲叛逆的火花。「這是一種腐敗。」

我開口詢問，烏蘭巴托是否存在激化的歧視？他的出身又可曾構成阻礙？他良久沒有回答，隨後表示：「不，我想並非如此。不是我的膚色，是我們家沒沒無聞。我們不認識人，我們沒有力量。」

在初次拉近關係的那晚，有時他看似隱忍煩惱並陷入沉默，隨即帶著溫和的歉意，重拾笑容。「我的祖父填補了父親的位置，養育我長大。」他訴說，我想我已經曉得這件事。老人在我們出發的幾天前過世，巴特蒙赫與我分享為祖父葬禮準備的肉。此刻他往營火中添柴，凝視著火焰，吐出一句：「我愛他。」

一切發生在轉瞬間。我們闖進森林的暗蔭，濺起近日雨水積成的細流。粉色石塊被另一個年代的融雪水沖刷下來，挺立於淤積泥地。時間已近午。往東南方，我們望見崎嶇山嶺的模糊輪廓：肯特山（Mount Khenti）的雄偉雙峰，可能是成吉思汗的長眠之地。我分辨不出距離有多遙遠。接著地勢變得平緩，隊伍行經迎面襲來的茂密樹

5 譯注：此處未明言是哈爾濱的哪一所大學。不過哈爾濱師範大學（Harbin Normal University）設有地理科學院，也許即是巴特蒙赫的母校。

叢，我們把頭壓低，盲目前行。有兩次，我的馬術頭盔擋住落葉松低垂樹枝的攻擊。隨後灌木叢在柔軟草原的邊緣淨空。毫無預警下，我們在此遇見一條細流，寬度一英碼[6]。前方馬隻早已跨越且不見蹤影。我對巴特蒙赫大吼：「這是什麼？」

他喊回來：「鄂嫩河。」

我勒馬停步。這就是初生的黑龍江。不用說，這跟我們一路上跨越的其餘溪流沒什麼不同，只是更窄、更清澈，透著淡淡的泥褐色澤。在這條河的上游處，水並未完全從地面湧出，而是以沼澤水閃閃發光的匯聚之姿現身，岸邊長著羊茅草地與柳樹。我想取水喝，可是正要下馬時，我的腳踝一陣疼痛，無法彎腰。在這條河流的新生階段，我突然感到衰老。我懷著某種愚蠢的柔情想像它，彷彿不曉得未來將發生什麼事的孩童。它終將不再是鄂嫩河，並成為西伯利亞的石勒喀河（Shilka），更改詞性成俄國人口中的「小人物」，隨後在中國邊界終於化身為宏偉的黑龍江。

那一天餘下的時光，河水在視線範圍中時隱時現，我們順著它的光燦水道，往東前行。

四下靜謐至極。夜裡沒有從叢林傳出的尖吼，或是刺耳蟬鳴。我們漸漸行近俄羅斯的森林靜地。帳篷裡一片漆黑，多虧身體的疲勞，我顧不得躺在哪裡（一塊薄薄的泡綿墊），品味著短暫的捷報。外頭的鄂嫩河整夜漫流，有種夢幻的幸福感升騰，我無視空中蚊子嗡嗡叫囂地躺著，隨後沉沉入睡。

拂曉時降下細雨，像是有人朝帳篷頂扔砂礫，帶來寒涼的不祥預兆。整個早上，我們腳下的土地愈變愈泥濘，彷彿整片陸地正化為水域。鄂嫩河隱沒遁入我們身旁的溼地，發黃草叢尾隨流水緩緩沉降。一小時又一小時地過去，看著白馬的足蹄踩進漸深的沼澤濺起水花，找到鄂嫩河的喜悅也在我心中退卻。我們馳騁的區域沒下雨，可是四面八方的天空盡呈青黃色，半明半暗的雲層使天色黯淡。只有一次灰雲分開，射下一道金黃色光芒，如賜福般地照亮河面。

接近傍晚時，我們見到六天來唯一遇過的人居地：巡山員的小屋與簡陋木棚，搭

6 譯注：約九十一公分。

建於河畔溫泉的上方。巡山員話不多，好似我們造成打擾，並分配另一間蓋得粗陋的小屋給我們。蒙戈和甘普雷聽過這些溫泉的傳聞。他們平常的安靜轉為期待的低語，接著在往下攀爬去泡澡時變成孩子氣的笑語。河岸的綠林退卻成溫泉邊的平坦草地，河水在這裡流得更快，更顯暗沉。溫泉有四、五處水坑，邊緣架著木板，也有木頂棚構成遮蔽，看似廢棄。當我往下走，暮色中的蒙戈和甘普雷已經從池裡起身。光溜溜的軀體並未展現如我預期中的結實身材，而是平順的肌肉，沒有體毛。甘普雷長出了肚子。他們旋即動身返回小屋，留我獨自一人。

我脫衣服，並俯身浸入溫暖的泉水中，盼望能緩解腳踝的傷勢，那裡變得黃褐且發黑，就像天空一樣。載浮載沉幾分鐘後，我感到身體的疼痛鬆開，並且讚嘆溫泉噴發進冰冷河水的奇景。泉水好似經過反覆使用，顯得混濁。在我頭上的木頂棚隙縫中，幾顆星星閃現光芒。而後我從水中起身，在昏暗的棚子裡站立片刻，俯視神祕的泉水。接著腳踝的刺痛向上猛竄，我旋即跌倒。我低估了騎行的辛勞，以及潛伏的虛弱，肋骨重重摔上身後的堅固木凳。我躺在那裡一分鐘，揣想如果移動會發生什麼事。有什麼地方骨折或是刺穿了嗎？我謹慎地微幅挪動，開始穿衣服，徒勞地試圖避免引發疼痛，最後緊抓住滿手茅草，朝小屋攀爬回去。

我們的小屋由劈開的原木搭建，有兩層木板可睡。一座生鏽爐灶連接煙囪通往屋頂。這地方四散著往日途經者的垃圾：丟棄的菸盒、灰燼、空瓶。那晚我躺在上層嘗試入睡，巴特蒙赫和馬夫在下層；我往外望向苦澀的報酬——月光下泛白的鄂嫩河，在一株孤絕的落葉松下拐了個彎。在粗製的窗戶框線裡，河流凝結成一幅版畫，兩岸砍伐得空無一物，原本暢快的水流半途靜止：一條迷失的河，從不明的源頭曲折漫流。

我借用巴特蒙赫的衛星電話，這是我們跟外界的唯一聯繫，卻毫無助益。我打給人在倫敦的妻子，告訴她除了重重沼澤之外一切都好。隨後傳來她的聲音探照燈。為什麼我聽起來怪怪的？有什麼事發生了吧？對，我跌過幾跤，不過很幸運，我沒把眼鏡摔破。她笑了。電話收訊不良嗎？你似乎在很遠的地方。可能跟衛星軌道有關吧……。我聽起來一定很淒慘，因為她堅決地說道：「回家前別想著我。」她的聲音帶著延遲的低迴。「想著你的旅程。」我們庭園中的玫瑰盛開了，她說，會一直開到冬天。

我們踏進連馬夫都不知曉的區域。四天來，他們藉助當下環繞我們四周的山嶺指路。在南方，肯特山和阿薩拉爾圖山（Asralt）的山巒聳立——不見孤高山峰，而是高達八千英尺的灰白輪廓。在我們前方，看不見的鄂嫩河流經草長及膝的谷地，河道地勢低而平坦。有時冷杉和松樹往下長到沼澤地，或在平整如草坪的矮丘前止步。隔著一段距離遠望，這片土地顯得無害，幾乎像是出自造景師之手。然而河道兩側的支流皆注入寬廣的水澤，泥炭蘚和遍地的羊茅、針茅等長草，歷經千年，腐化成深不可測的泥沼。我們渡河到南岸，然後又涉水返回。現在河水更深，流速更快，岸邊長著柳樹叢。我們的馬匹不情願地踏進水裡，牠們蹄下的河床軟陷。很快我已數不清橫渡過多少條支流，它們經常看似跟鄂嫩河本身同樣的豐沛幽深。巴特蒙赫揮手示意，要我避開較危險的渡口，蒙戈和甘普雷卻如人馬一般衝過去，水流淹過兩人膝蓋，他們的香菸依然叼在唇邊。一次下探鄂嫩河岸時，馱馬群在驚惶下不願前行，不得不再次將牠們圍起，馬夫重重擊打馬腹作為懲罰。白馬已年老，每次牠往下走我都有些恐懼，不過牠從未在渡河中途放慢腳步，也不曾失足。

我們沒有路徑可循。茅草下的底土是隨腳步發出噗吱聲的泥沼，愈往前行就顯得愈深。日日驅馬八小時，我們只能勉強推進二十英里，應驗馬夫的預測。地面常隱沒於發亮的低矮灌木叢，導致馬匹或騎乘者都看不見馬蹄踏往何處。這片未知的土地有時隱布泥潭，如活門般從下方開啟。突然間馬匹會跌落陷至肩隆處，泥水泛過馬背。接著牠們開始掙扎脫困，眼珠發白鼓脹，前腿攀找著力點，後腿慌忙亂踢，而我們在馬鞍裡被拋得前後晃動。

正是遇到這樣的地形，白馬陷進一個坑洞並失去立足點。牠在腐泥中往側邊倒下，翻身之際把我拋出去。有個瞬間，我發現自己困在起伏的馬腹下，雙腳還踩在馬鐙裡，肋骨發出呼嘯聲。白馬隨即在驚懼下竄動，開始狂奔。我把一腳扯離，另一腳卻繼續卡著，這時牠拖著我往前跑。不過我的運動鞋大小寬鬆，我在牠加速時把腳扯脫。我躺在沼澤裡一會兒，出乎意料的平靜，運動鞋自顧自離去。但這並不好玩：我只帶了一雙鞋。

巴特蒙赫在沼地另一端，他看見馬背上沒有騎士的白馬出現，馬鐙裡只有一隻塞滿泥巴的運動鞋。馬夫去包抄白馬時，巴特蒙赫朝空曠的荒野高喊：「你在哪裡？站得起來嗎？」

我聽見他的聲音，越過溼地後顯得憂愁而隱約。我爬起身朝音源走去。這幅情景有些滑稽，我心想（不過只有在事後才這麼想）。降價出售的運動鞋鬆得套不住我的腳，卻救了我。當其他人穿的及膝長靴積滿沼澤水，我的運動鞋化身發出噗吱聲的暖袋。我們早就停止在乎噴賤一身的泥巴和泥水，只在夜裡脫下鞋子，跟馬毯一起擺在營火邊蒸騰。

夜晚時光成為半睡半醒的友誼時間。在有樹遮蔽的山脊或土丘上，蒙戈和甘普雷在彎彎的眉月下聊起他們的狩獵探險，帶領一群俄羅斯的寡頭富商冒險家去尋找獵物。行程總是存在強烈的危險氣息，他們說。初春時節，此刻熊從冬眠中甦醒，可能會餓到有些瘋狂，而熊掠食螞蟻窩之後，蟻酸跑進腦袋也會使牠們發狂。你也必須小心野豬，牠們受傷時變得凶殘且狡猾，蒙戈的大腿有一道既深又長的傷口，足以證明這一點。「你認為是你在狩獵牠們，可是一旦野獸受傷，牠們會來獵捕你。」

不，他們對俄羅斯人沒有意見，俄國人不像中國人。蒙戈欽佩普丁，甚至是川普。他崇尚形象強硬的統治者。甘普雷保持沉默，巴特蒙赫搖搖頭。馬夫想知道是誰統治英國，難道不是皇室嗎？奇怪的是他們安身於蒙古，卻聽說過英國王子娶了一位混血美國人，而且她來自雙親離異的家庭……。

巴特蒙赫突然開口：「那也是我母親跟我的遭遇，她爸爸很氣她。『妳知道人們會怎麼說。』他告訴她。『大家會說：嫁給一個混血的男人，來自第三世界的非洲。從妳小孩的長相也看得出來。』——那就是我——『可是如果妳想這麼做，好吧，妳去吧。』她真的這麼做了，儘管他們不得不分開，我祖父支持她到最後。」他用簡要的語句與馬夫分享這段經歷。

甘普雷遲疑地說道：「我覺得通婚是好事。在蒙古，我們太封閉了。」

突然間，在漸漸厚重的夜色之外，傳來一隻狼的嚎叫聲。起初那只是細微如絲線般的聲音，像是遠方的尖嘯。蒙戈站起來，用雙手在嘴邊拱成圓圈，然後回應那隻狼。叫聲又傳回來，這次更靠近，來自百碼外的灌木叢：行蹤不明的嚎叫，高音笛聲般，隨後減弱成一聲淒涼的哀鳴。蒙戈再度回應時，他的叫聲聽來相似，這次的回應發自依然不見蹤影的狼群，傳向我們——或者可能傳向彼此。我們的馬匹不安躁動。牠們今晚會更靠近我們的帳篷，蒙戈斷言。狼群環繞在我們四周，舉棋不定。苗頭不太對勁，我們從未看見牠們，可是牠們看得見我們，蒙戈說，而現在營火驚擾到狼群。

我們繼續坐在黑暗中一陣子，嚎叫聲漸漸淡去。我們全都疲憊不堪。馬夫說，長程跋涉二十多年間，這是他們遇過最惡劣的地形。當月亮往下沉，營火熄滅，香菸的火光照亮他們的臉龐，顯現一絲虛假的柔軟。接著他們走回帳篷。

巴特蒙赫一如往常地留下來，凝視營火餘燼，有我坐在身旁。通常他喜歡聊讀過的書。他早把舊日蘇維埃時代受歡迎的著作拋在腦後，諸如《白牙》（*White Fang*）和《最後一個摩希根人》（*The Last of the Mohicans*），目前大量閱讀世界歷史和天文學，或是關於人類起源、現代戰爭和匈人（Huns）的歷史。可是今晚他提起：「我對許多事感到遺憾。」他在想念他的祖父，取代父親位置的那位強壯老人，葬禮一結束，他就伴我同行。「他是鼓勵我的人。當我指引歷史學者和古生物學者走進戈壁沙漠，他說那是一項傑出的工作，那是我對世界的貢獻。」接著巴特蒙赫道出親友逝去者的長久哀嘆：「我從來沒有告訴他，我有多麼愛他。」

「他一定曉得。」

「他曉得自己的生命將盡，有血湧進腦子裡。他走去河邊等死。他們在四天後找到他，身旁有一瓶伏特加，幾乎沒喝。他們只能靠手錶認出他。」

黎明為大地帶來輕柔的光亮，彷彿夜晚已將它洗淨。在我們的營地下方，依然微弱的太陽驅散霧氣，只剩山谷上薄薄一長片。谷地裡河流蜿蜒，不時進出視線，流經入秋顯現光澤的灌木叢。我一夜無眠，拖著痠痛的身體走出來。然而這片大地的人跡飄渺與寂靜深沉激起一陣強烈的驚奇感，彷彿世界重返青春。馬夫的銳利目光，發現西伯利亞紅鹿在一哩外吃草。巴特蒙赫將他的雙筒望遠鏡擺往我眼前。這群動物從遮蔽保護的樹林走出來，站立在開闊草地中。隔著一段距離，加上淡粉色的光線，使牠們有些形同幽靈。鹿群似乎在我們之外的另一個天空下吃草，身處別種日光的安逸。

天色大亮，馬匹皮毛發光，在牠們拴起的樹下放聲咀嚼。蒙戈和甘普雷輕吟低沉、音調無甚起伏的歌曲，一邊把行李扛上木馬鞍，並且用腳抵住馬腹，好將繩索拉得更緊。我們啟程出發，不曉得這段地形將於何處告終，幾乎立即又涉入沼澤，成團黑蠅和蚊子跟在身後。我們往較高處攀去，那隻未馴服的馱馬卻暴衝，把恐懼散播給其他匹馬，牠們沿著山坡分頭跑開。為了尋回被拋下的行李，我們多花了幾個小時，隨後於一片矮林中休息，蒙戈企圖在此制服那隻特立獨行的馬。當馬踢腿反抗，兩人抬起粗重樹枝，猛壓馬的脖子和肩膀。馬夫的吼聲與擊打只達到激怒的作用，牠再度掙脫。顯然這些堅毅且有耐力的動物是被暴力馴服，面對徹底的意志試煉，我現在知道白馬脖子上的凹陷與疤痕從何而來。巴特蒙赫向馬夫提出異議，但他們只回答自己一直都這麼做。而當馬變老，馬夫會說：「牠們可以吃了。」

這也許是我們旅途的低谷，我心裡想。我不再認識自己，我曉得身體漸漸虛弱。有時由一位馬夫撐住我上鞍，下馬要擺動一條腿繞過馬匹頸部，藉此饒過肋骨。刮鬍子、刷牙等小事情淪為一種磨難。我放棄搜索身上的蝨子，或者揮打在帳篷一片漆黑中嗡嗡叫的蚊子。我的胃口消失了。有天傍晚，巴特蒙赫悲傷地說：「你不喜歡我煮的飯嗎？」但我只覺得口渴至極。偶爾我逮到馬夫看著我，自認為可以讀出他們的心聲：**他能撐多久？**不過現在連他們都士氣低落，馱馬不斷在沼澤地鬧脾氣。晚上是巴特蒙赫替我架帳篷，馬夫也不再圍坐營火談天，而是精疲力竭地躲去睡覺，靴子都還穿在腳上。至於我呢，我衣裝齊備地躺在帳篷裡的薄床墊上，慶幸疲憊感會超越一切疼痛。

唯有巴特蒙赫獨自坐在火堆旁，想著事情。到頭來，他似乎是我們之中最堅強的人。他贊成現在回頭太晚了，即使我們想那麼做。身為技術比我好的騎士，當天早上他被馬摔下來時受到馬夫嘲弄，不過又毫髮無傷地回到馬背上。他對我們的壯舉保有一種孩子氣的驕傲。「這是我走過最艱難的旅途。」他說道：「過了十年，我還是會跟別人提起這趟路。」儘管如此，我們才騎在馬背上剛滿一星期，只走了兩百哩路。泥炭沼澤拖累我們，這片溼漉漉的地底世界逼迫隊伍改道，使馬匹陷沒驚慌。

但在隨後到來的一個早晨，我們察覺某些事物正在改變。山丘變得更光禿，遍布更多石塊。慘澹的沼澤地漸漸稀落。轉眼間，馬匹沿著砂岩碎粒的路徑小跑，周圍重現草原綠地。丘陵旋即降成山坡，土黃色的峭壁孤絕陡立，鷲鷹盤旋天空，翅膀邊緣有如鬆脫織線。而今草原地帶的植物以記憶中的光輝環繞我們。紫菀、蒙古黃耆、龍膽、紫花與紅花苜蓿上，黃蜂和蒼蠅發出嗡嗡聲，大理石斑紋的小蝶疾飛。不久後大紅蛺蝶和小紅蛺蝶現身，蛺蝶翩翩飛舞於許多我不熟悉的蝶種間，鶺鴒鳥在河畔高歌。一塊風化的告示牌透露我們正要離開嚴格自然保護區。種種人居跡象顯現——破敗的圍籬、廢棄的牧場、幾隻走丟的牛。一位農夫獨自割著乾草，沒怎麼轉頭看我們。到那日將盡時，當初載我們到這片區域邊緣、來自烏克蘭的烏里揚諾夫斯克牌（UAZ）吉普車，及其沉著冷靜的駕駛，已經繞行三百英里的路程，來到這條小徑與我們會合。

Chapter 2 草原地帶

Steppelands

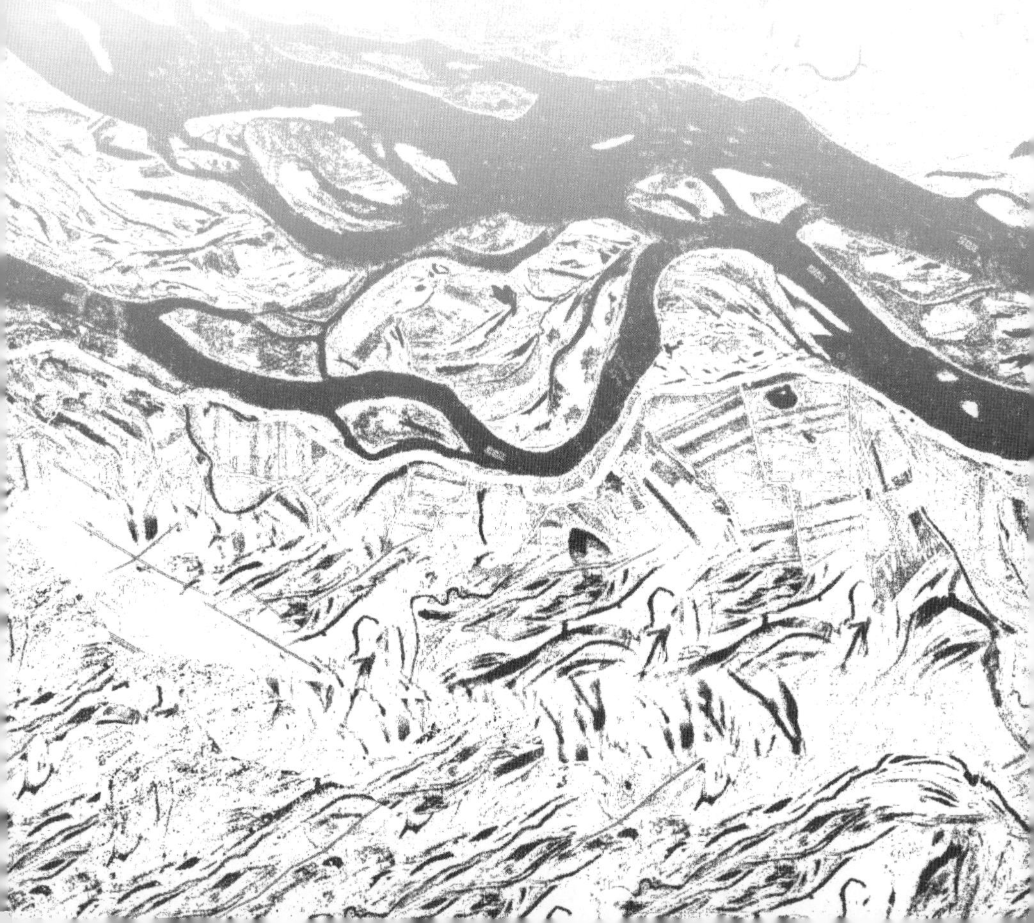

這片土地看來空曠。源自山中的河流穿越起伏草地，平靜無波有如慢動作畫面。零散的半遊牧牧民構成人類的生活方式，他們的圍氈蒙古包稱為「Ger」，在遠處的遼闊天空下顯得朦朧。置身在這片明亮光燦的平原，唯有見到鄂嫩河的多泥溢流、在我們身後低降的山脈輪廓，或是察覺身體疼痛時，才會喚起關於荒涼沼澤地的記憶。

然而在當地居民眼中，舉國上下充滿生命力。薩滿信仰（shamanism）與佛教和平共處，並且延續得比共產主義長久。人們必須謹慎運用薩滿的力量，因為嚴格來說，那並不屬於他們。看不見的精神主宰擁有支配力量，有的在山頂由敖包加冕，有的源自空無、卻活在本地人的記憶裡。大地在信仰之中呼吸。山蘊含變換莫測的力量，僅次於長生天的橫亙庇護，流水則是土地的有形命脈。源自蒙古中心地帶的鄂嫩河地位特殊，有著「神聖母親」或「母后」的稱號。連祖先的靈魂也繼續待在塵世間，掛念未竟之業，徘徊於山丘或河彎外，或是山腰間一扇無形的門後。

拂曉時分，隨著我們的吉普車沿硬泥路顛簸往東行，這個國家愈發寬闊明亮。蒙戈和甘普雷已離去，驅趕馬匹走在他們前方，為額外獲得的報酬雀躍不已。鄂嫩河往北急彎，畫出一道高而短暫的弧線掠過俄羅斯邊界，我們順著它的支流額吉河（Egiyn）

前往巴昔利特（Batshireet）村鎮。司機托赫德（Tochtor）是一位胸膛寬闊的本地居民，一雙和善的眼睛深埋於冷靜至極的臉龐。他行駛時，我看不出任何地標能指引方向。

即使是草原上的村莊，映入眼簾時有如古老土地上最微弱的人跡。柵欄圍起的小屋有著鮮豔的金屬屋頂，呈現嘉年華會的鮮紅、黃橙、釉藍等色彩，彷彿是掉落在草地上的一整組玩具。蒙古包的蘑菇狀圓頂時而立於某戶庭院，好似這家人依然憧憬舊日的無拘無束，或許有天會收拾離開。更常見的是，院落裡只有棚屋廁所、一輛中國摩托車或故障的卡車。不牢靠的木柵欄圍繞著每一棟住宅，沿著泥濘的寬敞街道晃動，加深下一場暴風就可能捲走村莊的預感。

在這些看似轉瞬即逝的地方，我們中午抵達的巴昔利特是第一處。附近幾乎不見人影。張貼著 G-Mobile 電信和卡拉 OK 的褪色廣告，不過店鋪多半上鎖或毀壞。穿印花裙和洋裝的一群女人，在大街上的商店為家用品討價還價。她們的臉頰被冬天的風刮掉一層皮，頭髮扎起馬尾，齊聲歡快暢笑。

谷地變得平坦，往東開敞出一片純淨草原。丘陵縮成裸露岩石的褶皺，毛色紛雜的龐大牛群在牧場遊走，有時超過兩百頭。在我們的北方處，平原點綴迷人的季節性湖泊，抹淡更遠處的地平線。道路條條蜿蜒且彼此交會，托赫德似乎隨機選擇路徑。壓出轍痕的路面使車底盤搖晃震動，我拿行李墊著肋骨坐，想像胸肋處只是瘀傷，腳踝僅僅扭到而已。（可是幾個月後，X光顯示兩根肋骨骨折，單側腳踝腓骨裂開。）

越過這片東北荒原，我們開往僻遠的俄羅斯邊境。鄂嫩河在北方奔流成一道光的弧線，我們穿越的地帶連巴特蒙赫都不熟悉。夜間我們發現簡便的健行營地，可是不見徒步健行者。在借宿的蒙古包裡，牆是捶製的毛氈，厚實又溫暖。假如我們夠幸運，早餐包含炸餃子和自製優格。有一晚，幾位飽經風霜的牧民騰出一頂家庭蒙古包給我們，牆上有木材加固以抵禦風勢。在裡頭，遊牧族人的家具仍擺在原位。柳木支架從圓形排煙孔向下輻散，地板的爐灶連通生鏽煙管排往天空。這家人的祭壇不再掛出黨領導者的肖像照，而是恢復昔日的神聖地位。藏傳佛教神祇與守護者的簡陋畫像，即仁慈的白度母與令人敬畏的大黑天，立於帝國牌優質餅乾的錫盒旁。下方的縮小版轉經輪旁，有些杜松子在焚燒，後面懸掛一捆乾凝乳，準備獻祭給本地山神。這家人端來一盤冷羊骨，隨後告辭，讓我們安睡：我分到僅有的床，巴特蒙赫和托赫德裹毛毯躺在地上。

這些流動的居所，以及吸納它們的脆弱村莊，對於住在該區域的布里亞特蒙古人（Buryat Mongols）顯得自然。逃亡與迫害使他們不遠的過往黯淡無光。上個世紀初，由於革命和內戰席捲俄羅斯的故土，他們往南逃至較平靜的蒙古。可是這個國家已落入俄國的陰影，史達林（Stalin）的連枷[1]藉由霍爾洛・喬巴山（Khorloogiin Choibalsan）之手打在他們身上。喬巴山是蒙古專制的統治者，跟他的蘇聯導師一樣殘忍無情。整個一九三〇年代，夜間逮捕帶走數千名布里亞特人，遜行處決或遣往勞改營。他們遭控從事泛蒙古主義陰謀，或是替近日展現侵略野心的日本擔任間諜。在恐懼的年代，他們得到不幸的審判結果。一九三七至一九三八年間，在血洗殘殺的高峰之際，大半個蒙古知識圈及一萬七千位僧侶遭到肅清。

然而布里亞特人仍舊定居於俄國邊境以南的狹長地帶。四萬兩千位族人占不到蒙古人口的百分之二，但是他們的才能為族群帶來不成比例的影響力與仇視。正是他們盤踞於神聖鄂嫩河的分水嶺，從肯特山區的源頭，一直到我們的東邊流出國境處，至此跨入西伯利亞前沿。

1 譯注：連枷原本是農民打落穀粒的工具，前後段的木棍以一段短鏈相連，後演變成武器。

那些黑暗年代幾乎已淡出記憶外，它們的陰影卻可能落往年輕到無從追憶的人身上：那位失去雙親的女子，個人歷史遭到剝奪，住在一個依舊名為「喬巴山」（Choibalsan）的城鎮。或是某天下午我在烏蘭巴托遇見的男人，他在飯店大廳喝著茶，歲數必定接近老年，卻有著烏黑的頭髮，臉上鮮見皺紋。我猜他信任我，因為我們是透過一位共同朋友約見，他的英語也很流利：一位布里亞特裔公務員，為年輕而脆弱的民主體制效力。他說，一個世紀前，他的祖父母逃離布爾什維克革命，從布里亞特共和國（Buryatia）往南跋涉，落腳在蒙古境內、鄂嫩河流入西伯利亞之處。布國屬於俄羅斯聯邦領土，依然是他族人的故鄉。

他吐露道：「我還是會回到在那裡的出生地。我無法解釋這件事，可是有時候我到那地方，躺在地上，在手裡揉捏當地泥土。然後我感覺到那片大地和山嶺進入我的身體。」他張開雙臂想表達這種感受，坦承某種內在的深沉靈光或幻覺，我想他並不確定是何者。我領悟到他是在談論自己的「胎盤故鄉」，關於他的族人自古以來將嬰兒胞衣埋於分娩地的習俗。我想問他這件事，卻遲疑了，而他只說：「就是有一股回去的強烈衝動。」我聽說過這樣的出生地可以永遠羈絆一個人，甚至會在臨死前拉他回去。

邁入蘇聯時代，這種返鄉的儀式悄悄延續，構成比簡單的國族更深遠的命脈。隨後，一九三〇年代的大恐怖導致錯亂的負面影響，在那段時期，布里亞特認同本身淪為罪行，人們焚燒或藏起族譜，在斷裂中抹消自己的過去，即使至今仍未癒合。

「我們失去傳承。」他以嚴肅哀傷的單音調訴說。對他而言，布里亞特族人的本色源於草原。「可是我們遊牧民族的孩童如今就讀寄宿學校，學習俄文或中文課程。很快他們就記不得自己多麼喜愛騎馬或擠牛奶。他們可能連牛是什麼都不知道。」

我凝視著他，看著他的西裝和領帶，揣想會有多少都市居民覺得自己的真正故鄉是一處遙遠的紮營地，在那地方，大地就在他們的腳底躍動。然而他說明，他的祖父並非牧民，而是一位才氣縱橫的新聞記者。他從一開始就生在錯的階級。

「當時是一九四一年，有天晚上，他認為身邊都是朋友，便坦言希望希特勒能打贏戰爭，好讓蘇聯紅軍停止欺壓蒙古。當晚蘇聯國家安全委員會（KGB）的人就把他帶走，他消失在古拉格勞改營（Gulag）之中。那段日子裡，德國人從一方逼近，日本在另一邊，沒人覺得安全。直到一九五三年史達林過世，我祖父才回來。他死於三個月後，一臉安祥，躺在家裡，彷彿這是他一直在等待的事。」

「你父親記得他嗎？」

「我父親從來不提，我在無知中長大。接著發生柏林圍牆倒塌，還有戈巴契夫（Gorbachev）的重建政策（perestroika），可是對我們來說那全都顯得很遙遠，不像你的情況。但我們有了自己的革命，一九九一年檔案開放後，我可以閱讀祖父的偵訊文件。一切發生過的事猛然帶來沉重的打擊。我們非常蘇維埃化，你知道吧，洗腦得非常徹底。我讀的時候，整個人崩潰大哭。」

在國族主義復興的這個時刻，人民的憤怒尋找發洩目標，沒找上素有愛國英雄形象的喬巴山，而是投射到遙遠且抽象的史達林身上。

「對，我們有些人痛恨史達林。可是我們對俄國人沒有意見，你知道吧。我們還算喜歡他們。」他突然皺起眉頭。「這種情況我也不太懂，在他們壞事做盡以後。或許是因為他們帶給我們文化，歐洲的文化。他們給我們醫藥和教育。我們從非常低微的地方起步，你明白吧，幾乎毫無希望。一個世紀前我們任憑中國人擺布，他們掠奪我們……」

這番話依然使我感到震驚。俄國人粉碎蒙古的本土文化，摧毀他們的寺院，幾乎將國內菁英清算殆盡。然而卻是統治這國家長達三個世紀、直到一九二一年結束的中國人，受到發自肺腑的厭惡與不信任。為數眾多的中國刑具在國家博物館展示，貪婪商人的帳本擺放在旁。正是中國商人的無情高利貸行徑，在人們的想像裡長久延續。據說國內一半的人欠他們錢。即使到了現在，仍有蒙古人堅信自己被早已亡故的中國人糾纏，警告生人遠離他們埋藏的寶藏，無論喇嘛或薩滿都沒辦法驅除。

蘇聯的政治宣傳也許拉抬自古以來的憎惡，然而是上個世紀初，雪崩般大批到來的中國移民促使蒙古變得激烈，最終投向俄國懷抱。

「中國人會屠殺掉我們所有人。」眼前的男人說。為了舉例說明，他把桌上的一只中國茶杯和一個俄國酒瓶推過來，中間夾著皺巴巴的紙張，他假設那代表蒙古。「中國人只從我們身上奪取，俄國人則會回頭給予。不管我們去買什麼東西，我們總是買俄國製品，即使貴上十倍而且又少見。」他滿臉懊悔地把茶杯推向紙蒙古，同時讓伏特加酒瓶往後退。「我們痛恨中國人，可是我們必須跟他們做生意。他們無所不在。到頭來我害怕他們會併吞我們。」他的聲音縮成一段不由自主的耳語。「聽說他們甚至在放牧我們的羊群。」

如今茶杯在他掌中寸寸前移，我聽見紙張在底下壓得起皺。

隨著我們從巴昔利特向南駛去，草原上的綠草和石頭一波波湧向地平線，天空中點綴三兩風箏。處處可見牛群走動，或是蒙古包在草地上撐起白色圓頂。一二〇六年，在這裡的某個地點，征戰的天才成吉思汗一統蒙古人，召開稱為「呼拉爾」（khural）的大會，宣告他為族人的最高領袖。我們前往遺址途中經過大批泛白岩石，接著抵達六邊形的柵欄，圍起一堆灰石頭，以及一座繫結供奉長巾的平臺。標明此處即為那次重大會議位址的告示牌消失無蹤，不過人們留下糖果、油燈、碎茶葉等供品。此刻有位自行車騎士從曠野中現身，繞行石堆三圈，拋了一粒小石頭上去，隨後消失在青空下。

對於成吉思汗的尊崇，連同其他的蒙古國族主義跡象在蘇聯時代遭到扼殺。隨著國家獨立興起一股強烈的渴求，尋找地景中與他相關的任何遺跡，於是出現一整區紀念列柱與敖包，以及一座駭人的鋼製塑像，名列世界上最大的騎馬人像，衝擊烏蘭巴托以東的景觀。可是幾乎所有地點皆屬謬誤或站不住腳。首次呼拉爾大會的確切位址不詳，成吉思汗的出生與下葬處則有眾多地點相互比拚。例如在賓德爾（Binder）村鎮，交錯圍欄與小丑裝般的繽紛屋頂，神似巴昔利特的景象。一位前總理在此設立另一處呼拉爾會場以別苗頭（他生於賓德爾，那就是原因所在，巴特蒙赫如此解讀）：一根醜柱子上鑲嵌成吉思汗的肖像，敬拜者的供錢疊成幾個小堆靜靜安放。

傍晚時分，我們來到草原漸暗處，遁入林木茂密的谷地。陡峭山坡上滿布巨石與落葉松，於丘頂豁然開朗，露出刀刃般橙褐色的岩石。岩層從林下灌木叢中凸起，像是斷裂的利齒，擾亂天際線。山丘底部立著一道長長的乾砌石牆，石塊未經切割，無從透露建造年代的線索。在這片空曠大地，罕見堅固的結構體存在，使這道障壁留下起人疑竇的問號。長牆兩端皆爬上山丘斜坡並通往天際線，綿延兩英里間偶現頹圮。彷彿曾有座城垛圍起的城市覆蓋這片山丘，而後經受風吹雨打，回歸泥土與岩石。

二〇〇二年，本地人稱為「施捨者牆」（Almsgiver's Wall）的這處神祕地點，在熱忱驅動下成為考古搜查位址。行動由名叫莫瑞．克拉維茲（Maury Kravitz）的芝加哥期貨買賣商籌資，心中的執迷說服他，此地深埋成吉思汗的陵墓，裡頭堆滿他征戰得來的財寶。挖掘工作在樂觀的風向下展開，年少的巴特蒙赫曾在這裡工作，他還記得隊伍的步調快且全神投入。一片平滑的後冰期碎石覆蓋山丘，留下人類活動的錯覺。超過四十處可疑的墓穴受到鑑定。一具身覆札甲的屍體貼上蒙古戰士的標籤，未經去氧核糖核酸（DNA）檢驗即送回墓中。諷刺的是，計畫周邊的公關宣傳卻導致挖掘失敗。而今成吉思汗簡直形同一位國家偶像，他的墓穴蒙受玷汙的可能性，日益引發政府怒火——最重要的是，發起者還是外國人。搜挖行動被迫中止。

儘管如此，我們懷抱些許期待踏過長牆缺口。牆外側斜倚在長草的碎石堆上，時而整個隱入土裡。巴特蒙赫登向高處，前往他印象中的墓穴地點。我行往更低處，費力穿過褪色的花朵和飛揚的薊花，走近時發現石塊的構造已失去人造形狀。據說這些石堆有草原蝰蛇出沒，不過我眼中只見旱獺奔向隱密的地洞，還有一隻兀鷲在空中盤旋巡弋。我在邊緣堆積石頭的凹陷處休息，心想或許這裡是墓穴，耳邊傳來使人昏昏欲睡的蚱蜢鳴叫。這裡跟史書模糊記載的帝王埋葬地毫無相似處：可能是在山坡上的一處高原，由於不斷驅趕馬匹踩踏土地，直到什麼痕跡都看不見，使得成吉思汗的石墓成為祕密所在。從施捨者牆出土的幾件文物得出不同的故事，包括破損的陶瓷和一些碎木炭。考古學家仍然堅持己見，並渴望重回此地。不過這道長牆似乎與成吉思汗完全無關。這裡是曾經強盛可畏的契丹人（Khitans）墳塚，他們統治中國北境與蒙古長達數世紀，時稱遼朝，且於這位蒙古帝王出生的近四十年前劃下句點。《蒙古祕史》（*The Secret History of the Mongols*）是年代最早的成吉思汗生平資料出處，書中對他的墳塚隻字未提。重要性非凡的史料略過這項資訊，表明它禁止揭露。然而正是《蒙古祕史》填補了成吉思汗年少時在鄂嫩河谷地的經歷與早年的衝突。在成吉思汗死後，這部作者不詳的經典史書最初的蒙古文版本已失傳，直到十九世紀，漢字標音版本於北京的一間圖書館架上被人發現。書中洋溢著口述傳統，歷史與傳說交織，以生動細節帶出古老稱號。用意似乎是想為蒙古皇室撰寫一部具有教化意義的史書，關注他們偉大先驅者的騰達之路，從青年時期的恐懼與罪行（他謀害同父異母的兄長），直到實現長生天賦予的神聖使命。一個既富謀略又有遠見的複雜人物現身，在西方颳起後世熟知的殘酷驚愕暴風。就是在鄂嫩河岸，蒙古人最終一統在他麾下，也是在這片河谷的集體狩獵與早年交戰中，為馬背上建立的帝國鋪路。《蒙古祕史》草草幾筆帶過其後二十年的征戰，不過到大汗過世的一二二七年，他的帝國從太平洋延伸至裏海（Caspian Sea），後代子孫接手擴張基業，形成史上相連領土最遼闊的帝國，往東征服了中國，往西侵擾至維也納。到了一二九〇年，整個亞洲從東到西皆納入一個浩瀚的盟國，蒙古和平時期（Pax Mongolica）又再延續一個世紀，境內商業興盛，精疲力竭地接受和平統治。傳聞敘述，一位未婚少女攜帶一碟金子，能夠不受滋擾地從中國一路走到土耳其。

或許成吉思汗未曾在鄂嫩河分水嶺留下有形的蹤跡，反而能以更有力的形式充塞想像。在我們重返的這一晚，河流似乎不再是地景中的元素，而是強力脈動的心臟。胃納了山區支流後，河水如今更強勁也更深。河面呈鋼灰色，起伏著隱約閃現的微光，輕輕拍抵岸邊並吞沒河岸。不過它依然窄小，只是在黑暗中流動的碎片，沒有理論能徹底驅散疑問：它如何引發亞洲的劇變，以及現今僅有三百萬人口的蒙古，曾經傾瀉出滔天的集中力量。

俄羅斯邊境只在五十英里外，然而成吉思汗死後，要在西邊超過三千英里處，由不肯順服的眾多小公國構成俄羅斯的雛形。從一二三七至一二三九年間，西北方的蒙古強權金帳汗國（Golden Horde）橫掃這片易攻區域，擊垮諸公國中最有勢力與文化的都城基輔（Kiev），找到地方落腳後，對倖存的斯拉夫民族徵收驚人重稅。此後兩個多世紀間，俄羅斯臣服於蒙古人施加的徹底重整中，削弱未來俄國與西歐間的同化。有些歷史學者主張，俗稱的「韃靼枷鎖」（Tartar yoke）孕育出俄羅斯的堅忍宿命論，使人們固守農奴制與專制統治。就這樣，憑藉暴虐無道的心靈詭計，恐怖伊凡（Ivan the Terrible）[2]、史達林和普丁躍身為成吉思汗的後繼者，而俄國與西方文明間的長年斷裂，以及一個「位於亞洲」的王朝，皆源自我們腳下這條被月光照耀的河流。

隔天早晨，天空中無雲打擾。往南方越過清淺的地平線，我們看見鶴在飛翔。無從判別鶴群屬於什麼品種，究竟是氣宇軒昂的白枕鶴抑或是銀灰色的蓑羽鶴，牠們悲悽的鳴叫聲遠到幾乎聽不見。不過我們瞥見鶴群飛翔的堅定軌跡，從伸長的脖頸與鬆脫織線般的翼尖，得知牠們正飛往喜馬拉雅山脈及更遠的印度。鶴的美麗身影與律動姿態，甚至是傳聞中的單偶制，讓牠們在整個亞洲披上神話的外衣。在中國人的幻想裡，鶴引領死者進入永生。而我看著鶴群消失，心中有種說不清楚的遺憾，彷彿牠們

2 譯注：即伊凡四世（一五三〇—一五八四），以莫斯科大公的身分統一俄羅斯，厲行專制，成為首任沙皇。

將永遠不再復返。

托赫德窺見四隻天鵝漂浮在草原上。牠們降落於季節性沼澤，在積水的青草間游動。越過天鵝，微微隆起的矮丘上出現三塊鹿石（deer-stone）。像這樣的古老巨石散落於整片草原上，不確定究竟是祭儀或埋葬的遺址，但石碑似乎是站立的人形，表面刻著飛鹿，蘊含的獨特意義至今不明。我們發現的鹿石陣嚴重磨損，只剩下隱約刻痕。其中兩塊比我還高，質地為實心花崗岩：也許是有著三千年歷史的戰士身影，依然挺立於這塊空曠的平原。

一小時後，我們抵達的地點土壤崩落，成片花崗岩峭壁從覆蓋的草地中迸露而出。或許是偶爾流淌於岩石間的水源，吸引中石器時代的獵人定居，約莫一萬五千年前在這裡留下蹤跡。他們的石器碎片依然散落在山下。幾個月前，我看過這裡一處岩壁的照片，表面滿覆岩刻，諸如頭角優雅往後彎的野山羊、形似蒙古野生種的矮壯馬匹、生有絕美鹿角的馴鹿，以及一對潛伏的雪豹（根據我的判斷）。在精細雕刻的野獸群上方，還刻著一位手持弓箭站立的男人，以及古代歐亞大陸的吉祥符號「卍」。

我和巴特蒙赫一齊攀爬岩石，期盼能找到照片中的景象，但石壁上只見空白，壁間的裂縫亦空無一物。巴特蒙赫跟我同樣困惑。他渴望填補自己接受蘇維埃式教育的空缺。我們坐在草地裡，揣想著傾斜陽光是否能造成某種錯覺，好讓石壁甦醒。在我腳邊，一塊巨石上布滿我讀不懂的符號，刻痕深且粗糙，斑駁長出灰白地衣。就我所知，那屬於傳聞中這片位址所留存下的二十處銘文，包括藏語、波斯語、古代突厥語、蒙古語，一直到遼朝先人的文字。不過我只看見密密麻麻的符號叢林，可能是部落封章，也像一張失落的字母表。巴特蒙赫覺得他認出類似遊牧馬匹烙印的圖像，而我幻想，在滿滿的地衣下藏著我那匹白馬的疤痕：一個劃分成兩半的圓形。

我們帶著耿耿於懷的毛躁情緒走回吉普車。托赫德在駕駛座入睡，肚皮舒服地鼓脹於襯衫和長褲中間。他喜歡旅程中能享受出城的野外氣息，但看不出古老石頭有何意義。一度我也有同感。早在六十年前，蒙古考古學家在這片峭壁發現近三百個雕刻。這些岩刻是青銅時代的典型代表，尤其介於西元前兩千至一千年間，我設想能從裡面找到地形變遷前的動物（因為這片外露岩層有段時間坐落在湖泊之上），也許我還能辨認出麋鹿的身影，牠對樹葉的好胃口將透露久遠前存在的森林植被。我可能甚至會瞥見一頭離群的長毛象或留下來的犀牛；近至西元前一千年，長毛象仍生存在我們西邊的阿爾泰（Altai）地區。相反的，當這片宏偉石壁隱沒於視線之外，我暴躁地坐在吉普車的後座，明知一整列隊的動物棲息於石間某處，我的雙眼卻缺乏使牠們重生的敏銳度。

距離這處孤絕峭壁的四十英里外，地面隆起，籠罩進高聳松樹林的陰影。或許你漫步在砂土上，一心想著為何地表顯得如此凌亂磨損，好似一座消失村落的遺址，又或者某些石頭為何呈現怪異的排列。我們爬上久經樹木占據的低矮小丘，有一次我辨識出粉末狀砂土中埋著通道入口的輪廓。因為這地方，即都日格墓地（Duurilag Nars），是難以捉摸的遊牧民族匈奴人的王室墓塚。兩千年前，匈奴帝國的範圍深及西伯利亞，並侵擾中國的長城。他們沒留下關於自身的文字記載，僅經由中國人的驚恐視角折射進歷史，描寫為一大群面目模糊的蠻族。十年前，當考古學家探勘我們腳下的土地，猜測遭洗劫的墓穴裡橫陳的斬首屍體為高加索與東亞人種的混血。許多學者認為他們是匈人的祖先，匈人入侵歐洲約莫就在匈奴淡出歷史之時。

在這片有兩百座墓穴的墓地，僅有五座已挖掘。在我們腳下的某個地方，巨大石板開啟木襯砌的三層墓穴入口，在盜賊闖入後傾斜半塌。位於墓穴最底層的紅漆棺木已風化解體，不過鑲嵌黃金花朵的金箔飾線圖樣依然妝點地面。曾配戴於屍體胸前的飾品碎片，在殘骸裡閃閃發光：青金石的鳥形飾品、黃金和琥珀珠串、淚滴狀的綠松石、鍍銅的小馬。

馬匹反覆出現在這批墓塚中。緊鄰墓室上方處擺著一團馬具，包括口銜和頰革，以及十二隻獻祭馬匹的骷髏。牠們的腿彎曲如在行走，準備好超越死亡，護送亡靈深入草原，而裝馬骨的罐子立於其他墓穴中，因為這裡曾是馬的帝國。驚愕的中國人記載，年紀小到爬不上馬的匈奴孩童，已知騎上羊背，射下鳥來餵老鼠。由鬆散聯盟組成的匈奴，在無休止的征戰中，有能力派遣數十萬騎兵攻打偉大的漢朝。為了追上匈奴兵，漢朝步兵有時騎馬移動，隨後下馬作戰，從不自認為騎兵。

在不穩定的和平時期，兩個帝國依據優劣勢來餽贈或收取貢品。匈奴人把自己的王子送去當人質；中國人則派公主前往和親，當代詩作裡滿懷她們的傷悲，隨行使節在臉上刺青表明順服。在最華麗的墓穴中，陶瓷缽碗、絲綢、銅鍋銅壺等陪葬品中，有一輛從中國完整運來的黑漆雙輪馬車，留存下高聳車輪的一根車軸，以及車廂鑲板與上方的遮傘配件。恐懼墓室裡的一片漆黑，這種心情可能也在陪葬品間徘徊不去，好比一盞三口燈，以及據信能散發光亮、阻擋邪魔的中國鏡子。

在靜謐的黃昏中，我們踩著掉落的松果的劈啪腳步聲有如槍響，小蝙蝠從樹間疾速飛來。我們揣想，在這數百個墓穴之中可有任何一處躲過褻瀆，還有什麼仍然留在我們腳下？陪葬品被砸碎，往往難以判斷究竟是盜匪或送葬者所為，因為即使到現在，打破陪葬品的習俗仍存續於西伯利亞的僻遠民族。在他們的想像中，死後世界是此生的反面，所以凡在這裡破碎的，都會在那裡完好無缺，而陪伴死者的殘缺物品，就跟送葬者一樣，等待著再次完整。

鄂嫩河滿載著大水，蜿蜒流過軟土。現在河面寬一百碼並快速流動，不再閃爍微光。在我下馬汲水的地方，河岸往後陷落。冰涼的河水流過我的指間。

一位老者稱呼這條河是「鄂嫩母后」，跟布里亞特人一樣，把河川想像成女性。老人說，你絕對不能拔除鄂嫩河沿岸的灌木或樹木，更別說在那些地方撒尿。河流已遭巴昔利特附近的金礦坑汙染，水質敗壞。若仿照本地人正在學習的行徑，從水流深處撈出一條哲羅鮭，鄂嫩河將會發怒並沖垮河岸。他不知道在遙遠的下游，她會成為浩瀚的黑龍江，分隔俄羅斯與中國；他也不曉得她的盡頭位於何方。對他而言，鄂嫩河跨越邊界流入西伯利亞後，她就遁入空無的迷霧之中了。

在賓德爾以東，小支流胡爾林河（Hurhin）匯入鄂嫩河處，有些人假想是成吉思汗的出生地。兩條河交會時，鄂嫩河發出些微的沙沙聲。河水沿著長滿羽毛般的柳樹的積水砂島分流，侵蝕堆積礫石與倒塌樺木的河岸。根據《蒙古祕史》，成吉思汗出生於鄂嫩河畔，鄰近一座「脾臟狀小丘」。這裡周圍的草地適合作為遊牧駐紮地，加上附近有座隆起的山丘，滿足舉國對於敬拜遺址的渴求，山坡上因而錯落分布著敖包。

征服者的墓塚引發更大爭議。他死於一二二七年，當時遠赴蒙古中心地帶的千里外作戰，似乎是由送葬隊伍帶他回到肯特山區。關於他墓室地點的瘋狂謠言幾乎立即傳開。返回的送葬行伍化身為恐怖的守密護衛隊，所有目睹的生靈都被屠殺。四十位年輕女子被關進大汗的石墓，建造或看守墓塚的奴隸和士兵皆遭處決，直到再也沒人曉得墓穴地點。

愈接近成吉思汗死亡日期的記載，內容就愈含糊不清。在他死後的九年內，兩位中國使節急切想來探訪，獲帶領至肯特山脈設置守衛的大禁區邊緣，沒見到墓地的半點蹤跡。

自從一八七〇年以來，眾多毫無希望的探險隊啟程尋找大汗墓地。多數學者假定墓穴位於肯特山南坡，據信就在不兒罕合勒敦山，但實情尚在未定之天。山區範圍廣及四百多平方英里的險惡地形，山間的冰擦岩製造出人造物的錯覺，讓人從未找到一座墓穴。許多蒙古人寧可繼續維持現狀。

墓塚狀態未明的神祕感，也許能加強成吉思汗依然活著的幻想，而今，在七十年的蘇聯禁運後，帝王再度現身震懾子民。一九九〇年國家獨立之初，禁忌大開。源自蘇聯的名號一夜間撤換。出現了成吉思汗機場、成吉思汗大學，一間叫成吉思汗的高級飯店，以及鑽研成吉思汗的研究機構。每兩個新生男嬰，就有一個取名為成吉思（Genghis），或是大汗出生時的名字鐵木真（Temujin）。即使在外圍省分，人們喝著成吉思汗牌啤酒，聽流行樂團成吉思汗的歌曲，灌下小玻璃杯裝的成吉思伏特加酒。在首都的大廣場，有座陵墓仿照莫斯科，存放國家革命英雄蘇赫巴托（Sükhbaatar）和喬巴山經防腐處理的屍體，遭拆除後騰出空間給宏偉的成吉思汗紀念碑，復興的薩滿信仰則聲稱能與他的靈魂溝通。

與此同時，在越過中國邊境的內蒙古，有另一處成吉思汗埋葬地的可能位址。對他的崇拜已發展成追求普世和平的準宗教，形成一種黑色諷刺。自從成吉思汗之孫、征服者忽必烈汗（Kublai Khan）建立中國的元朝，蒙古就可以自稱為中國；另一方面，從較令人不快的角度而言，若援引相同的一統帝國為證，中國也能盤算，來聲張對蒙古的歷史主權。

前往布里亞特人的小都城達達勒（Dadal）途中，我們仰賴指南針方位行駛，開過一團迷亂且搖散骨頭的小徑。不時出現孤立的蒙古包，在山丘底端留下灰色圓頂。我們隨吉普車一起搭浮橋筏跨越鄂嫩河，由固定在岸邊的繩索和一位沉默的船夫拉動。我們下方的河水滿布波谷與漩渦，彷彿由某種看不見的擾力造成。古銅膚色的孩童在淺灘處歡笑。我們再度回到路面那刻，位於低處的河流落出視線之外，草原恢復成一望無際的平靜，我們又重拾孤單。

一小時後，成列電線桿橫過天際線，達達勒到了。這裡是圍欄小屋組成的錯落村莊，有些在屋頂裝設老虎窗與浮雕屋簷增色。摩托車取代馬匹，衛星天線伸掛於牆壁上。可是周遭為數不多的人們看起來同樣貧窮。幾位身材結實的開朗婦人正在查詢手機，她們有著藏人的發紅臉頰。身穿蒙古袍與厚重長靴的男人，坐在冷天裡的陽光下。泥土街道似乎哪裡都去不了。街邊圍籬破裂或鬆垂，老舊的韓國卡車停在水坑裡。

達達勒是另一個毫無根據的成吉思汗出生地，一塊邊緣尖突的紀念石板刻著他的金色怒容，從一九六二年保存至今，當時樹立是為了抗衡中國競爭位址的主張。而今這處遺址位於近乎荒廢的徒步者營地，我忍著疼痛肋骨攀爬至上方的陡峭山丘，多種顏色的長巾在一座祭拜敖包上飄揚——據巴特蒙赫表示，紅色代表火，黃色代表太陽，綠色代表大地，白色代表純潔，藍色代表長生天。另有僧侶掛上的破舊經幡，和幾瓶供奉的伏特加酒。

這些從政治出發的地標，與周遭不曾過時的泛靈論互相融合。泛靈信仰既廣泛且根深蒂固，即使在二十世紀初期蒙受大規模剷除也無法抹消。反倒是其後的一九三〇年代，對於布里亞特人的攻擊撕裂整個社區，導致一些人失去自身過往的依歸。

在達達勒的一條寧靜街道上，房屋比鎮上多數地方美觀，一位老者正在對抗時間。契盟特（Chiment）與妻子住在離地一、兩呎高的木屋，架在木板上隔離永凍土。八十五歲的他散發著一種奇特而韌性十足的快意，身形依然結實，皮膚光滑。

「我想我是達達勒年紀第三大的人。我們還剩下三個人，很老很老。」他淺淺地微笑說道：「我是最年輕的一個。」我們並肩坐在他家廚房，由巴特蒙赫翻譯低沉且濃重的布里亞特口音。「我們自稱為『擁有親身回憶的人』，因為我們經歷過其他人只聽說過的事。我們是最後的僅存者。」我發覺他想要跟我說話，因為他感到自己的過往漸漸退卻，像是一種即將無人使用的語言。在有點說教意味的言談間，他會停頓漫長的幾秒鐘，彷彿要在畫面消失前趕緊尋回。

「我不知道我的族人源於何方，只曉得是在內戰期間來自俄羅斯某處。我們布里亞特人隨俄國白軍對抗紅軍，他們落敗後，我的家人逃來蒙古。他們以為這裡空空蕩蕩。」

當時超過四萬名布里亞特人湧向南方，不過鄉間遊牧民族在西伯利亞與蒙古間輕易飄移，很快就成為往事。到契盟特出生時，邊界已然封閉。難民心懷死於流亡期間的恐懼回望故土，有時閃現苦澀的懷疑，明知道親人僅在幾哩之遙的俄國境內——他們會說，就在狗叫聲傳得到的地方。不願自身屍首流落異國土地，有些難民選擇火化而非土葬，好讓風或許能帶他們的靈魂回鄉。農曆新年讓人尤其渴望回家，據說他們甚至反穿鞋子或裝上鹿蹄跨越邊界雪地，智取邊境巡守隊。

不過對契盟特而言，他的世系被切斷，即使這麼做也無濟於事。「我的父母在一九三〇年代遭到處決，我不記得他們。然後我被人收養。那段日子的情況就是這樣，收養是保護人、保護小孩的一種方式。到處都有家庭被拆散，人們離婚。我記得我喜歡養父母，但也就這麼多。養父也被抓走處決了，我們有好幾千人被殺，我們的牲口也被奪走。他們說我父親曾經擁有五、六十匹馬，那是我們過生活的方式。」

他向我投來溫和的打量目光，渴望我的傾聽。從老人下垂的眼睛與緊繃的薄嘴唇中，很容易聯想到他蒙受的苦難，不過我反而察覺一種得來不易的平靜。「在那之後，」他描述：「我被送去北方的一個小聚落，由一對老夫婦照顧。我們有十八戶人家，全都是孤兒或破碎的家庭。然後戰爭來了，政治文宣說要把我們的物資往北送給俄羅斯，雖然我不知道我們能為俄國做什麼。我們的人那麼少，我又只是個孩子。可是我就這麼找到我的妻子。」

而她坐在爐灶旁，拿塑膠蒼蠅拍打蒼蠅：一位身穿蓬裙、嬌小如猴的女子，似乎沒聽見我們說話，看起來比他年長一個世代。契盟特說：「我們結婚時非常年輕，兩個人都是十八歲。她父親也被處決了。」

她將小巧精緻的臉從爐火轉向我們，不過雙眼緊閉。她和契盟特攜手走過喬巴山的恐怖年代，卻又要承受強制集體化的亂象。儘管如此，她為他生下十個孩子，其中僅有一人夭折。他們承擔不起絕望。史達林死後，一位名叫丹增（Danzan）的無情審訊者從烏蘭巴托回到達達勒，他們公開發起抗議。反對活動迅速擴散，有如升起一面廣大黑幕。丹增服下毒藥。

「即使是在達達勒，」契盟特說：「一切都變了。我們這裡有一個貪汙的黨委會，想檢舉誰全憑他們的喜好。史達林死時，我想有一位委員是瘋了，或者可能醉了。在全國哀悼期間，他在村中狂奔大喊：『逮捕我！我好高興！好高興史達林死了！為什麼沒有人來逮捕我？』」回憶使他皺起眉頭。「但沒人理他。」

我四下環顧老人的家。他的廚房直接通往鋪地毯的大客廳，立著一座瓷器櫃。他有一架電視，一臺新冰箱。我沒看見轉經輪或香爐。我提問：佛教有過幫助嗎，薩滿信仰呢？他的表情沒變。「不，沒有起過什麼幫助。那些事物都從我們身邊遭到肅清。我們的心靈一片空虛。」

到頭來，他靠牧牛過活，老人說，並且在局勢好轉後進入地方政府。我身後的牆上掛著舊月曆，以及兒女、孫子、曾孫的眾多照片，這是個溫暖而複雜的完整家庭，由生來一無所有的孤兒擔任大家長。我想知道，他是否曾幻想自己嬰兒時期的家，在那座牧場有著失落的馬群。不過他只說：「我身在此地。」

無論他有何成就，都是靠天生的敏銳度得來：布里亞特人的聰明才智，依然受到國內占多數的喀爾喀蒙古人（Khalkha）憎惡，加上據信布里亞特人於一九二〇年代勾結俄國。契盟特過於謹慎或客氣，不願在巴特蒙赫面前埋怨這般偏見，但他在我們離開前說：「你可以從歷史記載讀到這裡發生過的事，但它們時常出錯。我這麼告訴你好了：做出這些事的是人，不是政權或教條。在所有發生過的事裡頭，半數與政治完全無關，而是關乎個人情感：嫉妒和憤怒，古老的夙怨……」

我發問：「有很多人記得這些嗎？」

「跟我有過相同過往的人太少了。年輕人完全不能理解，他們生活在一個不同的世界。他們甚至景仰喬巴山，說他是一位偉大的謀略家與政治家。我說他是禽獸，我經歷過他的統治，他們沒有。」

或許昔日離散的心理創傷真的在消逝。無法理解契盟特的年輕世代，並不往與俄同化的世系出身地尋找認同，而是依歸本地的蒙古家園和他們的母語。

當巴特蒙赫和我找到一間搖搖欲墜的餐廳吃午飯，我們頭頂的電視正在播放一部舊日的黑白政宣影片。店裡無精打采的三位年輕男子和一個小女孩，仰望著威風凜凜的史達林與逢迎巴結的喬巴山相互商議，後者的胸膛滿布勳章。影片讓兩位暴君皆顯得肅穆莊嚴，因為他們不在契盟特所處的人世，而是置身於受操控歷史的對立面來行動與演說。感到無聊的男人起身離開，小女孩的目光則在電視與怪異外國人之間羞澀地輪轉。

巴特蒙赫一直忽視螢幕埋頭吃麵，然而現在他說：「我想我們有百分之十五的人在那段時間遭到殺害。幾乎我見過的每一個人，他們的家族史都在一九三〇年代變得曖昧難明。再也沒人曉得任何事了……」

我提問：「你母親也是嗎？」

「她由另一個家庭撫養長大。她真正的祖父失蹤，我猜是被殺了。他本來會成為一位僧侶，後來遭到出賣。」

「誰出賣他？」

「他的弟弟。小弟告發並親手逮捕他。」

從烏蘭巴托啟程以來，我沒見過佛教的跡象。我們所到之處，我都會四下尋找寺院，可是在這些偏遠區域實在罕見留存。看來佛教信仰未曾自一九三〇年代的猛烈鎮壓中復甦。在賓德爾，孤身一人的喇嘛病了；在巴昔利特，寺院淪為廢墟；而在鄂嫩河流入俄國前的最後一處聚落巴彥烏爾（Bayan-Uul），喇嘛先離開一步去主持葬禮。

十七世紀傳遍全國的藏傳佛教同樣曾厲行迫害。有時佛教另起名義，接管薩滿的儀式與魂靈，甚至包括對成吉思汗的敬拜，喇嘛與本地酋長聯手主持盛大的敖包祭典；此外薩滿巫師遭到審訊與處決。到了一九二〇年，大禍臨頭的前夜，佛寺的支配地位席捲整片土地，形同一張遏制發展的布幕。三分之一的人口為僧侶或其供養者，旅人語帶嫌惡地描寫他們的懶散與敗德。蘇聯撐腰的共和國耗費近二十年才抹消停滯不前的神權政體，將國內的三千座寺院與廟宇大多夷平，逼迫僧侶還俗或加以屠殺。

我們最後一次跨越幾乎無路徑可循的草原，朝巴特蒙赫希望也許依然存在的寺院前行。當我們再次橫渡鄂嫩河，水流往後撤的土壤削出陡峭河岸。我們找到一間廉價旅舍，在僅有一顆燈泡、沒有供水的狹小房間裡時睡時醒。隔天早上，我們曲折穿越草地，踏入隱蔽的山谷與一片空曠營地。有條小橋和凹陷的石子路通往寺院庭院。八十年來此地雜草叢生，廟宇廢棄漸毀。營地管理員表示，約莫曾有一百二十位僧侶居住於此，不過他們在一九三〇年代遭到屠殺。最近有人請來一位薩滿巫師，想讓這地方充滿善靈。那位薩滿說，他在這裡感覺到鮮血和暴力，不是他的力量能夠驅除。而今我從霧暗的窗戶往內費力端詳，只瞥見行將崩解的正殿，以及步步進逼的叢生真菌。

我們朝俄羅斯邊境前進，先穿越松樹與垂枝樺樹叢，直到大地開闊；後方山脈聳立，除了草原，盡是荒涼。在臨時設立的邊防哨所，一位身材發福的指揮官帶我們到鄂嫩河流出他的國家、進入西伯利亞之處。可是我們無法在此跨越國界。最近的外國人通行關防位於往東一百英里的額倫察布（Ereentsav）。但他開車載我們沿著雜草叢生的小徑，下切至告示「距離俄羅斯邊界兩百公尺」的殘破鐵柵門處。接著他帶我們步行繞過柵門，抵達鄂嫩河岸，水勢既猛又急地奔向北方與淡隱的山脈。

「那裡是俄羅斯。」他說道：「有人試圖從這裡渡過鄂嫩河時溺斃。」但是他並未說明渡河的方向或原因。

巴特蒙赫詢問：「我們可以拍張照片嗎？」

指揮官大笑。「可以，但別傳到網路上。」

又過了兩天，我們才越過一片空曠大地抵達額倫察布。巴特蒙赫和托赫德暗自擔心我即將與他們別離。我會在哪裡過夜？我要怎麼移動？理所當然，我當時還不知道。巴特蒙赫的關切神情使我滋生一陣憂慮。可能我變得過度依賴他的機敏，以及某種默默的關心。現在他要我寫信給他，或許再寄些書給他讀。我當然會這麼做，倘若獲得公開發表，也把我們旅途中的故事一併寄去。我們像笨拙的熊互相擁抱。而後我懷抱全新的興奮感與一絲恐懼，走向俄羅斯邊界。

Chapter

3

和約

The Treaty

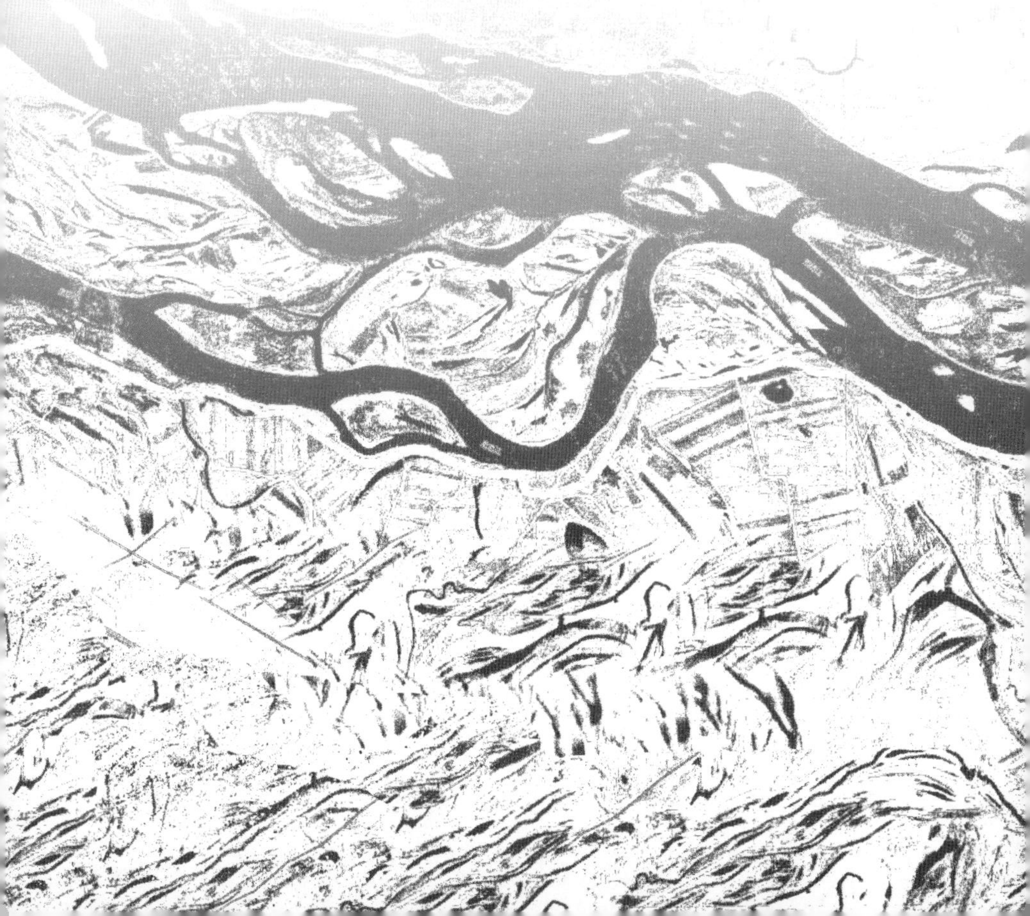

穿過荒涼鄉間，新出現的山脈環繞四周，只有鄂嫩河在閃爍流動。水流給人一種目的明確的錯覺，舉凡談論到浩瀚大河，在當地人眼中，河流源頭散發著近乎神祕主義的吸引力，彷彿那裡蘊含繁衍的祕密，而海洋那端的盡頭則召喚死亡。布里亞特人大多盤踞於鄂嫩河往北流向西伯利亞的地帶，對他們而言，知道這條河發源自神聖的肯特山脈就已足夠，即使離開視線範圍後去向不明。鄂嫩河岸空無人跡，看在歐洲人眼中只覺不可思議；牧牛人偏好肉食勝過魚類，使河畔更添孤寂。河岸彷彿空無一物並非出自疏於走訪，而是本地人的敬畏。你不可以在河水裡洗澡，但如果你舀水出來清洗，就不算是褻瀆河流。它的神奇力量在於自然流動。

這條河的前景令人掛念。在我前方，向北流的水道蜿蜒三百多英里，接著放慢速度穿越遠方谷地，直到跟西伯利亞鐵路（Trans-Siberian Railway）交會，換上俄語名稱「石勒喀河」轉向東流。接下來的三百五十英里，河流切穿山區荒野朝中國前進。這時海拔僅餘一千英尺，不過離任何一座海洋依然遙遠，地球上最遼闊的森林地帶、即西伯利亞北方針葉林，蔓生簇擁著河岸。接續的一千多英里再度易名，黑龍江的滔滔洪流界定中俄兩大帝國間的疆界，雙方相互猜忌，導致防波堤中止修築，渡河橋梁罕見。最終，在流經的最大城市伯力（哈巴羅夫斯克〔Khabarovsk〕）旁，黑龍江轉向北方，擴展成水道與島嶼不斷變換的迷宮，領航員的一場惡夢，並在此流向孤絕的鄂霍次克海（Okhotsk Sea）與太平洋。

我現下站在鄂嫩河畔，背對俄羅斯邊界的高聳瞭望塔。五天來我從額倫察布繞一圈回到這裡，搭了蒙古一家人的便車，隨後跳上一輛開往西北方的俄國公車。某個印象淡薄的下午，我遇過油罐車隊在對向行駛，隨行的軍用卡車坐滿委靡的士兵，共有十五輛裝甲車在田野中排成一列。我沒多想，只設想是某個駐邊界軍營在移防。我在區域的都城阿金斯科耶（Aginskoye）找到一間小旅館，睡進附衛浴的套房，享受突如其來的奢華。

如今我察覺瞭望塔哨兵的望遠鏡在背後掃視。我與偶遇的旅人同搭一輛老車抵達這裡。在阿金斯科耶的佛教寺院，一位俄裔、而非布里亞特裔的和藹僧人，跟一個老朋友動身離開，沿著荒涼道路返回邊界。迪米崔（Dimitri）和斯拉瓦（Slava）不打算越過邊界前往蒙古，但計畫去附近的一座山健行。接著他們對我隨一條河前行的旅程產生興趣，而他們對黑龍江所知不多。於是我們發現彼此一同凝望北方的西伯利亞：

身穿袈裟的矮小佛教僧侶迪米崔迎著風，他體毛茂盛的大個子朋友只說：「看看我們的石油可以開多遠……」

我們眼前的鄉野是一片高草草原，往北方與東方鋪展數英里。這裡是達烏里亞山脈（Daurian）間的盆地，本地早期居民遷徙至內蒙古，後代繼續定居他方。兩側山勢隨我們前行聚攏，比南方的山更加荒蕪。在我們西邊，雅布洛諾夫山巒（Yablonovy）留下綿長側影，橫越灰暗天空，較平緩的山脈往東朝中國傾斜而去。鄂嫩河在山腳畫出一線林地，大批灰白的枯樺木遍布岸邊。這整片區域瀰漫著某種失落與怪誕的氣息。零落的村莊看似不常有人居住，村中圍籬倒塌且屋頂破洞。蒙古的亮彩屋頂消失無蹤，這些房子鋪設纖維水泥板，庇護年久危弱的家園。時不時見到一輛故障拖拉機在長滿草的田野裡鏽去。我們瞥見一些村民：布里亞特人與俄羅斯人混居。他們看來動作緩慢且疲憊。

斯拉瓦和迪米崔坐在車後座聊個不停，駕駛金剛（Dorje）是迪米崔寺院裡的佛學教師，他保持一貫的平靜沉默，視線穿透有裂紋的擋風玻璃，一邊開過坑洞不斷的曲折道路。他的二手豐田車（Toyota）方向盤跟俄國車不同側，這輛車出廠前五年在日本，其後二十年跟著金剛。斯拉瓦說，即使是日本老車也比俄國新車可靠，這輛車絕對不考慮賣掉。一座迷你版佛教轉經輪在儀表板上轉動，不過每當我們翻越山丘，金剛都會舉起手向異教徒的土地神靈致意。

接近納拉森（Narasun）村鎮時，一陣細雨落下。鄂嫩河時而彎流於長滿柳樹的沼澤溼地間，時而開出一條水路穿越光禿禿的山嶺。在我們前方，從這端到那端的天空底部響起雷鳴，一團團聚集的積雲從地平線上鼓起，恍若火山噴發。

在一座寂靜村莊，衣著講究卻醉醺醺的布里亞特裔旅館老闆分派兩間房給我們，室外廁所立於狂吠的狗群之間。天空降下傾盆大雨。我們安頓好，準備切開斯拉瓦兩天前從莫斯科帶來的烏茲別克（Uzbek）甜瓜，但他的鹹魚早已超過保存期限一個月，並散發臭味。我們同聲大笑，接著他跟迪米崔互開對方玩笑，我的俄語太差無法聽懂。

他們倆有一種看似對立的友誼。斯拉瓦擁有一間貿易公司，以莫斯科為據點，曾雇用迪米崔擔任他的中國代理商，負責開採矽礦。他們共事許多年，不過迪米崔對矽失去興趣。他學會中文，然後是藏文，接著開始讀梵文並遊歷寺院。於是他離開商界，成為一位僧人。然而斯拉瓦每年都從莫斯科來見他，帶他暫離修行到山野間走走。斯拉瓦說迪米崔是他唯一的朋友。迪米崔削瘦而寡言，埋怨自己老到不適合長途健行，儘管他跟斯拉瓦一樣年僅四十五歲。斯拉瓦肩負高山般巨大的後背包，迪米崔則攜帶單肩小包包。斯拉瓦在莫斯科家中有第二任妻子，以及一位青少年兒子，迪米崔理所當然是孑然一身。

可是斯拉瓦痛恨莫斯科。他渴望寧靜，如同迪米崔所享有的，他也需要在野外步行。斯拉瓦表示，妻子離不開首都，他卻很少去見她。相反的，他出門旅行，並利用電腦發狂般地工作。他的電腦給他自由。然而他欽佩、甚至嫉妒迪米崔，後者遁入截然不同的自由。他無法跟隨迪米崔穿越佛教教義的迷宮，但他同樣從都市生活隱退。他私下告訴我：「迪米崔原本可以在商界賺大錢，或他也許可以只靠翻譯中文過好日子。可是他不要那樣，他想簡單度日。他每個月賺的錢與三十美元等值，外加寺院廚房的供餐。」

「他從來不想要家庭嗎？」

「他跟一個中國女人有過悲傷的過往，」斯拉瓦說：「我問不出口。不該發生的事發生了，使他打定主意，家庭生活不屬於自己。」

於是在我遇見迪米崔的偏遠寺院圍牆內，他搭建了有兩個房間的家，並傳授藏文《大藏經》。在布里亞特裔僧人之中，他那張蒼白的斯拉夫臉孔，加上斑斑薑黃色鬍鬚點綴邊緣，或許會帶來一陣陌異的感受，不過他已久獲本地人認識。日復一日，某種孤寂的熱忱引他前往圖書室，那間暗室從地面到天花板堆滿深紅、鮮紅、寶藍與綠色的匣子，裡頭安放珍貴的藏文典籍，以木刻版分印於長條狀紙頁。阿金斯科耶這座寺院的雕版印刷技術，曾為神聖的《甘珠爾》與《丹珠爾》[1]經文製作細緻美麗的版本，藏文與蒙文皆具，卻在史達林主義者迫害期間遭奪取與摧毀，僧侶的下場也一樣。日後逃去美國的俄國民族誌學者尼可萊・鮑培（Nikolai Poppe），記載自己如何徒勞無功、懇求只要保留一座寺院就好，以及一九二八年弗謝沃羅得・普多夫金（Vsevolod Pudovkin）拍攝電影《成吉思汗的後代》（*The Heir of Genghis Khan*）期間，僧侶如何在鏡頭面前高舉神聖典籍繞行寺院，接著遭逼迫將經書全扔進溝渠。

迪米崔說：「許多典籍被運往聖彼得堡（St Petersburg），光是這一區就運走三個

1 譯注：在《大藏經》中，《甘珠爾》（*Kangyur*）是釋迦摩尼口授口傳的佛法，《丹珠爾》（*Tengyur*）則是弟子或信徒闡釋釋迦摩尼的話。

火車廂的量，其餘藏起來或散落四處。」他當前的任務，是要尋回所在寺院印製的所有倖存經書。「喇嘛持續將他們家人藏匿的經書給我們。往往他們讀不懂藏文，但曉得如何吟誦。他們在死前把經書交到我們手上。」於是他日復一日坐在矮桌前，背對窗戶，不斷規劃與編目。他預計再花五年才能完成。天花板懸著無燈罩也未點亮的燈泡，他的雙眼痠痛。自從四年前的短路走火燒毀正殿，所有的電力就此切斷。可是迪米崔不在乎。他做過一場惡夢，重新建立的圖書室在夢中燃起熊熊火焰。

暴風雨一夜間洗淨天空，我們從小村阿克沙（Aksha）轉彎開上一條寬敞的道路，兩旁森林不再是蒙古的幽暗針葉。偶爾在河岸上，遠處村莊的屋頂帶來一種鄉間寧靜的錯覺，樺木與橡樹輕輕連往森林。我們途經的聚落全都小而錯落，布里亞特人與俄羅斯人混居。泥濘街道保有舊日的蘇維埃名稱，好比卡爾·馬克思（Karl Marx）、蘇聯共產主義青年團（Komsomol），還有一座村子叫布爾什維克。但這些村莊淪於重振與衰敗之間，要不是撐得比舊日的厄運長久，否則就已束手投降。有些村子看起來明亮如昔，房舍抹成青綠或洋紅，花園長滿向日葵和菊花。蒙裔女子與年輕的斯拉夫母親在街邊交談，她們往後紮起豐盈秀髮，學校和文化場所完好無缺。在其他聚落，唯有東正教會（Orthodox）墓園的假花綻放色彩，房屋頹圮。然而街燈連綿，不斷穿越廢墟，到最末一間渙散的屋舍才止步。落葉松製成的電線桿呈曲線連結其間，木桿立於混凝土基座上，好抵禦潮溼土壤的侵朽。

不過即使漸漸衰敗，木屋看起來仍比集體農場堅固許多。農場裡的灰泥磚迸開，門窗碎裂，屋頂塌陷。它們已遭棄置多年，田地另行分發。金剛說，他在老家分到八英畝荒地，沒有水源。他說他放任田地休耕。

如今在我們眼前，鄂嫩河穿越平緩小丘，包容一片帶綠意的幽深。森林在河谷周圍散開，沿著依然點綴蒙古草原紫菀花的坡地邊緣生長。在我的大比例尺地圖[2]上，村莊沿著河流分布，我曾經想像能夠找到捕魚族群。實情則不然，那些居民仰賴自給農業與非法狩獵維生。每處聚落都貼著破舊告示，潦草寫上電話號碼和收購鹿茸。鄂嫩河就這麼獨自彎流，不受侵擾。無人打理的牧場和馬鈴薯田約莫止步於離河兩百碼

2 譯注：大比例尺的縮小幅度較小，地圖內容更詳細，但涵蓋範圍偏小。

處，可能源自國營農場時期的一條廢棄小徑從旁時隱時現。我們停下車，在水流沿砂島分岔的地方步行一段路，我往下踏時，河岸鬆陷。我們聽見起爭執的鴨群在下游鳴叫，幾近孤獨漫步。

向晚時分，當我們開近一條幹道，出現一棟未完工的旅館高高聳立河畔，旁邊是祭拜「神聖母親鄂嫩河」的現代神殿。如此配對必定是本地企業家的計畫：中途喊停的商業與民間信仰結合。在鄂嫩河的廟宇中，她的坐姿化身塗抹著粗糙油彩，身著全副蒙古裝備，戴著圓柱型的高頭飾，耳環垂至腰間，主掌的水中有條大魚在喘氣。然而到了廟外，在她那座俗氣神殿的下方遠處，鄂嫩河本尊在如融銀般的水瀑中分岔又聚流，異教徒朝聖者的天藍色布巾在一塊巨石上散發微光。

我們漸漸逼近蒙古世界的邊界。放牧草場上無從反映這一點：沒有地理特徵構成拉近距離的因素，在三個世紀前，吸引哥薩克人朝東方和南方闖進布里亞特牧民的散落土地。但隨著我們在黃昏時沿鄂嫩河前行，穿越楚戈爾（Tsugol）村莊時，一座巨大寺院從無燈的街道上現身。這或許是河流沿岸最後的佛教遺跡。圍牆內，廟宇俯瞰零落棚屋與另一間小殿。迪米崔說，建於一八〇一年的達西秋白林寺（Dashi Choypelling），意即「喜樂佛法之鄉」，一個世紀前是佛教辯證思維和語言學的重鎮。廟方的印刷技術與阿金斯科耶齊名，圖書室堆滿華美卷軸，另設有一間著名的醫藥學校。

迪米崔認識廟裡僅有的一位守戒僧侶，他開啟嘎吱作響的門，引領我們到他用餐的桌邊。過期的餅乾、果凍狀的甜點和顏色不對勁的薄肉片擺在桌上，僧人兀自擺弄著食物不說話。他的目光往我身上一閃即逝，使人隱約感到不安。他有張孩子般的神祕大臉蛋：呈現完美的橢圓形。時不時他對暗自感到有趣的某些事發出拔尖的傻笑聲，也許是關於我。我想是這種傻笑讓我誤以為他愚蠢。

我想問他關於召喚的問題，可是他的回答一概乏味閃躲，彷彿提問並不重要。迪米崔靜靜坐著，什麼也沒吃。斯拉瓦在看他的電腦。我對僧人的孤寂感到好奇。除了五位白天來廟裡、晚上回家人身邊的喇嘛，他孤身一人。

一個世紀前，在初建立的蘇聯，布里亞特人的土地容納四十七座寺院和一萬五千位喇嘛。但一如蒙古，在史達林的恐怖統治期間，僧侶橫死或遭遣送古拉格勞改營，他們的寺院夷為平地。

我試探提問：「這裡發生什麼事？」

僧人戳起一小塊肉，打破寡言。「年輕人逃跑，能夠工作的送去勞改營，老人拖出去槍斃。到下面那裡，在河邊。」他伸出一隻手朝東方揮了揮。「這座寺院變成兵工廠和馬廄，藉此得以留存下來。」

「平民呢，那些有信仰的人……」

「他們暗中藏起佛像圖並背誦祝禱經文。但是當自由到來，他們發現自己的小孩不懂父母的滑稽誦禱與詭異跪拜。」僧人發出他的刺耳傻笑聲。

我想，還有別的許多事物使他們疏離。到蘇聯解體之際，鄉間的農村結構已轉變：集體化農耕重塑村莊生活，有制度的宗教信仰全部消失殆盡。一九九五年過後，從這座寺院逃往中國的五位喇嘛返回。「可是他們年事已高，」僧人說：「現在他們死了。」而今，隨著國家撤除壓迫，往事的影響變得清晰。他也許曾經想像，殿上再度迴響起百位喇嘛的誦經與教學的喧囂。相反的，這裡只剩下他自己的沉默。結果這顯得比壓迫更悲傷，也更加塵埃落定；但我找不到得體的措辭進一步追問，而他繼續坐在我對面，略略微笑，放聲咀嚼餅乾。矮狀身形與層層包裹的僧人連身服，賦予他一種童真的莊嚴感。

他反覆說：「他們的小孩變得疏遠，但有時孫子會感興趣。畢竟這是他們的過去……」

「你的情況也類似嗎？」

「不，我不是那樣。我的父母漠不關心。」但是他沒繼續談下去。他揮走肉上的蒼蠅。僧人說，他在印度卡納塔卡邦（Karnataka）讀過四年的佛教哲學。「可是我沒念完，因為我懶惰。」傻笑聲。「而且印度很熱。然後我來到這裡……」

他抖開一張棉紗布蓋在走味的食物和蒼蠅上，我們全部起身，在黑暗中踏著沉重腳步走向寺院客房。步行時，我察覺遠方迴盪著某種極細微的噪音，刺耳且空洞，像是河上有棟龐大建物正在興建或拆除。可是其他人什麼也沒說。我們的客房空蕩無奇，灰塵足以引發哮喘。床鋪靠牆排列，放著幾張舊毯子，床墊沾染交疊的尿漬。一些髒水擺在塑膠盆裡。虛弱揮之不去，我伸出雙臂，費勁地穿越草地與灌木叢前往戶外廁所，像在夜裡走鋼絲的人。回來時，金剛看見我變色的腳踝，他突然展現關懷，彎腰把手掌覆上去。「你有沒有感覺到熱？有沒有覺得熱在流動？」巴特蒙赫曾提議使用止痛藥和繃帶，迪米崔囑咐塗抹西藏油膏，如今這位害羞僧侶俯在我身邊傳送治療能量。有，我說謊，我有感覺到。一切都好轉了。

迪米崔說：「寺院會有藥，我們明天問那位僧人。」他察覺到我的遲疑，接著又說：「那僧人也許看起來古裡古怪，可是他非常有智慧。當他說自己懶惰，那是在自謙。他懂不同的語言，包括梵文和中古藏語，他也比你想像中的更懂英語。」

我感到羞愧。僧人的女孩般笑聲和娃娃臉誤導了我。或許他喜歡那樣。迪米崔輕巧坐在我的床墊邊緣，繼續說道：「我不曉得他怎麼會信奉佛教，他說自己的父母是無神論者。」他微微一笑。「不過話說回來，我父母親也是……」

「一向如此？」他也很少談論自己。

「是的，一向如此。」他的聲音疏離，彷彿在談某件陳年往事。「我父親是蘇聯共青團的官員，那是共產主義者的青年組織。他在克里米亞（Crimea）工作，我就在那裡出生，還有在烏茲別克。但沒人真的相信。」他出奇大笑，僧服帽從他剃光的頭頂滑落。

「那你呢？」我詢問。

「我在中國替斯拉瓦工作很長一段時間，東方一向吸引我。我常常旅行，總是獨自上路，像你一樣。然後有天我來到四川省，靠近西藏的地方。如果你從成都往西，走很遠一段距離，你會抵達山間的一處隘口，景色非常美。我記得穿越隘口時，我似乎從一種意識轉換到另一種……我身上發生了某些事……」他撫平一張起皺的紙為我繪製路線圖：成都—康定—利通—稻城。他像在對待聖地一般寫下地名，我死之前一定要去。「那裡處處有寺院，世界改頭換面。我覺得人們用不同的方式生活，遵循不同的規範。」他在紙上指出位置。「在叫亞丁的地方有三座山，我跟西藏朝聖者一起去轉山，不知為何那裡十分純淨，但一點都不神祕。那些人非常強韌，非常直率。我沒辦法跟他們、或者跟僧侶交談。我還是不太明白……我當時三十五歲，不算年輕，我不瞭解這件事何以改變了我。而且那只是個開始，又隔好多年我才回頭想，才意識到……」他起身走向牆壁另一端的床鋪，語調帶有某種師長般的權威。「但吸引我的並非輪迴轉世，或者任何神祕事物，而是道德準則，闡明這些是值得信任的價值。」

我鋪一條毯子蓋住髒床墊，卻無法入睡。唯一的光線來自斯拉瓦的電腦。他拿自己的手機讓我使用，我到戶外的星光下打給妻子。她看著地圖追蹤我的旅程。我是不是在一個叫楚戈爾的地方？她問道。即使在這麼不穩定的收訊下，我也能聽出她的驚慌。她說我置身在一場大規模俄中聯合軍事演習的中心點。報紙全都有寫：近四十年來最大型的演習，陣容包括三十萬名士兵……。她說著說著，我聽見重裝車輛輾過寺院牆外。

我試著入睡，但好似每隔一個小時，金剛就摸索著到屋外抽菸；斯拉瓦一度開始做一套漫長的瑜伽練習，於是我醒來就看見他的龐大軀體倒立在我床邊，雙腳換到原本頭顱的位置，或是彎折在他身後的地板上。更晚些，牆外軍用卡車的緊湊行進聲打斷我的睡眠。橘黃車燈在沒有遮簾的客房窗戶上閃爍，直到兩小時後我再度醒來，車隊還在通過。

在僧人那張正橢圓形的臉上，一切壓力都被撫平。他變成一個和藹的人偶。「你是從蒙古過來？你曉得他們那邊敬拜成吉思汗，原因是他們非常窮，沒有別的事好做……」接著傳來他那磨人的傻笑聲。昨天我低估他，今天我從他的話語中尋找內行人才懂的智慧。

破曉時，他帶我們參訪寺院各殿，遠方槍聲大響。在我們頭頂，漆成朱紅色和金色的正殿拔起三層樓高。兩翼的柱子包覆多彩石頭，支撐層疊屋頂往外延展，上揚的飛簷與垂掛的迷你風鈴飾物形成融洽的對稱。所有牆面皆安放霧金圓盤，藉反光阻擋邪魔。

僧人說寺院在一九九一年燒毀，日後依原樣重建。他從僧袍裡掏出iPhone，展示一張可追溯至一八九〇年的陳舊照片。在褪色的黑白照片中，一群喇嘛為了白象慶典並肩齊聚，連側邊階梯也擠滿信徒。

我們穿過奪目的深紅色柱子與七彩布簾入內，走向塑膠花鋪成一片白的神壇。在此發出微光的金色神像並非釋迦牟尼佛陀，而是廣受尊崇的祖師宗喀巴（Tsongkhapa）。他的神像複製成一千多座小雕像，擺在周圍的層架上。僧人說：「當你在這裡膜拜，他的數量愈多，你得到的福報就愈大！」他的竊笑聲尖厲刺耳，我以為自己聽錯了，瞥視他難以解讀的臉。但也許顫笑聲有別種意涵，或許那無法翻譯。神壇旁，臉色紅潤的喇嘛獨自輕輕誦經，僧人繼續往前走。

寺院珍藏著一百零八幅手繪卷軸，一度憂心丟失，如今已全數尋回，除了第一卷以外，僧人說明。現在迪米崔湊到我身邊耳語：「實際上，那一卷在我阿金斯科耶的圖書室裡。我從來沒有告訴他。」迪米崔很享受這種祕密競爭。「但我懷疑他知情。」

現在僧人引導我們走向最後一殿，供奉彌勒菩薩（Maitreya），有天將會開創更偉大年代的未來佛。門扉開啟，立即見到站立的巨大塑像，裸身掛滿珠寶，金色身軀圓脹，修長手指彷彿要上妝般高舉向臉，但合攏成象徵圓融的神聖手印。在我們上方二十多英尺處，彌勒頭戴半寶石冠，臉孔是一個閃閃發光的橢圓形，就像僧人的臉。祂目空一切地遙望遠方，如在夢中。

「他將於佛祖的五千年後到來。」迪米崔不帶笑意說：「也就是說，再過兩千五百年。」但他忍不住補上一句：「我們在阿金斯科耶的彌勒像更大尊。」

現在輪到斯拉瓦對我低語：「我不認為在歷史上佛陀曾經存在過……」

然而僧人宣告：「祂的王國將於一場惡戰後到來，釋迦牟尼的支配力量會在那時告終。接著是一段墮落時代！人類將會萎縮成侏儒，互相射殺。」他模仿孩童發射水槍。「嘻嘻。然後彌勒將下凡，聳立人世間，那是塑像造這麼高的原因。新的佛法盛行將會展開……」

在僧人演說時，外面的爆炸聲不斷加劇，彷彿他預言的大災難已然展開。我們走出殿外，望見東方的整片谷地都在冒煙。三兩村民聚在一起盯著看。金剛心生恐懼，已經回頭開往阿金斯科耶，但僧人說有輛舊豐田車的駕駛會載我們去下一座城鎮。他帶著費解的沉著神情看著我。「如果他們聽見你說英語，」他發出傻笑。「你會淪落到牢裡。」

我們擠進車裡，駕駛看起來結實且幹練。一架戰鬥機破空轉彎。我們離去之際，僧人把頭伸進車窗裡：「你最喜歡哪支足球隊？」他問道：「我喜歡兵工廠隊。」

車往下開向河邊，沒有別條路。前方傳來連綿響亮的隆隆砲聲。然而豐田車的窗戶嚴重變形，乘客完全隱形，前座斯拉瓦的身軀也遮擋住我。一開到鄂嫩河，我們就遇上路障，我的呼吸變得冰涼。但我們倒車駛離，走另一條橋過河，大量濃煙就從底下的河谷冒出，不過我們開上較高的山坡。兩架無人操控的自走砲守在一旁山脊上。開抵軍營時，我們發現營地空無一人。俄軍帳棚密集排列佇立，卡車列隊在旁。再往前一些，我們抵達中國的臨時營地。數百碼長的範圍內，軍帳不過是木支架捆綁粗帆布的半開放遮蔽物。不見崗哨的蹤影。至於報導中騎馬巡守本區域的五百名憲兵，我們一個也沒看到。

正當車子爬升開離這處偽地獄，我猜想跟軍事演習比起來，這更像是對西方的政治警告。斯拉瓦和迪米崔識相地保持沉默。中方的貢獻似乎只在象徵意義上顯得重要：僅有三千兩百人，駐紮在不牢靠的雨棚下。甚至有一支來自蒙古的象徵性派遣隊。不過谷地裡的低沉轟鳴很快就消退，空氣變得清澈，我們沿著通往阿金斯科耶的道路西行，自由自在。

孤獨的緊張感重現，像一條神經暴露。如今已沒有同伴的慰藉：斯拉瓦的粗獷自信，迪米崔的溫和。我在莫戈伊圖伊（Mogoytuy）火車站告別友伴，站在醒目標示「史達林」的 T-34 坦克戰爭紀念碑下，他們擁抱我並匆匆道別。他們幫我找來名叫弗拉迪克（Vladik）的司機，開一輛老舊的拉達牌汽車（Lada），而今這位魯莽的年輕人與我哐噹作響穿越郊野，朝西伯利亞鐵路的高架軌道開去。我們在一條泥土小巷左右閃避，接著擠進鐵路天橋的橋墩間隙——弗拉迪克的拉達車身板金處處凹陷。此時一輛火車頭在我們上方鏗鏘駛過，拉動七十個貨運車廂南進中國。我懷著孩子氣的好奇，傾聽頭頂的火車聲響。俐落穿越中國北端的滿洲支線完工於一九〇二年，當時俄羅斯逼迫衰弱的天朝讓出九百英里的捷徑，以便通往海參崴（符拉迪沃斯托克〔Vladivostok〕）：一條來日問題重重的支線。

有陣子鐵軌與道路平行，接著我們獨自駛越陽光明媚的鄉間，只見草地漸黃入秋。這裡是達烏里亞山脈的西北緣，自此回頭往南，草原形成季節性湖泊與萬千候鳥的航道。弗拉迪克駕駛時彷彿在對世界生氣。鄂嫩河的某條支流時不時隱沒到我們的道路底下。在一片曾經稱為「黑龍江糧倉」的土地上，村落既小且間距遙遠。然而處處可見谷地邊鋪滿收割的玉米，牧場裡的乾草已滾成溼漉草卷。它們可能會提早腐爛，弗拉迪克說，天空整個夏天都在拉肚子。

如今布里亞特人的牧場在我們身後退卻，鄂嫩河與自西邊山嶺下切的音果達河（Ingoda）交會，此後失去了自己的名字，稱為「石勒喀河」。在更加純粹的俄羅斯鄉間，這條河不再是神聖母親，而是俄國人珍愛敬重的「小父親」（Little Father）。

以石勒喀河之名東流三百五十英里，於中國邊界與額爾古納河（阿爾貢河〔Argun〕）匯流，至此終於成為黑龍江。

弗拉迪克放我在石勒喀的市中心下車，早年這座城鎮以溫泉與淘金熱潮聞名。「你小心點。」他說：「這裡不像我的家鄉莫戈伊圖伊。人人在那裡和諧相處，俄羅斯人、布里亞特人、烏茲別克移民，我們甚至有浸信會教堂。但石勒喀是個糞坑。」他往儀表板捻熄香菸，突然間意志消沉。「我現在不覺得什麼地方會有多好，也許除了美國以外。」他開車離開時大喊：「但我們全都痛恨中國人！」

有陣子我想他對石勒喀說對了。這裡只有兩間旅館，其中一間的醉醺醺老闆把我罵走，另一間位在汽車維修廠內，而且大門深鎖。於是我找到一輛行駛固定路線的私營小巴（marshrutka），類似某種共乘計程車，載我去三十多哩外的尼布楚（涅爾琴斯克〔Nerchinsk〕）。這裡一樣有壞名聲。弗拉迪克說過，尼布楚多的是小偷和前科犯。不過我來到庭院開滿萬壽菊、雞隻到處跑的旅舍，獨自在走廊徘徊，等清潔工幫我找一個房間，隨後輕巧入睡。

在一望無際的西伯利亞，城鎮普遍稀少零落。你沿著空蕩的街道行走，視線內沒有汽車或巴士，隨後抵達一處廣場，幾位年長男人坐著抽菸。你詢問：城鎮中心在哪裡？可是你早已經到了，就在這塵土飛揚的廣場，幾輛汽車和卡車整齊停放在店鋪前，櫥窗不見物品販售。

尼布楚保留往日體面景況的脆弱骨架。重建的大教堂鐘樓早已毀損，俯瞰鄰近城鎮中心的寂靜道路。不遠處，多立克柱式[3]長廊為廢棄的商人法庭增色，而在古典主義的建築立面內，歇業已久的達烏里亞飯店（Hotel Dauria）或許曾於安東．契訶夫（Anton Chekhov）一八九〇年的東遊旅途中接待過他。「昨天待在尼布楚，」他以簡潔字句寫信給家人：「不是太有吸引力的城鎮。」而今一股消耗殆盡的氛圍依然瀰漫四周。面容疲憊的男人與大個子女人在街上拖著沉重步伐，身穿無甚特色的裙裝和

3 譯注：在古希臘的三種柱式之中，多立克（Doric）的起源最早，造型最簡單，柱頭沒有裝飾，柱身有二十條凹槽。

繡著仿冒商標的連帽風衣。似乎有半數居民穿凡賽斯（Versace）或杜嘉班納（Dolce & Gabbana），卻駕駛極其老舊的豐田車，提著空購物袋穿越坑坑疤疤的街道。

形塑這座城鎮特質的是採礦業。一七〇〇年，彼得大帝派一群希臘工程師前來探勘周圍地帶，幾年內他們就發現龐大的銀礦層。尼布楚成為區域中樞，在聚落廣布數千平方英里的陸地上，罪犯、政治犯、農奴等居民潛入地底做苦工。也許是刻板印象深刻的這幾個世紀造成長久的壞名聲，加上二〇〇一年黑幫失手點燃本地軍火庫，導致撼動城鎮的爆炸。

自從十九世紀末，西伯利亞鐵路繞過尼布楚，城鎮就漸漸衰退。廣布的銀礦早已枯竭，工廠走投無路。柵欄圍起的監獄坐落於涅瓦河（Neva）流入石勒喀河不遠處，廢棄的軍用機場守在城鎮外圍。我徒勞無功地尋找，在此簽署的協約可有任何紀念碑：無論是對此協約的破壞或遵守，跨越三個世紀仍在迴盪。

一六八九年的《尼布楚條約》（*Treaty of Nerchinsk*），寫下俄羅斯一頭熱征討西伯利亞的初次受挫。從烏拉山脈直到太平洋，三千多英里的距離，哥薩克人和戰士在不到六十年間跨越整片大陸。正是在這冰凍的省城雅庫茨克（Yakutsk），與仍屬未知的黑龍江相隔六百英里之地，盛傳南方有條滔滔大河流過天堂般的豐收田野。一六四三年，瓦西里．波亞爾科夫（Vasily Poyarkov）率領的遠征隊已出發三年，絕望而不顧一切。隊員從挨餓的據點南行，蹂躪黑龍江的中游，向零散分布的達斡爾（Daur）族人強索皮毛貢品，或者屠殺他們。行旅告終之際，波亞爾科夫的難馴部隊蒙受饑饉、疾病與致命鞭打，從一百五十人減少到二十人——有些是被波亞爾科夫親手殺死。他帶著黑龍江的第一張不明確地圖回到雅庫茨克。依循日後將反覆上演的模式，波亞爾科夫遭傳喚至莫斯科受審，自此從記載中消失。

四年後，海盜葉羅費伊．哈巴羅夫（Yerofei Khabarov）在黑龍江引發更惡劣的災難，摧殘五百多英里的河畔聚落。僅僅在單一事件中，他吹噓「獲上帝幫助」，屠殺達斡爾村民六百六十一人，並恣意遂行強暴。

至此，本地人民向該區域名義上的宗主國中國求援。哈巴羅夫被押回莫斯科受審，他的最終繼任者率領兩百多位手下，在黑龍江下游遭中國大砲炸成碎片。其後三十年，兩大帝國皆以愚昧無知的外交手腕暗中較勁，與此同時，不受政府控制的大批俄國農民、哥薩克人和罪犯湧入黑龍江流域。直到一六八〇年後，隨著滿族人對中國的統治穩固，他們終於失去耐性。俄國人的要塞接連遭到剷除，在最後一處黑龍江畔要塞，超過八百名圍困的哥薩克人死亡後，莫斯科和北京展開和平談判。

當時尼布楚已成為俄國通往黑龍江的門戶，卻只不過是住有幾位政府官員和商販的圍欄要塞。這座木材搭建的村莊日後毀於洪水，移至地勢較高、更能長久維持的地點重建；然而在一六八九年，這片臨水草場成為史上中國與歐洲強權首度締約的場所。一方是暴發戶式崛起的俄羅斯，另一方是古老的中國，兩大帝國都對彼此極其陌生。雙方代表皆嫻熟外交事務，兩位統治者卻天高地遠。彼得大帝剛滿十七歲，全副心力專注於對付國內的騷亂，然而逐漸空虛的財政部門渴望與中國貿易。中國皇帝康熙的力量與修養在王朝中最為傑出，他的第一要務是封鎖邊界以對抗野蠻北方人的入侵，並防患俄國與蒙古結盟，這股新近崛起的驍勇勢力正從西方進逼。

代表團同意會見時謹守平等，但是中國的兩位使節身為皇帝近親，從北京率領一千五百位士兵抵達，加上支援的一隊帆船和駁船，裝載大砲，沿河而來會師尼布楚。面對一萬人左右的隨行軍伍，俄方能夠調動的僅及兩千人。然而程序與禮節問題使其他一切黯然失色。中國人留意到俄國人穿著滾金絲的衣裳和珍貴皮草，於是脫掉身上的刺繡織錦，著暗素長袍、撐絲質大華蓋赴會。雙方使節團派遣人數相同的護衛出席：兩百六十人依相等間隔面對面站立，並循禮節互相搜身、查找藏匿的武器。俄國使節跟在長笛手與小號手的緩慢行進後方。雙方代表下馬的動作一致，同時走進各自的帳棚。兩頂帳棚嚴密敞通，如此一來，不致有一方必須先造訪另一方而受辱。使節就座，齊聲高喊問候語。僅有三位俄方要員就座，中方仿效，於首段會議期間任一百多位中國官員站在俄國官員對面。他們依舊處於無法理解彼此的狀態，使節間並無共通語言。因此談判以拉丁文進行，委由與中國宮廷關係密切的兩位耶穌會會士，以及一位代表俄方的博學波蘭人。

雙方使節開場皆提出貪婪要求。基於占領部分區域與當地部族的忠誠，俄方主張以黑龍江作為國界。中方回應時，將他們設想的宗主權北推至貝加爾湖（Baikal）與勒那河（Lena），強占半個東西伯利亞。他們也提及本地人的臣服，但沒有一方考慮到這些人的領土權。談判常常無以為繼。十天來，耶穌會的葡萄牙神父佩雷拉（Pereira）與法國神父嘉比翁（Gerbillon）[4]帶著新的配套與讓步方案，在繃著臉的兩個陣營間穿梭。

4 譯注：兩人皆取有漢名，分別是徐日昇和張誠。

他們受到皇帝寵信，從猜疑的官員間獲得提拔。皇帝敬重嘉比翁的科學學識，佩雷拉則憑藉音樂天賦受寵：有時人們看見，皇帝與耶穌會會士並肩而坐、彈奏大鍵琴。

最終，俄方得到貧弱財政渴求的貿易許可，中方則獲取更深刻的讓步，將邊界從黑龍江往北遠擴至外興安嶺（斯塔諾夫山脈〔Stanovoy〕）的山峰沿線。如今中國享有自額爾古納河至太平洋，其間整條黑龍江及支流的主權。

和約以拉丁文、俄文與滿文鄭重起草，雙方似乎都感到滿意。一個多世紀後，俄國人開始對談判結果發怒，責怪耶穌會會士背信，以及拉丁文和地理的語意模稜兩可。然而在這當下，以中國使節的話來說：「我們共同宣示要永遠和諧共存。」

在今日的荒涼尼布楚，沒有留下這項合約的紀念碑，街道無盡延伸，建築物在我抵達前縮小。這當然是幻覺。靠近城鎮中心的某個地方，詭異的震撼景象出現：在高聳的牆垛下，山形牆門窗的潔淨立面發出白光。

我繞著牆走進野放的花園。苗圃上的大麗菊、碧冬茄、龍口花全都一齊綻放，空氣中充滿混合的香氣。作坊與馬廄立於灌木種植區，皆是以剝落的灰泥與裸露磚塊蓋成的牆垛建物，屋頂塌陷且地板腐爛成土。我可能踏進了毀壞城堡的外圍甕城。近日一位富創業精神的新聞記者，在這裡發現玻璃碎裂的廣闊溫室，以及昔日的蓖麻苗圃。如今這處大宅邸變成一間博物館，我繳付少許費用入內，發現裡面只有我一個人。

在宅邸的宴會廳中，兩張肅穆臉孔從掛在窗間鏡兩旁的油畫投來目光。布汀兄弟（Butin brothers）皆為企業家，他們在為西伯利亞茶葉商工作時興起。此人名為康丁斯基（Kandinsky），是來日藝術家[5]的叔公。布汀兄弟很快就靠黃金、鐵工廠、鹽業與釀酒多方獲取資產。整個一八六〇年代，他們設立電報站、小鎮圖書館、藥局、印刷鋪和一間免學費的音樂學校，使尼布楚改頭換面。

我心懷疑惑回頭凝視兩兄弟的肖像。他們出資為半個區域蓋小學後，於一八七〇年代晚期興建這棟宅邸，再過一、兩年，家族事業開始衰敗。他們倆受過的教育不多，華麗房間內卻滿是音樂與書籍。宴會廳的窗戶上方，樂譜、里拉琴、小號的飾板掛於牆面，配對出現的名字是莫札特、巴哈、羅西尼（Rossini）、格林卡（Glinka）

5 譯注：指藝術理論家與抽象畫家瓦西里・康丁斯基（Wassily Kandinsky, 1866-1944）。

……。能夠自動播放六十種樂曲的機械管弦風琴曾於迴廊演奏，鍍金丘比特塑像仍在彈撥豎琴並敲響銅鈸。圖書室中，五種語言的史書與百科全書，以書封發霉的狀態保存下來。

或許唯有在觀看者的預想中，向外凝視的臉孔才顯得憂慮。哥哥尼可萊·布汀（Nikolai Butin）的臉安放於賁張且漸顯灰白的鬍子後，雙眉卻在悲苦的眼睛上方皺起。他是哮喘病患者，無法住進自己的豪宅，反倒避居莊園中一棟寬敞通風的別館。成為企業精神鼓舞者與決策者的是弟弟米哈伊爾·布汀（Mikhail Butin）。米哈伊爾的多張榮譽證書掛在展示櫃裡，旁邊桌上擺著他流暢書寫的一封商業信件，以及一枝鵝毛筆。

在家族相片中，布汀的大家庭聚集在鏡頭前，如同維多利亞時代的任何氏族一般面容嚴肅且看似體面。從照片看起來，陰鬱的尼可萊顯得更憔悴。米哈伊爾的首任妻子索菲亞（Sophia）從美麗的軟帽下探出未可知的神情，在她年少的回憶裡，米哈伊爾成立了一所專供女子就讀的學校。

米哈伊爾本人比肖像畫中更加削瘦且凶悍，親筆寫書提倡與中國和美國經商。他造訪這兩個國家尋覓新點子，並惋惜俄國的落後。早在西伯利亞鐵路動工的二十年前，他就設想要興建一條橫貫大陸的鐵路。然而布汀企業因債務淪落至遭受接管。尼可萊在一八九二年過世，焦慮使他心力交瘁，米哈伊爾將大宅交給尼布楚政府，其後死於遙遠的伊爾庫茨克（Irkutsk）。

宅中迴聲響亮的大廳在西伯利亞必定罕見。它們困在只見礦坑與空蕪山丘的遼闊地帶，保留下來接受旅者的崇敬，直到布爾什維克革命將宅邸內部拆毀。掛毯、絲綢簾子、法蘭德斯畫派名匠的作品，曾在鑲嵌地板上方的牆面熠熠生輝；米白與金色家具裝上緞布套或鋪掛東方風情的毯子，延伸至種滿蘭花和檸檬樹的溫室。

然而最令人驚嘆的還是宴會廳，四面大鏡子使廳中空蕩的空間擴增加倍。在一八七八年巴黎世界博覽會，布汀兄弟興起一股狂妄之心，買下四片巨大無比、高二十五英尺[6]的窗間鏡，並運送它們跨越半個地球回到黑龍江河口。在那裡，一艘專門打造的駁船載著大鏡子上溯兩千英里抵達尼布楚。其中最宏偉的一面是當時世界上最大的窗間鏡，擺放位置正對宴會廳出入口，智天使倚於鏡緣拱頂，無論誰的身影映入，皆顯矮小。

6 譯注：約七百六十二公分。

我走進室外的炙熱日光。附近樹立著布告欄，張貼過往兩百年間造訪過尼布楚的名人頭像。在契訶夫身旁，我看見美國人喬治．凱南（George Kennan）的愁苦輪廓與下垂鬍鬚。他在十九世紀末遊歷西伯利亞，且於揭發醜陋面的兩卷《西伯利亞與流放制度》（*Siberia and the Exile System*）書中，暴露沙皇的嚴刑政權。凱南先前的著作說服俄國當局信任他，而在一年多的時間中，探訪東西伯利亞的囚徒礦場與監獄。最讓他感到義憤的是遇見無辜良心犯。自從無能的十二月黨人（Decembrist）於一八二五年起義反抗沙皇尼古拉一世（Nicholas I），以及一八六三至一八六四年的波蘭起義遭暴力鎮壓，政治異議人士就被流放至名稱聽來無害的尼布楚銀礦區，這片荒野向東南方延伸數千平方英里。在一八八五年，使凱南反感的不再是礦坑的危險狀態，而是冷漠又貪腐的官員放任囚犯連月待在不衛生的監牢裡。

凱南精疲力竭地抵達尼布楚，住進在他豐富閱歷中最低劣的旅館，語帶憐憫與幽默感，描述房內老鼠和蟑螂亂竄，充當廁所的發綠洗手盆，並且欠缺任何床鋪或鏡子，好讓他享有「端詳自身凍傷容貌的憂傷滿足感」。不過正是凱南留下關於布汀宅邸最完整的描述，當時大宅仍嶄新完好。他也稱讚米哈伊爾「在思想與同情心層面上，是半個美國人」。

許多年後凱南返回美國，為眾多美國人講課——有時戴腳鐐扮成囚犯爬上講臺。半個世紀後，他的侄孫喬治・佛若斯特・凱南（George Frost Kennan）成為具有影響力的蘇聯事務外交官、史學家與演說家，面對的帝國勞改營遠比家族長輩斥責的情況更令人震驚。

從尼布楚往南幾英里，木造村莊卡利諾沃（Kalinovo）有座孤立的教堂，傳聞是黑龍江殘暴開拓者哈巴羅夫的埋葬地。早在抵達村莊前，我瞥見十字架下發黑的塔樓已塌斜。巨大裂縫從上到下劈開教堂立面，處處形成開口，灌木從中冒出。在可能有墳墓或紀念碑的地點，灰泥磚從地基上塌落。某個人在教堂裡掛了幾張聖像，並立起一張錫桌充當祭壇。

「他們保存俄國西部的教堂，」村中一位女子不滿地告訴我：「但在這裡，他們就只是讓我們的教堂塌成碎片。」她在當地學校教書，不曉得該怎麼向孩子們解釋。

「我們的教堂在這五十年來已經變成廢墟。對，曾經有過某種紀念碑，可是現在消失了。沒人記得它。」

另一樁傳說是葉羅費伊·哈巴羅夫的弟弟尼基弗（Nikifor Khabarov）埋在這些牆下。不過這座聖母升天教堂（Church of the Dormition）建於一七一二年，堪稱東西伯利亞最古老的磚造教堂，而哈巴羅夫兄弟早在那數十年前過世。葉羅費伊自身被傳喚至莫斯科，因多項罪名受審，接著獲得特赦，此後偶爾浮現史冊記載。他葬身的地點無人知曉。蘇聯歷史學者僅以一個腳注帶過他的暴行，並將俄國併吞整個黑龍江流域歸功於他，彷彿《尼布楚條約》從不存在。

條約的一份副本曾於布汀宅邸展示，但我未能找到。提出詢問後，有人帶領我到樓上的一間辦公室，館長從紅色文件夾中小心取出，十分輕巧地放在我的腿上。沒人曉得文件的歷史年代，書寫的三種文字我都無法辨識：耶穌會會士的拉丁文、滿文（附有精美蓋印）和早期的西里爾字母俄文。由於字跡精細且嚴謹美麗，讓人誤以為可以延續得比其他條約更長久。

Chapter

4

石勒喀河

The Shilka

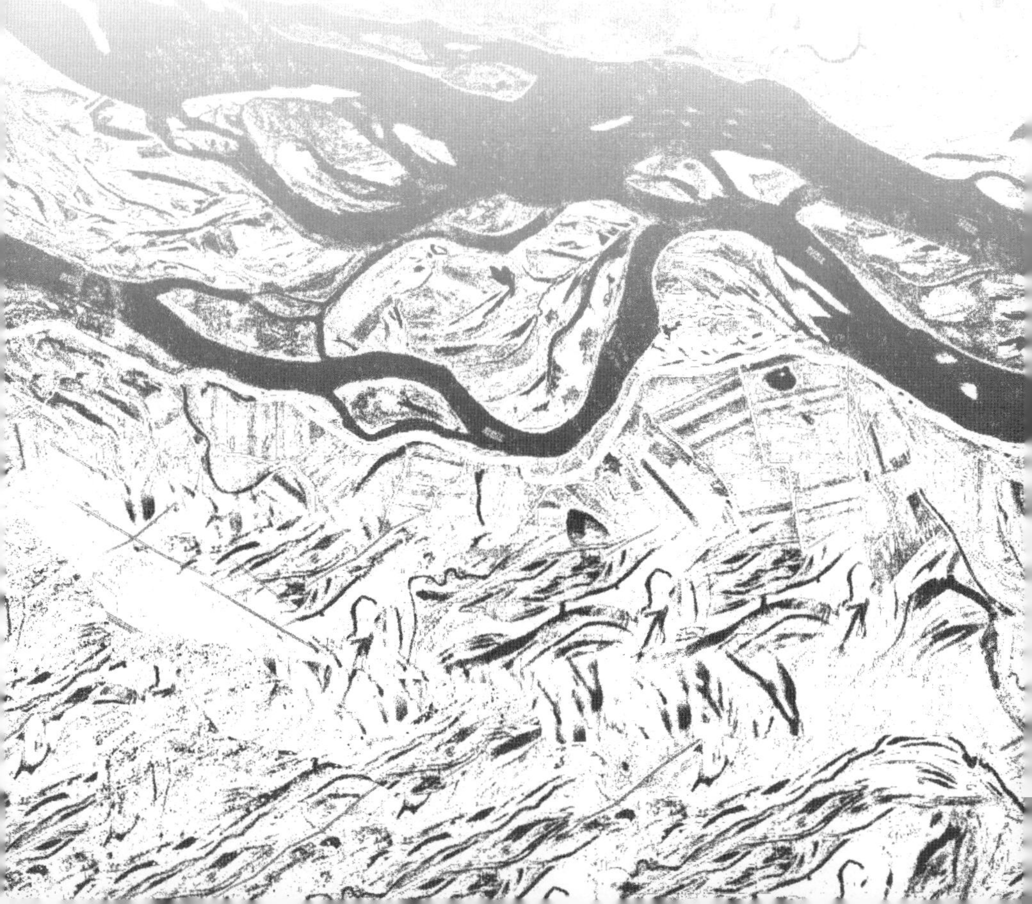

我的旅館很空。某個人餵雞群，另一個人打掃走廊，但我從未見過他們。我的房間很大，我把其他張床的毯子和枕頭也拿來，入睡前墊好肋骨和腳踝。夜裡別無他物能使你從痛楚中分心。你揣想著該不該折返回家，卻明知道你不會。如果你考慮略過一個原本計畫造訪的地方，它會立刻帶著承諾來折磨你。

到了早上，我變得有些可笑。我目光惡狠狠地坐在床上，計畫著要怎麼站起來。往前彎腰綁鞋帶或撿東西，都必須陰鬱地謹慎行事。往蹲式廁所的洞口蹲低成為一種發顫的冒險。在街上，我發現自己有如中風後地踩著小碎步，並且懷抱重振的同情心回想起年輕時遇見的老人。如今我是他們的一分子。

不過愚蠢的自尊心依然如常。我希望自己搖晃不穩的步伐不致被解讀為喝醉酒，試著拉長步幅。或許我會被當作工安事故受害者而贏得榮耀，甚至可能遭誤認為社會主義勞動英雄（可是尼布楚一座工廠也不剩）。走路時，發疼的肋骨從抽痛的腳踝分走注意力，彷彿我一次只能領略一種痛。而一小時過後，也許吧，假使周遭環境夠有趣，最後一絲疼痛將被身體吸收，緩緩沉入意識之下，直到痛徹底被遺忘。

於是我重拾期待的心情轉往東行，搭乘計程車橫越六十多英里到斯利堅斯克

（Sretensk），由一位想到倫敦生活的憂鬱學生兼職擔任駕駛。我們周圍的大地正在改變。兩側山丘的陰影輪廓線漸形厚重且交會。村莊變得更稀少，也更貧窮。在石勒喀河對岸的斯利堅斯克，一條鐵路側線落得僅餘幾節滯留車廂。山勢於此開始向中國低緩而去，並擠近河流，小鎮則在扭曲的時間中延續。斯利堅斯克曾扮演樞紐點，連接從西部出發的陸路交通以及往東順流的可通航河川。超過半個世紀間，一支汽船隊在歐俄與太平洋間開闢一條命脈。但在一九一六年，西伯利亞鐵路繞過這處小河港，使它變得乏人問津。而今我踏入寧靜放鬆的小鎮，成排木造房屋的道路竟是鎮上大街，林木茂密的山丘迫近，再無新事物與過往交織。這些木屋有著金屬細工的窗框和屋簷、塗上鮮豔油漆的百葉窗，或許是俄國民間故事裡的小屋，住著食人女巫或聖潔的傻瓜。幾棟灰泥磚造的漂亮建物依舊佇立於空蕩的河畔高處。

鎮上只有一間旅館，囚禁在一棟有著灰泥飾條、粉刷剝落的老舊大樓裡，旁邊的孤寂廣場往下通往碼頭。室內有座石階梯，上升途經一座荷蘭製火爐，通往經久擦拭得光亮的木頭巢穴。在一九〇四年，這裡曾是華俄道勝銀行（Russo-Chinese Bank），然而銀行的厚重鐵門如今通往一間散發霉味的撞球娛樂間。旅館裡只有一個人，櫃檯接待人員眼神憂鬱地盯著她的手機。我走進一條昏暗通道，鍍黃銅的燈罩和小燭臺如化妝般地沿路點綴。落地鐘胡亂鳴響報時，上了發條的留聲機播送瑪利亞・魯基克（Maria Lukic）高唱〈別遠走〉（Don't Fly Away）的七十八轉唱片。

或許是受到山丘環擁與河流圍抱的親密感，使這座小鎮散發著溫和的喜悅。旅途的急迫感平緩下來，一種有益的閒散滲入體內。連鎮上的紀念碑也顯得早已隨時光褪色。塗銀漆的列寧像在草木叢生的公園中揮手，我唯一僅見的船隻是艘退役的巡邏艦，安置於具紀念性質的斜坡道上。但我聽說有艘從石勒喀鎮來的小客輪，每週兩班，繼續開往下游的遙遠聚落。從那裡，我可以看見河流從覆滿森林的山丘間蜿蜒往東流向中國。

三天來我設想著這幅前景，強迫症般地沿著石勒喀河步行，在一條滿是坑洞的道路上走來走去，大河在旁兀自閃耀。三兩老者在自己的菜園工作，無人管束的牛隻晃盪過街。河寬跟一週前差不多，或許是四百碼[1]寬，但在收束的山丘下流速生變，水面扭曲成密集的沸泡與渦流，狀似水銀。河流依然僻靜，沒人在河上捕魚或航行。周圍氣氛安靜到你可以聽見遠處的人聲。

縱使如今縮減成一個水上漂浮平臺，但在半個多世紀間，此地的碼頭區曾扮演著這座淩亂運輸中繼城鎮的神經中樞。在少數幾張現存的照片中，來自俄羅斯西部和烏克蘭的移民，帶著衣著破舊的孩童和捆綁成團的家當守在碼頭邊，等待或許能載他們通往嶄新前程的汽船。他們看起來脆弱得可憐。裹著印花裙的女人和披著鹿皮的男人備受工作磨難，動身趕赴自己配得的幾英畝地，以及全憑運氣遇見的洪水和滿族土匪。這些家庭將成為農夫和商人，加入黑龍江的哥薩克人與駐軍。許多人是逃離東正教會的舊教信徒，他們的謹守天命與勤奮終究為這片地帶開創微薄財富，直到農民湧入西伯利亞鐵路沿線，加上內戰的破壞波及至此。

載運他們的船隻是鐵甲明輪船[2]，於格拉斯哥（Glasgow）[3]和比利時的造船廠興建。這些雙層甲板的龐然大物，配備細長煙囪與笨重水輪，通常由外國人擁有與經營：

1 譯注：約三百六十六公尺。
2 譯注：名稱來自船身兩側裝設的水輪，以蒸汽引擎帶動旋轉並撥水前進。
3 譯注：蘇格蘭最大的商港。

英國人、美國人、德國人、日本人。它們的吃水淺，僅有四英尺，專門設計來通航於黑龍江令人困擾的變幻沙洲。水手從早到晚守在船首，持十英尺長桿探測河床，並向舵手高聲發出警告。當輪船於夜色裡蜿蜒穿行，小油燈為它們照亮路途，中國河岸是紅色、俄國河岸是白色，只見孤單的點燈人乘獨木舟補充燈油。

早在一八六六年，環遊世界的美國人湯馬斯・諾克斯（Thomas Knox）就對在科薩可夫號（Korsackoff）甲板上紮營的人類貨物感到驚愕：大批前農奴和哥薩克人，隨行馬匹徹夜踩踏他跳蚤橫行艙房的天花板。傳教士法蘭西斯・克拉克（Francis Clark）帶妻子和年幼兒子在一九〇〇年旅行，即使是在艙房中氣派擺設著「一架上好德國鋼琴」的科爾夫男爵號（Baron Korff），仍見到低艙等乘客跟沒穿衣服的小孩成群躺在鐵皮地板上。船艙藏汙納垢。精力十足的英國記者約翰・佛斯特・福瑞瑟（John Foster Fraser）被天花板墜落的蟑螂吵醒，目睹成群蟲子往身上爬過來。

供餐的評價普遍低劣，講究的西方乘客對他人的餐桌禮儀感到退縮。午餐時間，在破舊的防水布上，福瑞瑟與毛皮商人、菸抽不停的軍人妻子、黑鬍子韃靼人上校，一同享用無法辨識的肉泥和塗抹某種油的馬鈴薯。他們揮舞著叉子和湯匙伸入共食大鍋，展開一場放聲咀嚼、分泌唾液、搶奪與吸吮手指的狂歡宴會，結尾是猛力剔牙十分鐘。這是上流階級的餐桌。有位法國乘客怒不可遏，把他的糖拌卷心菜扔出舷窗外，包括盤子跟一切。

河中有其他類型的船隻航行。移民的整家人乘坐緊緊捆住的木筏順流而下，載滿馬車、馬、牛和狗，有時航程長達一千四百英里，準備前往黑龍江中游的伯力。數百碼長的木浮橋以同樣方式浮於河面。本地的混合輕舟隊現身，包括獨木舟、甚至是簡易拼湊的划槳小舟。還有由汽船拉動的囚犯駁船，遇到船隻全都擱淺時，駁船乘客會與籠中囚犯融洽相處。

一八六一年，無政府主義者米哈伊爾・巴枯寧（Mikhail Bakunin）逃離西伯利亞的流放，在斯利堅斯克登上一艘汽船往東航向美國和歐洲。在日後的歲月中，此矛盾人物醞釀革命圖謀與煽動修辭，於第一國際階段成為馬克思的挑戰者。巴枯寧想像獨立的西伯利亞，轉而放眼太平洋和美國，並以黑龍江作為核心。近四十年後，契訶夫從莫斯科出發，歷經兩個月的陸路旅程後，精疲力竭地抵達斯利堅斯克，目的地是鄂霍次克海的庫頁島（薩哈林島〔Sakhalin〕）。他搭的汽船在劇烈的晃動中往下游航行一週，船身傾斜得太厲害，導致他連寫信都很困難。船上有學童，以及從喀拉金礦（Kara）登船的一群囚犯，他們的際遇讓凱南深感煩憂。一隻溫馴的狐狸霸占廁所。

契訶夫在黑龍江棄守不易起波瀾的心。他寫給親友的信中處處可見河流的荒涼與孤絕，以及眾多的河鴨、鷗鶘、蒼鷺和「各種長喙的無賴」。相望的俄中河岸同樣美麗與具有野性。「我目睹無數壯闊地景，」他寫道：「我快樂得飄飄然。」離開莫斯科前，他被診斷出罹患肺結核，然而現在他真切覺得自己不畏懼死亡。「還有多麼極致的自由主義！噢，多麼極致的自由主義！」居民的坦率令他驚嘆。距離歐俄天高地遠，他們得以放聲說出自己的想法。沒人來逮捕他們，也不會被流放到哪裡去，因為他們已然置身西伯利亞。俄羅斯遺忘了黑龍江，他們說。女孩點燃香菸，老婦人抽著菸斗。他們在聖週（Holy Week）[4]吃肉。逃跑的囚犯四處走動而不被出賣。

我坐在空蕩的斯利堅斯克碼頭等待我的那艘船，掃視著上游的空曠水面。遠處岸邊有座廢棄的集體農場，殘存骨架倒映於閃閃發光的水流，一旁的幾列車廂擱淺在鐵軌盡頭。下游的山丘匯聚成褪色絕壁，正是我想去的地方。可是我隱約心生預感，揣想自己是否會遭到攔阻，無法登上緩緩航向中國邊境禁區的船。

六、七位婦人和一對沉默的伴侶攜帶行李和緊捆的包袱，步下碼頭並且等待。曾簇擁於碼頭區兩側的建物已消失，而朽壞木板搭建的長長濱海步道，以及耐心十足的大批農民，都只剩下影像記憶。斯利堅斯克不再是旅者厭惡的碼頭畔棚戶區，浸泡在深及腳踝的牛糞裡。我跟那群老婦人一起等了兩小時，接著是三個小時。最後有位粗魯的官員前來，往附近的柱子釘上一張告示。接下來四天都沒有船。老婦人湊在一起抱怨片刻，隨後一個個拿起包袱蹣跚離開。

在那之後，斯利堅斯克變得令人乏味。鎮上公共建築的反覆修補立面與怪異飾條，開始顯得粗糙且繁重。有時建物的灰泥剝落，露出支撐的木材骨架。夜裡無處可去，白天我仰賴「希望咖啡館」（Café Hope），這間店隱蔽於多間歇業辦公室的院落，由吝於微笑的女子送上黑麵包和俄羅斯餃子（pelmeni）。兩位卡車司機是僅有的顧客。

4 譯注：復活節的前一週，為紀念耶穌受難而施行齋戒。

隔天有個醉漢從郵局階梯摔下來，躺在我腳邊流著血。扶他起身時，他在我懷裡顯得輕盈而蒼白。沒人多加理會。我想像從鎮上空氣裡吸進一種潛伏的委靡。在我住的旅館裡，另外僅有的客人是一對兄妹，血統一半是哥薩克人、一半是中國人，前來尋找祖母的墓。她在俄國革命期間被槍殺，就跟許多哥薩克人一樣。他們找到自己的老家；可是現在有別人住，男人描述，聽起來很火大。新屋主邀請他們進去，端茶給他們喝。隨後童年回憶湧上哥哥心頭，他笑得開懷，妹妹在一旁哭了。

第一次世界大戰爆發後，斯利堅斯克的軍營成為戰俘營。德國、奧匈帝國和土耳其士兵被拘禁於此，總數多達一萬一千人。戰爭結束三年後他們才獲釋。到那時，斑疹傷寒及日軍攻打布爾什維克黨人方向不定的砲擊，已使得他們人數削減。然而在戰俘營附近的山谷，他們留下刻著匈牙利語的紀念碑，獻給死於遠離祖國之地的同袍。我尋覓這座紀念碑，卻不見半點蹤跡。想著有什麼記錄都好，我到狹小乏味的斯利堅斯克博物館查找。踏進入口處，塗紅漆的凹室裡擺著史達林的半身像。

我在常見的剝製動物標本及第二次世界大戰（俄國人習稱「偉大的衛國戰爭」）時期的軍禮服間徒勞打轉，隨後找到其中一位展覽策劃員，他們拿微薄薪水在寂寥的博物館工作。沒錯，曾經有一座紀念碑，她說。她還拿一張紀念碑的照片給我看：一座刷成白色的金字塔，周圍環繞鎖鏈。可是紀念碑在三年前遭到拆除，她補充說道，原因是個謎。

我早該曉得有事會發生。我在這裡待了太久，在外國人絕不會來的地方顯得過於可疑。敲門聲不是清潔工的羞怯輕敲，而是斷然重擊。我開門時，三位警員站在那裡。

「跟我們走。」

起初我以為這是一次例行盤查，卻在他們帶我離開時瞥見櫃檯接待員驚慌的臉。警察局在五百碼[5]外，但是我被送進一輛巡邏車。其中兩個人穿制服，第三個人穿便服，可能他位階最高吧，我猜。帶刺鐵絲網圍起的警察局立於河岸高處，看起來像是斯利堅斯克唯一設立的分局。

隨後我的押送者消失，我察覺自己坐在簡陋的房間裡，另外兩位警員相隔空桌看

5 譯注：約四百五十七公尺。

著我。一人面無表情，位階資深。他站在離我十英尺的地方，刻意拉開距離。另一人是略顯無禮的年輕女子，不斷查看電腦。有位本地女老師銜命來當口譯，緊張地坐在我身邊。我內心一沉，意識到這並非例行訊問。除了一排文件櫃和高掛的俄國總統普丁彩色照片，我的目光無處安放。

「你認識我們鎮上的誰？」問話的是資深警官。他的眼神凍結如冰。

「我不認識任何人。」

「那麼你為什麼在這裡？你在做什麼？」

「我在寫一本關於阿穆爾河的書。」

「阿穆爾河不在這裡，阿穆爾河在東邊。這條河是石勒喀河，位於外貝加爾邊疆區（Zabaikalsky Krai）。」

「石勒喀河是阿穆爾河的支流。」

口譯結結巴巴。她的英語比我的俄語還差勁，但是她的翻譯過程給我時間思考。她看起來垂頭喪氣，謹慎克制自己的同情心。

他說：「你在這裡五天了。」

「我在等船。船沒來。」立刻，我但願自己沒說這句話。他肯定會接著說船班禁止搭乘。

不過他追問：「你在斯利堅斯克去過什麼地方？」

我可以回答斯利堅斯克沒地方去。但恰恰相反，我聽見自己談論十九世紀的濱水區與河道運輸；只見冰霜眼神在無聊中變呆滯，我津津樂道斯利堅斯克往日的重要地位，扮演歐洲與俄羅斯遠東地區的連結樞紐。

不久後他公然展現敵意看著我。「你從哪裡得知這一切？你怎麼會知道得比我們還多？」話中毫無一絲諷刺意味。

「你可以從歷史書籍讀到這些。」我說：「在英國，在莫斯科的國立圖書館（我猜的）。任何地方。」

他停頓片刻，拿起自己的手機，又擱在一旁。有些事情讓他理不清頭緒：關於眼前老人的謎題，他可能只是假裝跛腳和俄語不靈光，卻像個吉普賽人一樣旅行，身上毫無間諜裝備——沒有隱藏式相機，沒有拋物線式麥克風（到現在他們肯定已經搜遍我的房間）。

接著年輕警官從我看不見螢幕的電腦前猛然抬頭，開口說：「你的簽證有問題。」她拿起我的護照。「你申請的是商務簽證，可是你應該拿旅遊簽證。」

「我不是觀光客，我在寫……」

「如果你拿商務簽證，你應該在做生意。你有去莫斯科嗎？你有沒有出席任何座談或會議？」她把我的護照放在桌上，彷彿它受到感染。她有著搽成青綠色的長指甲，不知何故，石灰色的注視目光比她的同事更加令人不安。我想像那目光會將嫌疑犯變成石頭，好似美杜莎（Medusa）。我心懷困惑地迎向她的目光，以為自己的簽證萬無一失。她繼續問話：「你簽證上的這個邀請方是誰？誰是阿茲穆特（Azimut）？」

「他們經營飯店。」我解釋。但是我毫無頭緒他們到底是誰。所有來俄國的商務簽證都要填寫名義上的邀請方。我裝作真誠地補上一句：「如果假裝我是個觀光客，那就是不誠實的舉動。」

美杜莎搖搖頭。「但你不是商人。」

現在換資深警官高喊：「我們不曉得你是誰。」他的厲聲提問起初相當公式化，如鐵錘般擊落。我多常來俄國？我上次來是什麼時候？我認識誰？我在莫斯科有親戚嗎？接著突然間拋來一句：「你到阿金斯科耶做什麼？」

一記警鐘開始在我腦內響起。阿金斯科耶相當靠近兩週前俄中聯合軍演的中心點。我入住那裡的一間旅館，他們肯定登記了我的名字。「我在參訪佛教寺院。」我說。

美杜莎盯著她的電腦。「你在阿金斯科耶之後去了哪裡？」

我幻想自己的完整生活歷程都在她的螢幕上。不過在阿金斯科耶之後，我無疑從紀錄中消失。跟斯拉瓦和迪米崔同行，許多晚我在簡陋到不需要登記的地方過夜。美杜莎彷彿讀出我的念頭，她訊問：「你用什麼方式旅行？你見過誰？」她撥開散落臉上的髮絲。

另一位警官也怒目瞪著我。我開始覺得懊惱。突然間我完全不認識斯拉瓦和迪米崔，我將無辜的兩人從腦海中抹去。「我誰都沒見。」

不久後兩位警員走出房外講電話，學校老師跟著出去。我留在房間裡瞪著普丁，對於他們的想法毫無頭緒。警察不在場的幾分鐘裡，我的思緒亂成一團，想像著捏造的罪名、監牢……。彩色的普丁冷冷俯視。警員回來時，兩人都面無表情。讓我擔憂的是女老師刻意別開的目光。美杜莎拿出文件讓我簽名，迷你東正教會十字架倚在她的喉頭。我讀著：「中央事務部編號第九三七〇三三之五……」內容詳述我如何遭到逮捕，我入境俄羅斯屬民事違法行為，以及我的簽證與實際從事行為並不相關。美杜莎的指甲停駐在關鍵段落。我必須繳交兩千至五千盧布。我的簽證無效，有可能被逐出俄羅斯。

罰款容易解決，兩千盧布是倫敦違規停車罰鍰的一半。但現在男警官表示：「你不能回到這一區。我們要遣送你去赤塔（Chita），移民官員會決定如何處置你。」

我暗覺不妙。赤塔是地方首府，遠在兩百英里外。我的旅程可能會中斷好幾週。那位警官看起來很滿意，暗自露出些許微笑。我想我討厭他。他的胸膛抵著外套，彷彿在謀求獎章，我猜他希望看到別人害怕。他們指示我到附近的房間按指紋，沿走道經過一位上了手銬的蒼白青年，跟他的父親一起等待。踏進房內，一位年長女子從印臺拿起一個大滾筒，並抓住我的右手。她用滾筒刷過我的手，像建築工人粉刷牆壁，再讓我的指尖輪流按上一式三份的表單，一個個猛力壓下去。接著她在我的掌心上墨，按向另一張表單，印出有如看手相的示意圖。我黯然猜想那條事業線有何解讀。她拿我的左手重複相同步驟，未發一語，隨後緩步離開。

回到偵訊室，警官講著明天的事。口譯看起來累了。美杜莎難以解讀，蛇形彎曲的髮絲遮住她的臉。明早六點有輛車會載我去赤塔，她說，並遞給我一張手寫的地址。有人會在那裡見我。「他們可能會送你回倫敦。」

我的精神委靡，徒留悔恨。一分鐘前我還對繞路去赤塔的困擾感到扼腕。如今跟遭到驅逐相比，偏離路徑顯得再好不過。

兩位警官久久盯著我看不懂的電腦螢幕。某件事令美杜莎心煩。她的同事不見人影。我再度覺得自己無人理會，從被逮捕至今已經過了三小時。我試著重新設想倘若明年重返此地的行程。然而轉瞬間，光是構思這趟旅行都顯得不切實際。這肯定行不通，心存別種想法多麼愚蠢啊……。

隨後一切截然改變，我從未真正找到原因。美杜莎與赤塔當局談過後回到偵訊室，我猜。警官說我可以自由繼續行程，她對於造成的不便非常抱歉。她的指甲撇過另一份文件，將它丟棄。她朝我微笑。我幻想著破冰的情景，意識到美杜莎相當美麗。「你當然可以寫斯利堅斯克，寫我們的歷史、我們的景色。有人從倫敦長途跋涉到我們的小鎮，人人都感到榮幸。」我聽得訝異到嘴巴張開。她關掉電腦，與我握手道別。

我心神未定地回到河邊。水的流動似乎帶有明確意圖（我知道自己過度神經質），並且形成河水來自過去的錯覺。在我腳下，在這轉瞬即逝的當下，幾株長草彎向流水，還有幾截菸屁股和一隻死蝴蝶。

學校老師認為，可能是美杜莎說服赤塔當局讓我離開。她聽到警官說我是來自英國的好人，造訪他們的城鎮——第一次有人注意到這裡。也可能是赤塔的官員上網查詢，發現我是一位作家，正如我所述。她不確定。不過明天是星期六，當然囉，無論赤塔或其他任何地方，沒人想在週末上班。

在鎮上小廣場的列寧雕像後方，越過林木叢生的公園，斯利堅斯克中學的簡樸建物分布於此。我答應那位教師，隔天早晨去她的英文課上講講話。課堂在一棟木造的外圍建築進行，她帶著一貫的沉默哀傷來迎接我，但以自豪語氣表示這間學校已有超過一世紀的歷史。她的學生是十幾歲的青少年，來自這處貧窮區域的各個地方。

我走進時他們遲疑起身：十五張害羞的臉孔，大部分是女生。他們衣著樸素，穿黑色牛仔褲，蓄著短瀏海並在頭頂紮起便利的髮髻。他們幾乎完全不會說英語。我講話又慢又清楚，可是他們聽不懂。老師也常聽不懂。我們回到俄語，她再重新詮釋成混夾俄語的英語。我問他們有什麼抱負，或許是上大學，成為工程師、醫師、護士。但是沒人回答。最後有位幽默的壯男孩，無疑是班上的開心果，說他想成為億萬富翁。教師說明，他們得支付大學學費，但他們的父母無法負擔。或許一、兩個人會在工作之餘撥出時間讀大學，勢必非常辛苦。

那麼他們畢業後要做什麼？我提問。又是毫無反應的沉默。幾位學生看起來膚色蒼白且營養不良，有個女孩戴著外科口罩。教師回答，有天他們或許會到幼稚園工作。接著有位削瘦的青年開口：「我們男生必須去當一年兵。」

那是當然，我忘得乾乾淨淨。一年有可能看似相當漫長，它像道鴻溝，擋在青少年與任何未來之間。

我如今領悟自己彷彿來自外太空般，高談選擇哪一種職業，或者就讀大學。他們出身貧窮的村莊，教師隨後告訴我。他們光是找到工作就稱得上幸運了，家中父母可能雙雙失業。即使在斯利堅斯克也沒有工作機會：只有一些行政工作，以及當警察。他們的父母自然也酗酒。我對於原先設想他們過著別種生活，感到某種遲來的羞愧。

我有點絕望地問他們會不會想出國時，再度迎來空洞的神情。只有壯男孩說他去過喬治亞一次，到濱臨海洋的高聳山區。沒有其他學生看過海。

壯男孩和另一位神色慌張的紅髮少年試著與我交談。他們聯手用手機胡亂拼湊一些英語，接著齊聲問：「最漂亮的女生在哪裡？」

也許我嘗試要稍稍打亂他們的想法，或者從國族主義上帶開，才唐突回答：「印度，還有義大利。」

零星笑聲漸漸消散，我察覺到隱約的冒犯意味。紅髮男孩繼續問：「那俄羅斯女生呢？」

我不覺得這個話題有趣。「她們也很美麗。」我說道。然而當我放眼環顧，我意識到外貌是多麼流於表面，以及美貌可能如何受到貧窮與飲食所抑制。一分鐘後，有位臉色蒼白的女生起身告退，因為她得去餵嬰孩。她看起來年方十五歲。

但我聽見自己提問時，心懷希望而使嗓音開朗起來：「你們晚上會做什麼？週末呢？」

「我有時會出去走走。」削瘦臉蛋、長著雀斑的女孩說。她露出幻夢般的微笑，說自己喜歡動物，喜歡鄉間。下游方向通往烏斯季卡爾斯克（Ust-Karsk）的大地景色很美，那正是我要去的地方。她到過那裡兩次。另一位女孩說他們聽音樂，提了幾個我不曉得的西方流行樂團。有座本地村莊偶爾辦迪斯可舞會，但很少見。他們的世界似乎全部來自網路，顯現於輕輕托在身前的小手機上：他們的音樂、朋友、時有時無的新聞。

臨別之際，學校教師為他們所有人感到不好意思。「偶爾會有英語比較好的學生來報到，」她說：「總是來自同座村莊。肯定有一位優秀的小學老師，獨自一人待在那裡。」她自己是在赤塔讀大學，不過一直都個性害羞，她解釋。有一次，兩位美國教師來訪，她完全聽不懂他們的話。她的整班學生都嚇得無法開口。

從學生的反應來看，我覺得自己沒有表現得比較好。她說這個世界讓他們失望，至於斯利堅斯克，這地方死氣沉沉。今天是鎮長選舉日，而她的警察丈夫負責監看一所城外的投票站。可是每位鎮長都跟上一任差不多。

我在懊惱之餘開始走回旅館，繞過一片淒清的平房街區。鎮上人口在不到三十年內減半。褪色塗鴉留存於早已毀壞建物的陽臺。「心愛的拉里莎，只有妳……」我經過列寧廣場的戰爭紀念碑，在這麼小的區域，標示的死者名字達到可怕的數百人。在我的旅館裡，警察的氣味徘徊不去。這是他們來過之後最哀傷的後遺症：他人的目光透露嫌惡或疑惑。灰眼珠的櫃檯接待員原先十分友善，如今不再與我四目交接。你現在成為敵人的感覺，唯有經過時間才能逐漸消散。在街上你聽見警笛聲會猛然一顫，對於任何人走在你身後都會心生警覺。當警車駛過，你別開臉去。

我現在就想離開。隔天早上客輪出現時我鬆了一口氣，渺小的船影開在遙遠的河面上。我隨那群老婦人登船，沒人提出質疑，船退離岸邊往東航行時，一股熟悉的興奮感襲來。涼爽秋風吹拂，我們坐進甲板下層的座位。我從混濁的舷窗往外望，於左近河岸的高處，就在警察局正下方，樹影半遮之中，我瞥見一個深藍衣著的人影，遲疑不定地揚起手。我想那是美杜莎。

Chapter

5

失落的要塞

The Lost Fortress

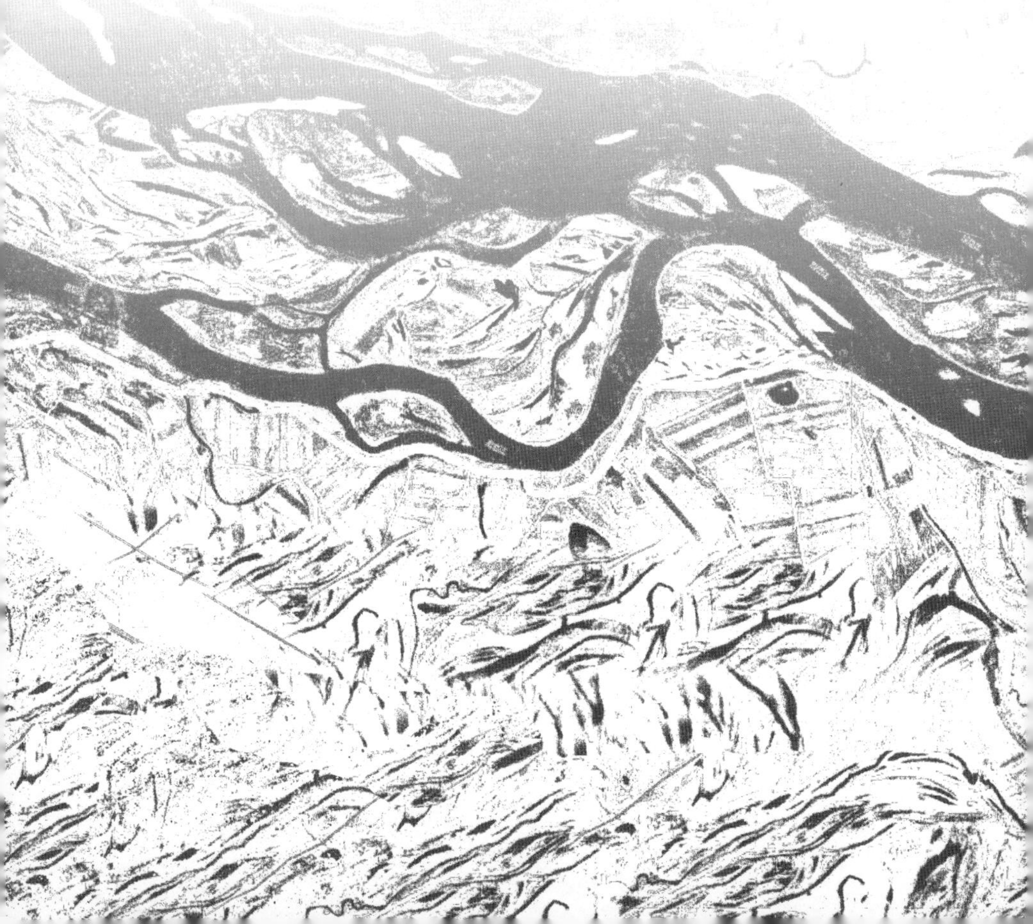

石勒喀河告別達烏里亞地區的和緩大地後，流入深沉的孤絕之境。在北邊，雅布洛諾夫山巒面向太平洋綿延一千英里，緊貼中國邊界的低矮、破碎山丘則從南邊逼近。沿河而行的道路變成小徑，接著路徑漸漸消失。石勒喀河成為一道橄欖綠色的深長走廊。河岸延展成流洩帷幕般的森林，林中樺木蔓生且轉成金黃色，落葉松遮暗了天際線。樹林有一種濃密而使人昏昏欲睡的美。有時山丘以裂縫花崗岩板的姿態下切至水面，直抵河岸時泛白，布滿著橘黃色地衣。

船移動得比水流快。乘客多半是身形結實的女人，拖著磨損行李與困倦的孩童。在船首的高起艙室中，船長跟隨雷鳴天空下的蜿蜒河流前行。遠處水面在聚攏的河岸間變得平坦，彷彿霧面絲綢，形成河流抵達終點的錯覺，好似我們航行於一片內海。蒼鷺守在蘆葦叢裡，成群鸕鶿沿岸邊疾飛，或停在石頭上擺動雙翼。

我們有一、兩度經過木屋村落，村外的小道爬升通往某條路徑，返回斯利堅斯克與這世界。還有一次我們的船首擦上河岸，有位女人吃力爬下船，扛起購物袋走向近乎空蕩的小村子。處處有山坡開展於谷地上，覆蓋樹林而顯得柔軟，我凝視這片荒野美景，並且能夠理解身旁的男人。他在石勒喀區（Shilkinsky Zavod）的小聚落教繪畫，表示自己的工作很快樂。他剛剛結婚，沒有別的地方想去。

船長注意到有外國人，招手要我坐到他身邊。我從船長室擋風玻璃的全景曲面往外望，這時開始落下雨點。他以沉著口吻虛張聲勢。他說，沒錯，這條河水流湍急且潛藏淺灘，可是他已經在此航行三十八年。「我現在把航道記在心中。」船身吃水淺，但他依然時不時橫渡至較陡峭的一側河岸。他的副船長是個矮小、緊張的男人，插話說道：「這非常危險。」

「那這些村落的人們做什麼工作？」我詢問。

「他們什麼事都不做。」

「他們捕魚嗎？」在整趟旅程中我沒見過漁夫。

船長大笑。「只有蒼鷺和鸕鷀會去捕魚。」

在簡單的幾段排檔上方，儀表板看似近半故障。船上的鐘早已停擺，船長的寶貴財物是一只瑞士製手錶。每隔十公里，河畔白色告示牌上的黑色數字說明中國邊境的距離。我們仍在兩百英里外。

必定是在此地的某處，於一六九二年，彼得大帝派去見中國皇帝的使節葉斯布蘭茲・伊迪斯（Ysbrants Ides）聽說某個神祕民族，每年一度從不知名海域的近海島嶼來訪。他們是高大蓄鬍的種族，身穿絲綢與毛皮大衣的華美衣著，伊迪斯描寫：「他們乘小船來找西伯利亞韃靼人，買下他們十分喜愛的女孩子跟成年女人，拿昂貴的黑貂皮和黑狐狸皮交換。」然而此後再未聽聞這群外地人的消息。

我們的海拔高度僅只一千六百英尺，不過離太平洋仍需沿河前行兩千多英里。船長說，一個月內石勒喀河將開始結冰，到了一月你就能沿著河道開卡車。很快他的工作會休息直到晚春。隆冬的氣溫有可能降至華氏零下四十度[1]。「那我們要怎麼辦？我們只會留起鬍子，繼續照常過日子。完全沒問題。在這裡人們互相幫助，不像都市那樣。」

如今漸漸昏黃的雲層已破開，陣陣落雨打上擋風玻璃，形成猛烈而明亮的雨珠。

「雨下得跟倫敦一樣，」船長說：「就跟倫敦一樣。」他的理解來自求學時讀的狄更斯。

「還有霧。」

在我們眼前，河流蒙上水氣成為一條白色廊道。然而更近處，爬遍山腰的垂枝樺依然洋溢著暖黃與青綠色，時不時見到一株西伯利亞的楓樹變色火紅。我們駛入的區域曾經沒現在這麼荒涼。一個多世紀前，在石勒喀區的峭壁退緩處，木屋沿著數英里長的河岸零散分布。治煉廠的醜陋殘骸立於河流北岸，在那裡可以興建駁船，此外還有帝國金礦的辦事處。這是屬於流放刑事或政治犯的國度，他們生活在瘟疫肆虐的監禁營房中。嚴酷的採礦制度於十九世紀末終止，而今荒涼河岸與廢棄村莊沿著通往禁閉中國的水道錯落分布，存在於歷史的錯誤一端。

當雨勢加劇，船長喃喃自語著「倫敦、倫敦」。但是他連從未去過的莫斯科都鄙視，包括任何關於大都市的概念。「我怎麼會想去？」他朝樹林擺擺手。「這些就是我的城市。」

傍晚時分，峭壁的花崗岩轉為灰白的石灰岩，低矮、光禿的山丘圓頂密集排列於北岸。我們抵達目的地烏斯季卡爾斯克小鎮，有位年輕人將鐵製小齒輪敲進土裡，固定船隻等待明天返航。船長高喊：「再見，倫敦！」並建議我去暮色中的一間昏暗餐館。

在西伯利亞每座村莊的中心，某間最基本的餐館或旅舍裡，都有一位主事者掌握

1 譯注：恰好等於攝氏零下四十度。

豐富的本地知識與忠告——通常是個粗聲粗氣的女性負責人。而現在，大嗓門、金髮且和善的伊黎娜（Irina）閃現訝異神色看著我，接著說當地沒有旅舍這種東西，但她曉得哪裡有空床。以來客數而言，她的餐廳看起來太寬敞：空空蕩蕩，三兩常客穿越其間來買伏特加。不過我身邊逐漸聚集一群好奇的年輕男子，以低沉嗓音朗聲問候，不斷提問，放聲點酒來喝。有個調皮鬼自稱是我最好的朋友，娃娃臉的高大巨人手拿伏特加酒瓶，身材瘦長的熱心傢伙、被衣蛾蛀蝕的飛行帽遮住臉，跛腳的痞子，以及比其他人安靜的沉默、長臉青年。他們想知道自己遇見的第一個西方人，到這裡可以做什麼。我是美國人嗎？我是金礦工人嗎？還是間諜？或許我迷路了。他們自己都想離開，工作沒有前途，或者根本失業。他們嚷嚷著索取我的電子郵件地址（卻從未寫信來），不斷要求我寄書過來。直到餐館老闆的十多歲女兒開一輛破舊廂型車來載我，他們才肯放我走。

我們重重壓上一條有車轍痕的小徑，感覺好似行駛了數英里。車頭燈在剛下過雨的水窪中游移不定。別無其他光線。雜草叢生的果園中有棟建築物，聲音輕柔的女子手拿一把鑰匙在等候，而後我走進有三張鐵床的宿舍房間。沒人說明這是誰的家，我也累到沒力氣問。那女人離去後，我縮在磨損的毯子下聆聽寂靜。無簾的窗戶框出長方形的黑暗，掛著鐮刀般的彎月。我察覺置身之地的孤絕席捲而來，隨之有種輕盈的感受，彷彿我已蛻下一層皮，同時緩緩入睡。

可是我在近午夜時分醒來，聽見沉重腳步踏落走廊。當我往外窺看，拿鑰匙的女人在另一間房門前躊躇，而懸掛單顆燈泡的走廊中，一位俄羅斯聯邦邊防軍人正對著我，穿靴子的兩腳岔開站立。他的臉遮蓋在軍帽下。隔了幾秒他才開口說話，而在那短暫剎那間，我心懷懊惱地體認，預見自己的旅程來到終點。當然囉，我心想，這一直是場白日夢。我帶著這般苦澀理解注視他。那女人比了比我隔壁的房間，他將在此留宿。我心想——明天他會押送我回斯利堅斯克，美杜莎的意見遭到駁回，而我將被移送至赤塔，隨後也許遣返英國。我想知道他們怎麼查出我在這裡。可能是餐館裡某個青年舉報我的行蹤——他們索取電子郵件和書來哄騙人。我懷疑是保持沉默的那人……

種種念頭在數秒間掠過我腦海，直到邊防軍人脫掉帽子。接著我看見一張年長、凌亂的臉，雙眼空洞。他看起來有點醉態，戰地服皺得徹底。

他說：「能不能給我一杯茶？」

他只是另一位宿舍來客，就像我。女人流露無聲歉意看著我。「你介意嗎？」他摸索走進隔壁房間，而我到外面的衰敗果園散步，慢慢適應沉默的笑聲。一陣冷風吹來。烏斯季卡爾斯克一半的狗競相對叫，新月在河中發光。整個晚上，邊防軍人在我隔壁房裡看一架古董電視，並於黎明時無精打采地跨過水坑，他的軍帽斜戴頭頂。

現在我恍然大悟，昨夜是睡在小鎮圖書館的附屬建築物。從我的宿舍房再往內走，我瞥見孤零零的舊書在室內成列堆疊。圖書館員回來了，我們坐在書架旁共進早餐，享用黑麵包和櫻桃果醬。館內有兩千多本書，她說，俄羅斯經典文學應有盡有。一面牆上掛著索忍尼辛（Solzhenitsyn）的照片。她對於英語書籍的俄語譯本館藏感到驕傲：華特．史考特（Walter Scott）、馬克．吐溫（Mark Twain），威廉．高汀（William Golding）的《繼承者》（*The Inheritors*）暫時下落不明，以及一套一九六〇年在莫斯科出版的狄更斯著作全集。我想知道，有誰真的會來這裡瀏覽她維護的書架和小圖書目錄。「退休人士，大部分啦。」她回答：「不過偶爾也有學生。」我在書架間來回閒逛，對於藏書存在這頹挫的封閉小鎮驚訝不已。它們顯然從蘇聯時期留存至今，而後幾乎未再增購。

「那是段好時光。」她說。

河流無法帶我走得更遠，中國邊界就在不到五十英里外群鴉飛過的地方。越過這裡，一片野生動物保護區將石勒喀河封鎖，使這區域不受侵擾，藏匿原始森林以免遭到中國人砍伐，並且保留黑龍江風貌，成為東半球未興建水庫的最長河流。

我找到一個人載我沿著往西伯利亞鐵路的北向山路行駛，預計於東邊遠處與河流交會。他的不牢靠混種車結合雷諾（Renault）的引擎和俄國車體，壓過積水道路駛離烏斯季卡爾斯克。這裡仍是蘊藏黃金的區域，新建教堂的圓頂散發鍍金光芒，籠罩乏味的村莊。我們攀升駛進秋季的滿目黃棕色，映在天空中翻滾不息。在我們下方深處，石勒喀河的支流喀拉河（Kara）水量澎湃，閃耀發光隨後消隱無蹤。我們的道路變得滿布泥濘。有一、兩次，我們在下方遠處瞥見陳舊建物，開採砂金的棚屋依然插立於激流中。

曾經分布於山谷的圍欄牢獄和囚犯小屋已壞朽，但在大半個十九世紀，數千罪犯在這片沙皇私人擁有的金礦區開採。這些人的刑期漫長得毫無希望，即使服完刑，他們繼續遭到強制流放，因此光是這片山谷，每十年就有多達四千位受刑者被遣送至西伯利亞。其他人不願意等這麼久。如同在史達林更大規模、更暴虐的勞改營中，杜鵑鳥啼聲昭告春天來臨，引誘一心想逃脫的人。可是在喀拉金礦，他們逃進無人居住的荒野，少有加入「杜鵑鳥將軍陣營」的人倖存。

此刻，好幾哩的路程以來，我們完全沒看見建築物，除了俄國大革命陣亡紅軍的紀念碑：森林谷地中一根孤零零的柱子。兩小時前我們剛在石勒喀的山巒登頂，而今一道新的分水嶺由此起始。在山隘入口處，供奉長巾在樺木叢間飄動。司機伸手探進他專門為此準備的小袋，把幾枚戈比（kopeck）硬幣扔進樹叢，喃喃禱告祈求旅途平安。我想知道這處過道是否屬於某個逗留的靈魂，就跟布里亞特共和國的情景相仿，但司機並不清楚。一只東正教會十字架在他的儀表板上搖晃。他不記得這地方有名稱，也沒有主保聖人或精靈。他是在向上帝禱告。

我們下行穿越林地，蕨類植物和紫色低矮灌木在林間輕輕晃動。近午時分，我們從一段扭曲的時間衝出，抵達橫跨西伯利亞的唯一道路。十年前，最後完工的赤塔與海參崴間一千七百英里路段，仍是顛簸不堪的碎石路，因永凍土而變形且在泥漿中浮沉。回過頭來，石子路取代擁有數世紀歷史的「Trakt」（俄語的「公路」），這條路曾見證身繫鐵鍊的罪犯，令人憐憫地拖著腳往東步行，有時連同家人跟在後方悲悽跋涉。路上也有旅人的馬拉二輪車、四輪車和雪橇，常常突遭意外。而今新的阿穆爾公路（Amur Highway）是一條適中的雙線幹道，幾乎空無車流。我只見到軍卡車，以及載運中國走私品的廂型貨車。車上還有毒品，司機說。可是他現在變得悶悶不樂，為了我不明白的某些事對他老婆生氣。過了一陣子，我們看見西伯利亞鐵路的龐然巨物緩緩越過北邊大地。在第一座營運中的車站，我們吃了香腸與馬鈴薯大餐，接著我終於搭上開往小鎮斯科沃羅季諾（Skovorodino）的列車。

鐵路和高速公路並行，穿越整個東西伯利亞，黑龍江則在南邊隨行。自從我二十年前那趟旅行以來，車廂內少有變化：同樣易滑的鋪位、卡住的車窗、尿臭味，以及挑高車廂的獨特律動，微微彈跳催人入睡。然而床單和毛巾不再由我記憶中凶猛如龍的「provodnitsa」（俄語的「服務員」）分發，而是一位戴粉紅框眼鏡的年輕侍者，笑紋在臉上蔓延開來。我的包廂裡坐著三位年輕士兵，他們期盼在庫頁島服完役後謀求文職工作。庫頁島的環境嚴苛，他們說，冬季積雪達六英尺深，還有遊盪的熊。他們認識的一位士兵被熊攻擊致死。他們看起來又瘦又弱，刺青的手臂虛軟無力。

火車現在安靜下來，發出低沉而規律的喘息聲。懸臂橋運送我們越過新近降雨形成的洪流。在九月的暮色中，針葉林以令人打瞌睡的三十英里時速毫無變化地飄過窗外。這片會呼吸的遼闊森林占全球五分之一的林地，費力開闢的少數牧場和菜園，在林間顯得轉瞬即逝。很長一段時間，我們沿著往西流動的支流烏留姆河（Uryum）向東爬升。低矮山脈的樹壁迎向鐵軌，林子裡全無動靜。天亮之後，列車才會抵達斯科沃羅季諾，我們也將先越過西伯利亞聯邦區與俄羅斯遠東區間的界線。

漫長的一夜來臨。車廂門無法上鎖，使我們成為在走廊上遊盪三兩無聊青年的獵物。連續幾個小時他們冒失闖入，討香菸或借用手機。士兵起初退讓，隨後他們拉下臉來。最堅決的闖入者是個打赤膊的金髮醉鬼，不斷糾纏要我去走廊跟他一起喝酒。「為什麼沒人要跟我一起喝？」我早就假裝睡著，他還把頭重重靠上我的頭。「為什麼沒有任何人……？」隨後他搖晃著離開，我們全體沉入被打斷的夢境。

火車上的夜晚漫無目的。你醒來看見燈光熄滅的月臺，列車毫無聲息，沒有人上下車。你的旅伴在睡夢中喃喃自語。中國邊界從南方愈靠愈近，你察覺它存在於黑暗中，如潮水襲來。越過變暗的山脈，在四十英里外的長期禁入區，石勒喀河匯合往北流的額爾古納河，自此開始合流並稱為黑龍江，於一千多英里間形成俄國與中國的分界。半夢半醒間，我預見自己越過邊界，沿著中國河岸旅行，就快要抵達太平洋；但那些未知的道路帶來興奮與憂懼，是如今已熟悉的交織感受。而我在數小時後醒來，看見第一道光照耀恆常不變的森林，揣想自己將於何處被迫止步。

斯科沃羅季諾不是一座迷人的小鎮。走離乏味主街短短一段距離，曲折道路就彎進髒亂市郊且近乎寂靜。在店家的鐵門和窄窗後，只有「盧米拉」（Ludmilla）、「尤莉亞」（Yulia）等剝落招牌，告訴人們或許有間營業中的食鋪。讚頌勞動的蘇維埃口號依然嵌進磚牆而難以抹去，祝賀偉大衛國戰爭勝利週年的橫幅布條於五個月前掛起，頹垂在地方政府辦公室上方。最大的建築物為鐵路系統所有，那正是城鎮建立的由來，另外的大型建物是泵浦站，負責輸送原油至中國和太平洋岸。

二十年前，在衰退的葉爾欽（Yeltsin）年代，我曾經從這裡搭上鐵路支線前往中國邊界，絲毫未受阻撓。如今必須取得嚴格規範的許可證。當我厚臉皮地向蘇聯國家安全委員會的後繼者「俄羅斯聯邦安全局」（Federal Security Service）提出申請，他們答應在不明確的時間內做出決定，且未必會有肯定結果。因為長久的猜疑持續滋擾這塊邊疆地區，一整套文化圍繞著防禦興起。人們認為敵對滲透者四處潛伏，起初是日本人，接著變成是中國人，到最後間諜和搗亂者蓄積於民族心理，面目模糊導致暗中危害得更嚴重。唯有英勇邊防軍的警覺心守護祖國不受顛覆。他們有自己的徽章，高唱自己的頌歌。史達林的恐懼倖存於地表上最長的設防邊界：長達一千一百英里的帶刺鐵絲網與耙整過的土地[2]。

我打算前往的邊境村莊雅克薩（阿爾巴津〔Albazin〕），在這片危機四伏的蒼穹下占有特殊地位。雅克薩是莫斯科在這地帶的首座頑強堡壘，昭示莫斯科對黑龍江最早的軍事占領。哥薩克守兵在一六八六年遭到大舉殲滅後，俄方認降封印於《尼布楚條約》中，確立黑龍江永遠屬於中國領地。對於踏足此地的少數俄國人而言，雅克薩滿懷犧牲與失落，終究奪回的勝利則提供安撫。不過這地方也是一道警鐘，提醒昔日俄國在該區域的脆弱。恥辱的《尼布楚條約》鮮少提及，在俄國沒有一個地方願意紀念。

三天來我在斯科沃羅季諾等待，守在一間由兩位亞美尼亞人經營的破舊旅舍。他們保有自身的民族文化：啜飲小杯咖啡，抽亞拉拉特牌香菸（Ararat）[3]，臨別時親吻對方。我的房間標著「豪華房」，儘管洗手盆漏水，燈泡故障，窗景正對一處堆積生鏽家具的回收場，老鼠在裡頭飛竄。在這間斗室裡，乾等著也許不會來的消息，無所事事比難關催生出更多沮喪感。我愈發體認到什麼事可能被禁止，意識到自己受傷的身體以及將臨的寒冷氣候。這座陰鬱小鎮似乎比以往更加面目模糊。我待的那間殘存餐館總是空空蕩蕩，與外國人交談的嘗試漸漸消退。隨後我察覺自己對於置身之地的瞭解多麼薄弱，而旅行似乎是一種關於失敗的練習。

不過我在傍晚時分沿著長長的主街步行，令人生厭的灰泥建築物開始對我產生吸引力。城鎮靜靜衰敗。有人在行道樹下種植灌木，結滿秋天的漿果而顯得可喜。時值正午，聯邦安全局人員將我的許可證親自送交旅舍。我如釋重負的笑容讓那位親切官員驚訝。他祝我旅途順利。兩小時後，在前往雅克薩的路上，一座山牆聳立在我面前，

2　譯注：後文提及，將邊界土地耙得平整，是為了容易看出腳印。

3　譯注：亞美尼亞產的香菸，品牌名稱源自亞拉拉特山。

道路變成冰冷的泥濘大道。反光顯示路面溼滑危險，計程車司機的手太常離開方向盤。他有一張多斑而恍惚的臉。他會朝金黃色的樹木揮手，顯得被秋天迷醉。他跟妻子住在林地間的傳統斯拉夫木屋（izba），女兒則於斯科沃羅季諾市郊的平房同住。他覺得她們腦袋有問題。

下一刻他煞車踩得太急，汽車靜靜地在玻璃般的路面失控打滑。車在劇烈晃動中轉了一圈，接著載我們栽入溝渠。觸地的感覺柔軟到彷彿陷入糖蜜。車身前傾，前輪卡在溝中。我們毫髮無傷爬出車外，往底盤下塞進落葉松樹枝，卻只讓車陷得更深。

「我開車上路三十一年了，」司機埋怨：「以前從來沒有發生過意外。」我壓抑住驚訝情緒。他拍打自己的額頭。然而半小時內，一位高壯農夫駕駛龐大的拖拉機出現。他把我們拖回路上並不發一語離去。「本地的情況就是這樣，」計程車司機說：「這就是西伯利亞！」

過了幾英里，兩扇柵門橫越路面，周圍纏繞帶刺鐵絲網，形成十二英尺高的凹凸外框。守衛從哨所現身，朝我們的滿身泥濘笑了笑，接著仔細檢查我的許可證，回到他們的電腦前，最後終於把晃動的障礙物拉開。有隻憤怒的狗沿路尾隨車子半英里。

我們繼續行駛，途經看似破敗的村莊札林達（Zhalinda），視線中毫無人影。一週以來太陽初次照耀。倏忽之間，黑龍江在我們下方，如今變得更加寬闊，而對岸的林木茂密交織間，即為中國所在地。樺木散發從深到淺的金黃、紅與翠綠光芒。唯一的聲音是烏鴉群的死亡喧鬧，牠們有如風向標般棲息於樹冠上，全都看向南方。

隨著我們接近雅克薩零散分布的小屋，我回想起那裡的半荒廢田野與牧場，二十年來不曾改變。我也想起年近九十歲的婦人阿格莉皮娜．朵洛斯科娃（Agrippina Doroskova），她拖著憤怒的虛弱身軀，前來具體呈現本區域的哥薩克人往事與漸漸消滅的存在。一八五四年，她的祖父隨意志堅決的總督尼可萊．穆拉維耶夫（Nikolai Muraviev）南下黑龍江，兵不血刃地為俄國重新奪回大河。朵洛斯科娃正在編寫四冊的雅克薩史，她告訴我，共產主義的最初時光是一段失落的烏托邦，連史達林都獲得原諒，他的恐怖時期幾乎肅清鎮上所有男性。兩枚官方的黑框星星高掛在她的小屋門口，表揚她的哥哥和姊姊，雙雙在偉大的衛國戰爭中身亡。她倖存下來，活到葉爾欽年代晚期，滿心牽掛貪婪的西方造成威脅、企圖削弱自己的祖國，並且高聲疾呼無產階級的力量，勢必能恢復俄羅斯近乎神祕的偉大地位。

我記得朵洛斯科娃蒐集了大批本地文物：舊武器、釣具、古董家用品，甚至有一些骷髏頭。她期望文物有天能安置於真正的博物館，而現在，驚訝之餘，我們在鎮上的圍欄院落發現這間博物館：抛光木材與嶄新磁磚建成的小殿堂，上方冠有俄國的老鷹國徽。朵洛斯科娃死於二〇〇二年，博物館牆上掛著她的紀念牌，銘刻肖像以我毫無印象的慈愛眼神凝視前方。

再走一小段路，於河畔高處，我撞見一處看似長久廢棄的運動場。廣大四方形的邊緣有土堤圍繞，如今被草掩蓋，唯有處處可見的鬆散堆疊石塊地基，透露出此地曾為一座堡壘。我的司機從未聽聞過，他說自己對歷史一向所知不多，隨後折返回家。

我滑下土堤，進入圍起的空間。四周的橡樹飄落紅褐色葉子。倘若地面有任何建物，早已經消逝於蔓草下。在這片荒蕪空地上，唯有一座墓園禮拜堂和高聳的黑色十字架獨自矗立。

《尼布楚條約》簽訂的三年前，在這僻遠邊疆發生衝突的兩大帝國對彼此極其陌生。如同先前哈巴羅夫率領的掠奪者，駐守雅克薩的哥薩克人是一群無法無天的前線戰士，驚恐的中國滿人將他們描述為食人惡魔。他們離莫斯科天高地遠，以至於傳遞一條口信可能要耗費為期一年的路程。滿人仿照先前中國王朝的方式殖民黑龍江，較少施加軍事占領，而是向當地部族強徵貢品獻給遠方的皇帝。跟莫斯科相比，北京的位置離雅克薩較近，但依然要跨越一千英里的蠻荒地帶。滿人謹慎進逼圍城，先消滅黑龍江沿岸較小規模的哥薩克人據點，直到只剩下雅克薩。

由於滿人部隊的軍力遠勝俄方，哥薩克領袖阿列克瑟斯·圖布津（Alexis Tolbuzin）被迫投降。中方允許他的駐防軍攜帶家人和財物離去，然而不到兩個月，哥薩克人就違背承諾，重返且將要塞興建得比原先更堅固。壓實壤土與樹根蓋成的土牆高達二十英尺，牆邊是埋有鐵刺的暗坑。架設於高臺的大砲能夠轉向任一方向，裝松脂的袋子則高掛牆頂，可以點燃來抵禦夜襲。

一六八六年七月，盛怒的滿人再度軍臨城下。他們乘一百五十艘駁船上溯黑龍江而來，拖著載滿大砲與彈藥的另外八艘船。井然有序之中，他們排列三層大砲牆包圍要塞。圖布津率領八百二十六位戰士、十二架大砲迎戰，另備有充足的火藥和手榴彈。滿軍六度攻城，挾帶鋪天蓋地的砲彈與燃燒箭簇，以滾輪推動包覆皮革的巨大盾牌衝撞柵門，並在門邊堆放柴薪與易燃松脂。每次他們都被擋回去。

可是沒有援軍到來。河道擠滿中國船艦，一處滿軍指揮所設立於河島，周圍盡是自己人構成的船牆。穿透迷霧，我能看見島岸長滿柳樹。二十年前的冬天，當我伸出凍僵手指探查要塞土牆，一塊燒焦的木頭碎片落入我手中，還發現一枚未擊中目標的火槍彈丸。這次我什麼也沒找到。

到最後，征服雅克薩的無非是疾病大肆侵襲守軍，勝過滿軍的攻擊。在某個諷刺的場面中，哥薩克人把一塊大肉派送去給滿人，試圖說服他們城中無人挨餓。然而事實上，到了十一月，哥薩克軍只剩下六十六人存活，圖布津已死，且半數倖存者很快會在高燒與饑饉中死去。康熙皇帝從未真正理解，為什麼這幫紅鬍子野蠻人如此頑固堅守不屬於他們的土地。當俄國使節抵達北京，開啟通往和平之路，他命令將領按兵不動。在六個月的對峙期間，雙方陣營皆受到壞血病與痢疾摧殘。康熙派去前線的大夫，一視同仁治療俄國人與自己人。不過等到滿人班師回朝，守軍僅僅剩下二十人，而雅克薩要塞自身，則於《尼布楚條約》簽訂後夷為平地。

在墓園禮拜堂裡，我看見兩列長長的土堆，邊緣擺放石頭。成排枯萎的康乃馨上方，銘刻著獻辭向埋在土裡的無名守軍致敬。三年前重新埋葬於此的骨骸，是在城牆外的壕洞中發現：一處亂葬崗，死者有時層層疊躺，鐵製十字架依然掛在他們胸前。然而大多數死者看起來並未採取東正教會的葬禮儀式，沒有神父在最後的圍城階段活下來。八年前，臨時的簡易墓穴首度見光，外圍村莊的朝聖者步行前來，徹夜見證神父施予屍體遲來的祈禱。屍身埋進簡潔的黑色十字架底，連同隨意擱置於朵洛斯科娃收藏品裡的那些骷髏頭。不過其後數年，地底不斷挖掘出死者。最終它們疊在一起，多顆骷髏頭擺進一口棺材——事到如今，想要區辨它們已太遲。主教與神父身穿天藍色聖事服，將他們崇敬的聖母像高舉過頭。接著一列哥薩克杖儀隊將棺木扛進小禮拜堂，讓屍首獲得延宕已久的安息，那正是我現在的站立之處。與此同時，一位執著的哥薩克愛國人士打造船筏並安裝大砲，沿音果達河與黑龍江順流航行數百哩，每到哥薩克要塞曾傲立的位址就停船致敬，且於雅克薩畫上句點。

置身消失的要塞，你或能想像這場邊疆戰爭仍在繼續。與中國接壤的整條邊界嚴密封鎖。我頭頂的鋼架瞭望塔空蕩矗立，可是當我眺望南方，絞刑架般的桿柱以帶刺鐵絲網相連，周圍是耙整過的土壤帶，以利腳印曝光，一哩又一哩蜿蜒至遠方。沿著黑龍江，這條「足跡管制步道」延伸一千多英里。唯有遇到河水於下方一百碼奔流的陡峭岸坡，我才會在桿柱傾斜或倒下處跨越生鏽的鐵絲線段。白色絕緣礙子散落在灌木上，早就失去效用。這裡的高度位於村莊下方，圍籬任憑朽壞。在對岸的山丘深處，聳立著中國煉油廠的圓頂，連往經河底輸送的一條油管。

我折返朵洛斯科娃夢想中的博物館所在地，佇立於落葉間。場地內有重新興建的哥薩克農舍、哥薩克教堂、麵粉廠和一棟舒適的斯拉夫木屋。小屋裡頭有兒童床和玩具，俄式茶炊和漂亮的圖片，召喚一種抹去種種暴行與汙穢的生活。然而踏進館內，博物館成為哥薩克人英勇行徑的頌歌。入口處打亮一張既暴力又驚險的圍城圖，描繪想像中的最後時日。畫中的大鬍子戰士高舉聖母像，置身注定毀滅的要塞，在燃燒的塔樓下如偶像般地作戰。鄰近展示櫃放置他們的戰爭與埋葬遺物：燒焦的牛角火藥筒、斧刃、皮帶碎片、多條小十字架墜鍊，以及哥薩克女子緊緊束起的半腐爛髮辮。

館長自豪且殷勤關切。獨自走逛的我，是連月來她接待的第一位西方人，但我提出了費解的請求。她從檔案櫃裡找出一張中國訪客的照片：六位商人，妻子皆披戴東正教會頭巾。他們有俄語名字，其中一人手持聖像。可是他們看起來是不折不扣的中國人。這群人是圍城年代哥薩克守兵的後代，館長說明；他們選擇加入滿軍，而非重返家園。他們這麼做的原因成謎，可能害怕罪行遭到制裁，或是想留住本地妻子，若返回俄國，也許會從他們身邊被奪走。

這群「北京的阿爾巴津人」（Peking Albazinians）回歸，渴望尋求某種久遠的歸屬感，使館長心生不解。他們有些人的祖先是囚犯，但大部分是逃兵，總數可能達一百人，或者更多。在北京，他們成為御前侍衛旗下一支分隊的要角，住靠近東直門的舊城區，獲賞賜女囚供娶親。他們有一位俄國司鐸，並在他們自己的教堂擔任神職，那裡曾為藏傳佛教寺院；教堂中擺放從圍城困境搶救出的聖像。隨著時間流逝與通婚，他們失去俄國人的容貌和語言。旅人將他們描寫成不信神的酒鬼。然而出身根源徘徊在這群人的記憶裡。他們的教堂轉型為東正教會傳道團並延續至二十世紀，晚近的一九二〇年代，傳道團中收有阿爾巴津人的修女。直到布爾什維克黨、毛主義等其餘信仰興起，剷除傳道團。接著教堂淪為蘇聯大使館的車庫，日後才恢復成小型教會。

館長拿出一張貌美的中國女子的相片給我看，她凝視著展示櫃，裡面的文物我認不得。「她在幾個月前蒞臨。」年輕女子的表情十分順從，隱約有一絲皺眉，我難以判斷表面下藏著入迷或疑惑。面對難以辨識的字跡、燒焦的大麥粒、某位遠親死亡時掉落的火槍：邂逅與她自身殊異至極的物品，可能帶來什麼意涵？

館內的軍刀和勳章來自稍晚的世紀，使得博物館的歷史跟她的歷史完全踏上陌路。在一面牆上，我看見監獄的照片，記錄史達林統治期間遭殺害的哥薩克人。他們身穿標示號碼的囚服直視鏡頭，看起來淒慘且不知所措。有些人遭受刑求。朵洛斯科娃曾向我描述，這群憔悴、無辜的人只是尋常村民，好比農夫和商販，可是基於某種原因，他們遭到處決卻被視為可原諒的錯誤。附近的櫃位用來存放朵洛斯科娃的作品：她的打字機、手稿，以及單單一篇發黃專文，那是她所策劃四冊史書中已印行的全部篇章——我感受到身為寫作者的悲痛。

博物館外，朵洛斯科娃的孫子阿列克謝（Alexei）坐在陽光下。他必定聽聞有外國人到來，連忙換上黑龍江哥薩克人的軍禮服：繡有銀肩章的橄欖綠夾克、黃條紋馬褲和一頂外翻羊皮帽。遠在我尚未走近前，他就高喊哥薩克人的問候語：「Slava Bogu!」（榮耀歸於主！）我緊握一隻大而軟的手。他那針尖般的灰色迷你眼睛困在一張大圓臉上，脖子和下巴形成的綿密皺紋與軍服的領子疊合。他像是從童話鬧劇裡走出來的人物。「所以說你認識阿格莉皮娜．尼可萊耶夫娜（Agrippina Nikolaevna）！」他燃燒著熊熊驕傲，以描述一位堅貞聖人的口吻提起祖母。當他說出：「哥薩克人回來了！」他的話語正與她唱和。

「情況漸漸恢復正軌。」他瞥了一眼天空，彷彿是上帝擘劃這一切。「很長一段時間，我們的族人遭到遺忘。但是我們很堅強，我們永遠會再起。你看過博物館裡的頭像嗎？重塑的哥薩克人頭像？我們曾經是強大民族！是巨人！」

「我看到了。」塑膠頭像的尺寸一般，我心想，卻經過詭異的理想化修飾。那顆頭看起來像一位希臘哲學家。

「那是他們研究哥薩克人骷髏的成果，好多骷髏頭被挖掘出來。最後那些骷髏重新光榮入土！三年前我們這邊舉辦過一場儀式……」

沒錯，我在博物館看過照片：哥薩克儀隊肩扛巨大棺木，服飾繡金線的主教頭戴球形主教冠。阿列克謝也在場，他將呈俄羅斯國旗紅、藍、白三種顏色的布條緊抓在凸起的肚子上，身旁站著一列身形搖晃的孩子兵。

「我們絕對不能忘記！現在我們的學童恢復學習傳統。我是這一區的哥薩克領袖（ataman），我也在教他們。連女孩子也學著像士兵那樣煮粥和魚湯。」他摸摸自己的肚子。「我們的農場也是——本地土壤原本就肥沃。我們集合起來，擬定計畫……」

可是我只看見雜草叢生的田地和年久失修的農莊。即使在十九世紀，哥薩克人也被視為貧農。

但阿列克謝說個沒完。「我們必須移入居民到黑龍江的村莊，因為祖國可能會再次號召我們。對於中國我們有什麼認識？我們必須維護死者的尊嚴，他們跟中國作戰，是一眾戰士帶領俄國前進黑龍江。那是一段偉大的日子，偉大的人們。我們生來即為戰士！」當然了，他絕不會承認他們的殘暴行徑。相反的，他們是神授帝國中的英雄。「很快我們就會在這裡重建要塞，就像過去一樣。我們也將再度巡守國家邊界，那些邊防軍不夠，俄國需要我們！」他挺起寬厚胸膛，上頭綴滿哥薩克人授予彼此的勳章。他逐一指著勳章說明：一位本地主教致贈的雅克薩聖母勳章（出席週年慶典獲頒）、哥薩克騎兵將領普拉托諾夫（Platonov）勳章、馬匹與十字架圖樣的多種紙飾。還有一枚黑、橙色相間緞帶，用來紀念偉大的衛國戰爭，他取下別到我身上。

「連史達林都畏懼我們。他怕我們更勝過希特勒！那很正確，我們更堅強、更勇敢，而且比共產主義更古老。」

一對園丁漫步經過，他們來整理博物館的園地。「榮耀歸於主！」阿列克謝高喊。兩人略略點頭作回應。「人們問我們能不能守護邊界，可是每位哥薩克人想都不想就這麼做了。那些人、還有這整座村莊，他們都會觀察你，即使你沒有看見他們。」

而今我想讓他緩和下來，試著講個笑話。也許他會突然間笑出來。在那張虛張聲勢的臉上，我找不到絲毫屬於他祖母的狂躁與憤怒。他看起來異常天真。

「邊界現在不需要巡守。」我不太有把握地說：「俄國與中國處於和平狀態。」

他的拳頭緊握。「但我們必須做好準備，永永遠遠！中國人不能信任。」巡守邊界本身已然成為一種必須。和平威脅著它。「我們永遠無法確保。」他的臉孔在黑毛帽下激動顫抖，紙勳章也在晃動。「永遠沒辦法。」

然而俄國統治者向來提防哥薩克人，後者的半獨立狀態帶來威脅。他們並非種族上分立的單一人民，而是武裝邊疆居民構成的廣布網絡，一群土匪與逃犯，不受當權者約束。他們漸漸組成帝俄部隊中最無情的一些軍團，許多人於革命期間站在白軍一方，隨後遭到史達林擊潰。如今俄國總統普丁謹慎加以運用，派他們赴西方邊界任職準軍事部隊，並擔任秩序維護者。

阿列克謝期盼在這邊界地帶也來一場復興。他駕駛自己的拉達車載我遊逛雅克薩，時時按喇叭與揮手，難以判斷無精打采回應的零星路人，究竟是覺得他友善且愛國，或者只是有點可笑。他載我往上游方向開一英里，來到垂枝樺林間的一片空地。僅有一個紀念的十字架標示教堂的位置。他脫下帽子表示敬意。在毛絨絨的大帽子底下，他的頭全禿了。

「這裡曾經有一座巨大的教堂聖殿。」他說：「我看過照片。除了幾塊石頭，沒別的東西留到現在。但以前相當宏偉，看哪。」他邁步走過空地，轉身面向消失的半圓拱頂。那顆煥然一新的發亮光頭使他形象驟變。「想像一下！」他舉起雙臂，從樹叢裡變出大教堂。「聖殿在這裡，全能基督的聖像在上面的穹頂。壯觀極了。在根本不應該發生的革命中被毀。朝聖者前往雅克薩途中，會在這裡停下來祈禱。」他熱切地在身前劃十字，接著這唐吉訶德般的人物說起一種緬懷的習俗，去撫摸一棵附近的樹並為你愛的某個人禱告。我擁抱一株松樹好讓他滿意，隨後他帶我到俯瞰河流的觀景點。

在深植粉紅色紋理的龐大巨石上，有塊紀念牌銘刻古老的西里爾文字，感念一八五八年《璦琿條約》（*Treaty of Aigun*）確立俄國於黑龍江的勢力。阿列克謝喜愛這地點，以及在下方彎流的大河。一條小徑下切至河岸，那裡的帶刺鐵絲網已被扯開。他說明，正是這條路，昔日下船的乘客從這裡攀登至雅克薩。最後的沙皇尼古拉二世（Nicholas II），曾於一八九一年以王位繼承人的身分抵達此地，踏上橫越俄國遠東地區的旅程。

「這裡的每一個人都留下那天的回憶。全體居民沿途列隊迎接他。他踩著花毯往上走到我們面前！」阿列克謝自然是一位保皇派。「那整場革命都錯了，災難啊。根本不應該發生。」他的祖母奉列寧為偶像，聞言可會大感震驚。「事情應該進展得更慢，但卻相反……」

下方有一群栗褐色的馬泡在河裡。牠們不是矮壯的蒙古品種，而是美麗的長腿動物，在漸漸淡去的陽光下發著光。馬似乎軟化了阿列克謝，他面露苦笑。「馬匹不如以往多了。年輕人現在都騎摩托車。」

馬群攀登沙皇的小徑時，我們依然站在瑷琿紀念石旁，接著牠們在無人看顧下緩步跑開。我彎下腰，再細讀銘文一遍。巨石剛在五年前設置，好似在不安中聲張某件爭議事項。以教會斯拉夫語（Church Slavonic）書寫的文字，給人出自早期當權者的錯覺。「本石確立我等在此之權力！」

阿列克謝又戴起羊皮帽，使頭型顯得巨大。他首度放聲大笑：為了一次粗暴的硬生生讓步。「我們在一八五八年拿下黑龍江，趁著中國虛弱不振。當時人人都從中國奪走一點土地——法國人、美國人，你們英國人尤其如此。」他咧著嘴笑。

我說道：「中國人依然堅信他們被迫簽訂《瑷琿條約》。」

到了十九世紀中期，清朝不再是近兩百年前締結《尼布楚條約》的強權。中國飽受內亂蹂躪，掠奪的西方國家強取土地租界，而俄國開始夢想著東進的帝國前程。在克里米亞戰爭爆發後，好戰的東西伯利亞總督、也就是即將封爵的穆拉維耶夫，說動謹慎行事的尼古拉一世，使沙皇體認到黑龍江的戰略價值。一支英法聯合艦隊正巡航於黑龍江入海口附近的西北太平洋。

一八五四年五月，穆拉維耶夫率領一隊武裝駁船與筏子，首尾長達一英里，從斯利堅斯克往下游移動。他乘坐阿爾貢號（Argun），那是第一艘在黑龍江航行的蒸汽船，載有八百位哥薩克士兵和一個山砲連。此外，穆拉維耶夫隨身攜帶圍城時搶救出來的雅克薩聖母像。當荒涼的要塞映入船隊的視線範圍，士兵全都安靜下來，樂隊奏起聖歌，穆拉維耶夫踏上岸，朝著荒煙蔓草禱告。

黑龍江畔的中國哨所只能無能為力地看著船隊駛過，並向遠方的北京回報。穆拉維耶夫強行徵用的河流，在超過一個半世紀前的條約裡屬於中國。入侵行徑持續四年，俄國勢力在未受抵抗下鞏固，直到一八五八年穆拉維耶夫強迫中方在璦琿坐上談判桌時，俄方占領黑龍江已成既定事實。《尼布楚條約》遭到扭轉。中方被迫讓出河流北岸的所有領土，使黑龍江成為兩個廣大卻處境艱難帝國的界河。

藉由慷慨允諾和威脅逼迫，穆拉維耶夫沿著河流接連建立哥薩克人聚落。他時常親自選址並加以命名。一百二十座村莊在幾年內湧現，村中每戶人家坐擁近半平方英里的土地。穆拉維耶夫成為國家英雄，但代價有時駭人聽聞。一位哥薩克軍官到老依然記得，這些零散於前線的據點，糧食供給並不穩定。一八五六年赴雅克薩東邊進行救援任務時，他見到凍傷發黑、如鬼魂般的男人，在華氏零下四十七度的氣溫中行走，步槍仍然帶在身邊。一旁躺著餓死者的僵硬屍體，割下的臀部被同袍分食。他們厭倦了死人的味道，於是抽籤殺活人來吃。

一旦穆拉維耶夫的威逼解除，哥薩克人聚落鮮少蓬勃發展。土地常無人耕作，他們寧可擔任士兵或其他職責。到了十九世紀末，定居據點遽減至四十五處。只有在阿列克謝口沫橫飛的斷言中，我才能想像他們在此地的復興。在雅克薩，亦即哥薩克人憶往的中心點，管事的並非他們，而是邊防軍。當我提起這一點，博物館長看來尷尬。「唉，沒錯，村裡現在幾乎沒剩什麼哥薩克人。」她大笑。「阿列克謝是一群不存在族人的領袖……」

我在昔日的蘇維埃文化之家（Soviet House of Culture）獲得一張床位。對於小小村莊來說，這地方大得可以，壁畫傳達的願景似乎來自某個久遠年代：士氣高昂的工人與士兵，氣色健康的女子在採收農作物。另一面牆上，狀似維京長船的哥薩克船隻在雅克薩要塞下方拔錨啟航，題辭讚頌他們的英勇舉止，使俄國重獲這塊無可讓步的土地。

有時文化之家善盡學校職責。在館內的小型舞臺上，襯著曙光照耀黑龍江的背景布，我巧遇幼童跳舞與吟詩，並獲耐心指導。伊黎娜（Irina）是孩子會愛上的那種老師，她為館內的簡陋住宿向我致歉（她不可能曉得我待過哪些地方）。夜裡我躺在乾淨的摺疊沙發床上舒展四肢，蓋著乾淨的羽絨被，在一塊警告兒童當心河冰與新年煙火的告示牌下入睡。

午夜將至，我醒來時突然疑惑自己身在何方，並從背包裡拿出香腸和黑麵包短暫地緩解飢餓感，隨後帶著不安的心情到村中閒晃。群星閃爍，下方是長達數哩、圍著帶刺鐵絲網的足跡管制步道，中國的剪影於更遠處聳立。一隻落單的狗在嚎叫。往小屋的無遮蔽窗戶看去，僅有的光亮是那些出於習慣留著不關的燈，或在聖像下搖曳的燭火。黑龍江在低處流成一條淡淡白線。牛群在黑暗中闖越我走的路。

在河對岸，中國盡暗無光，除了荒涼我想不出別的原因。在大興安嶺山區的南方，黑龍江開始往東奔流。對清朝的滿族統治者而言，這整片區域是他們的老家，在一九〇六年以前的兩百年間，他們一直試著阻止中國臣民從南方移居至此。除了滿人的哨所，這片林木茂密的山谷只住著鄂倫春族人（Orochen）、零星盜匪，以及即將盛行的非法金礦開採。

一八八三年，在雅克薩對岸的一條黑龍江支流，本地鄂倫春族人為母親挖掘墳墓時，碰巧發現黃金礦脈。一幫投機分子與前科犯蜂擁而至，包括中國人、俄國人、德國人、波蘭人、法國人，總數迅速達到上萬人。他們擁立一位專制統治者而脫離無政府狀態，由這位領袖宣告成立熱爾圖加共和國（Zheltuga Republic）。人們設計自己的國旗，印製自己的貨幣，興建賭場和音樂廳，還有一間免費的醫院。嚴厲刑罰強加在他們身上：喝醉酒罰一百鞭，夜晚狂歡太吵鬧罰兩百鞭，同性戀者以帶釘鞭子打五百下。在一張珍稀的相片裡，街道旁是挑高的木造店鋪，走在路上的男人皆面無笑容，穿戴西方人的帽子和中國人的草鞋。

北京的回應既遲且殘酷。滿清士兵驅逐所有外國人，卻將中國人視為叛徒。俄國人嘗試救他們，結果無功而返。在外頭漆黑中的某個地點，小鎮付之一炬，多條江河流滿斬首的屍體，歷時四年的熱爾圖加共和國終結，使黑龍江恢復舊有的寂寥平靜。

Chapter

6

聖母領報之城

海蘭泡

The City of Annunciation

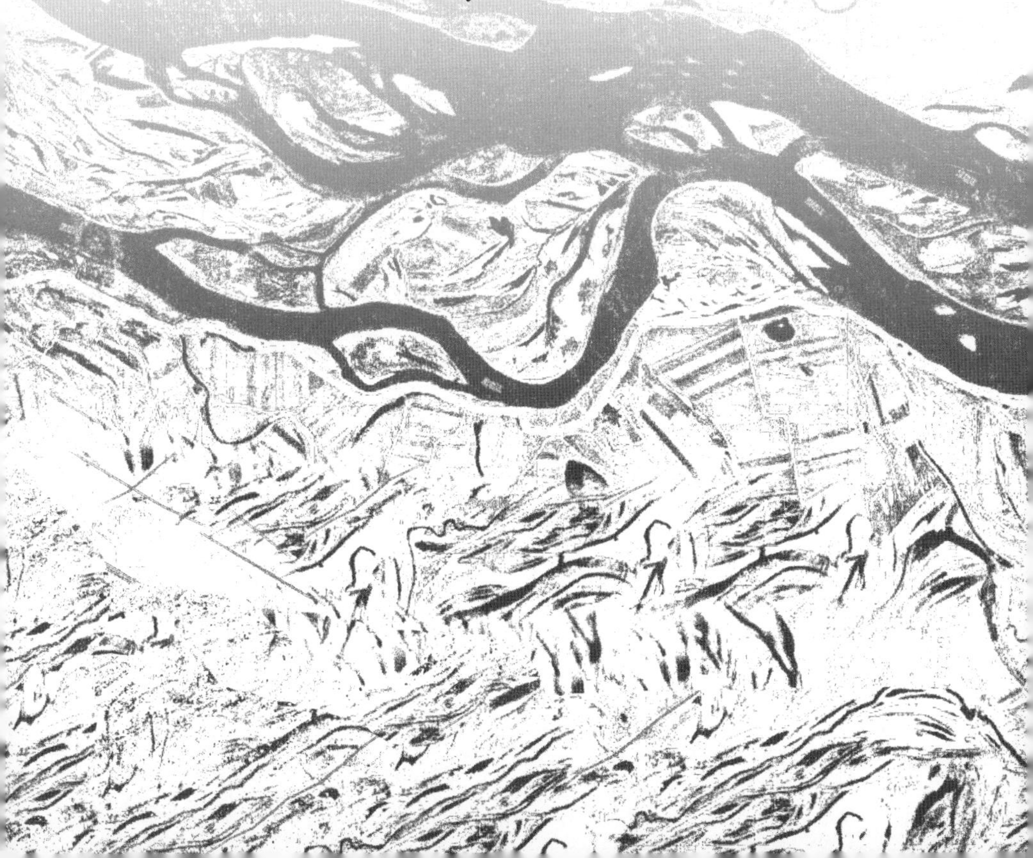

過了斯科沃羅季諾，西伯利亞鐵路隨著黑龍江畫出巨大弧線，往東南方行駛。一小時又一小時，你朝窗外凝視長滿樺木、橡樹與落葉松的起伏山脊。在這片沖積土壤上，古老品種的榆樹和銀杏透露此地的植物相曾經較為豐富，更接近中國或日本的狀態：昔日植被也許有天會重現。在某個地方，你跨越了正緩慢消退的永凍土無形界線。龐大且未開溝排水的沼澤地漸漸進逼。面臨日本入侵的威脅，這段長達六千英里的鐵路於一九〇八年動工，過程極為艱難，並且是最後完工的一段。此時揚棄低薪雇用中國和朝鮮工人的做法，並徵集俄國工人，寄望他們日後拓殖這塊領土。西伯利亞鐵路轉變了黑龍江流域的整體人口樣貌。早期移居者的零落居地創造繁榮的農村經濟，可是難以負荷接連不斷的較貧窮移民潮，後者隨著內戰、饑饉與集體化的打擊持續湧入。

轟隆隆的蒸汽引擎和運牛車廂，構成從斯科沃羅季諾載我東行的巨獸先行者。火車上擠滿憔悴卻滿懷希望的農民，對他們而言，西伯利亞臭名昭彰的自力更生與蔑視官僚體制，或許是有利條件。即使是現在，也很容易想像早年獵人、礦工、前農奴、前科犯的心境，他們身穿繫繩背心、手拿飲盡的伏特加酒瓶，在莽撞闖進火車走道的友好喧鬧與偶發威嚇間求生。

我只與一位纖細的十六歲女孩共用包廂，她的縝密髮辮彎進睡袍裡。黑暗中，她抱著手機縮進毯子下，輕聲低語：「哈囉，媽媽，我是阿列娜（Alena）……不，我沒有……我沒事的……某個外國人……」到了早上，她悄聲對我說：「能不能請你離開車廂？我要換衣服。」

我們醒來看見一片水鄉，秋季光彩正漸漸褪色。越過交會的沼澤與河流，森林已消失無蹤，電線桿列隊越過低垂的天際線。近午時分，我們駛近結雅河（Zeya），即黑龍江北岸的最大支流。從外興安嶺發源，降流八百英里，這條水路輸送首批南下的哥薩克入侵者，在溫和的夏季，沿岸肥沃黑土與落葉林木滋養傳說中的農村天堂。

某種變化從此地揭開序幕。在我們前方，約莫兩百英里處，山丘後退，草原開展，黑龍江本身亦更形寬闊，滿布礁石與河島。接著小興安嶺從中國逼近，在往後的一百哩使河道變窄。

阿列娜透過我們的模糊車窗拍攝結雅河。我們都要去海蘭泡（布拉戈維申斯克〔Blagoveshchensk〕），即黑龍江沿岸的第二大城，這是她第一次造訪。隨著我們愈來愈接近目的地，她變得愈發焦慮不安。她想記得一切事物，阿列娜說。她怎麼可能記下這麼多？連火車緩緩進站時，她都在拍包廂、她的行李、服務員、走道和我——「我遇見的第一個外國人！」就這樣，她天真的高昂情緒傳達感染力，於是我帶著她的興奮踏入海蘭泡的街道。

以西伯利亞的標準來說，這座城市稱得上古老。建立於一八五六年，城市人口隨著結雅河發現黃金而迅速增長，截至世紀之交，多座商城倚著斯拉夫木屋拔高興建。一位英國旅者於一九〇〇年記述，當地生活開銷是倫敦的三倍。過去近兩個月的時間裡，我沒看見具有建築美感的樓房，或者有任何建物比我的歲數久遠許多。如今我處於飢渴帶來的亢奮狀態，行走在河畔步道與市街。感覺彷彿我老早就認識這地方，儘管過去的旅程從未引我至此。呈蛋殼藍、香檳黃等粉彩色系的灰泥宅邸，轉變為冷清的辦公室、大學院校和餐廳，靜靜立於寧和的街道上。有些已然褪色、顯現出一種義大利式的熱情，並在塔樓添加古典建築的瑣碎細節——講究柱頭的圓柱與形式自由的山牆。它們帶來出奇不意的愉悅。時不時看見一處屋頂飾有造型水甕或塑像。

在河岸上，一條寬闊美觀的步道看似延伸數英里。在通風敞亮的平臺與看臺下方，花崗岩壁往外突伸，且每隔數碼，就看見鍛鐵欄杆間，有隻俄羅斯國徽上的雙頭鷹張開金色翅膀。萬物散發成熟風韻，看似歷經歲月風霜。公園裡落葉輕飄，腳下人行道透著霧粉古色，花圃中的碧冬茄於中秋時節綻放。

河面不及半哩寬，而在對岸，如海市蜃樓或刑具一般閃耀發光，聳立著中國的黑河市。以這段距離及城市的平靜無波而言，那可能是一片畫景。鮮明的幾何造型迸發未來的光芒。在立體主義的叢林中，時不時出現怪誕尖頂與城堡垛口，透露著一絲享樂主義。摩天大樓拔高三、四十層樓，頂端仍有吊車，好似漲滿著瘋迷的能量與急切不耐。有一座巨大摩天輪，是我身處公園裡的俄羅斯版本的兩倍規模。

三十年前，黑河市是一座小村鎮。而今城市人口已超過海蘭泡的二十萬人。然而一道不見盡頭的厚實樹牆，掩蓋住對岸的一切人跡或交通。這道屏障，加上寬廣江流，似乎將黑河封存在自己的世界裡：與其說是城市，更像是遙遠的繁華幽靈。入夜後，臨河大樓朝江面投射多彩光幕，有時跌宕起伏的音樂聲廣為傳送，彷彿全城居民都在跳舞。

曙光薄透，鑲著銀邊。我的簡樸飯店倖存自蘇聯年代，旁見三兩釣客從河畔步道垂下懷抱希望的魚線。靠近步道東端，在充斥黑色松鼠的公園前方，結雅河的寬廣洪流匯入黑龍江；步道西端隱約浮現一座瞭望塔。在中間的兩英里間，零散分布的紀念碑時而傲慢、時而逗趣。青銅狗塑像趴在欄杆上眺望中國，或在市政府的花圃中滑稽伸展。一隻廢金屬組成的大公牛擋住我的路。邊防軍雕像手持刺刀凝望南方，他的狗卻被孩童的撫摸磨得光亮。更遠處出現穆拉維耶夫伯爵的高大身影，手裡拿著地圖捲軸，瞪視對岸的中國摩天輪。還有一座重建的典禮拱門，於共產時期遭到拆毀，如今再度慶賀最後一任沙皇的到訪。

一隊中國旅行團在拱門下集合。他們看不懂刻在邊緣的早期西里爾字母獻辭：「阿穆爾河在從前、現在與未來永遠屬於俄國。」他們忙著自拍，背景並非海蘭泡，而是他們自己的水岸新城市。一位神采奕奕的長者初次到訪，他高聲嚷嚷：「這地方不怎麼樣，對吧？窮啊，太窮了。」他比了比身後的黑河市。「可是看看我們！」

一千四百英里以來只在河上見過一艘船的孤寂感，首度遭到猛然破壞。河流變成一條水上人行道。兩國警用快艇來回飛駛，中國巡邏船位於船首和船尾的機關槍以防水篷布遮蓋，在引擎怒吼聲中比俄警船艦更逼近俄國岸邊。我看呆了。緩慢的駁船運輸載板條箱與貨車通往下游，大多飄揚著中國國旗。黑河的遊船則放送音樂駛過，船上的擴音喇叭激昂地訴說歷史，千篇一律主張對岸曾經屬於他們。一八五八年以後，俄國人視黑龍江為己有，將中國人牽制於南岸。直到一九八六年，戈巴契夫才在海參崴演說，畫下和解的里程碑，確認河界的國際準則，即邊界既非俄國河岸也非中國河岸，而是夾在兩岸中間的黑龍江通航河道。

中國人稱阿穆爾河為黑龍江，因為龍的帝王威嚴使其成為代表皇帝的神獸，也由於龍自古統御暴風雨和洪水。在龍怒或疏於應對的年代，融雪和夏天的雨季淹沒數千平方英里，在中俄兩國皆使一整個聚落沉入水底，導致大規模撤離與數百人淹死。

至於俄國河名「阿穆爾」的來源不明，只曉得那根本不是俄語。此名似乎是從原住民的口語留存下來，意味著「大河」或「寬容和平」。今日的間歇陽光使河水變藍：並非無雲天空那種蔚藍，而是一面靛藍色鏡子，黑河市的摩天大樓在鏡中抖動又聚合。水流由漸漸減退的夏季降雨推動，不過此處江水僅高於海平面四百英尺，在往後流向太平洋的漫長路程中，每英里下降不及四英寸。

吃水較深的船隻，在海蘭泡遇見它們的西行終點。而在稍早的年代，來自斯利堅斯克的旅人可以在此換搭更寬敞的船。一九〇〇年，韌性十足的英國女子安奈特・密津（Annette Meakin），即第一位廣為人知到訪黑龍江的歐洲女性，步離石勒喀河上窄小駁船時深深鬆了一口氣。在入目盡是水上美景的河谷中，她被一大群叮咬人的綠頭飛蠅折磨，炙熱的甲板上沒有半點風。不過其他的船隻較為溫和。一九一四年，澳洲旅者瑪麗・岡特（Mary Gaunt）欣賞約翰・卡克里爾號（John Cockerill）的天鵝絨椅套和桃花心木鑲板，以及午餐供應鱘鰉魚和雞肉，塗抹開來的紅潤魚子醬「有如英國早餐桌上的柑橘果醬」。旅行中的一位英國外交官，安然坐視如煙火般從船上煙囪噴出的燒紅木炭塊，反倒抱怨起雪茄的價格。而美國傳教士克拉克搭乘科爾夫男爵號旅行，描寫上游一千英里處的黑龍江水味道「甘甜且有益健康」，並呈現白酒的色澤。

然而在上述的所有船隻中，低艙等乘客擠在甲板上的悶滯人群裡，囚犯駁船如漂浮牢籠般駛過，航向庫頁島的流放地。契訶夫也在前往庫頁島訪視罪犯的途中，他注意到一位被判刑的弒妻犯跟女兒同遭押送，那是個六歲的小女孩。每當父親移動，女童緊抓他的腿不放，晚上也睡在父親身旁的士兵和囚犯堆中。

在蘇聯掌權下，汽船公司自然喪失了舊有的支配權，航行的河船也曾鼓張別種旗幟與意圖：內戰時期的布爾什維克船隊、中國國民黨和日本人。不過隨著時間過去，關押罪犯的漂浮牢籠重現，駛向比沙皇年代更加嚴酷的目的地。

在俯瞰勝利廣場（Victory Square）的一棟舊商業大樓牆上，我發現契訶夫的浮雕，用來紀念他曾於一八九〇年六月二十七日入住此地，一抹銀漆使黃銅的輪廓顯得光滑。他穿翼領正式襯衫、戴著眼鏡，皺起眉頭以果斷目光望向前方，一根食指倚著臉頰。這是那幅著名肖像的粗略仿本。

不過他待在海蘭泡的時間並非用於會見權貴。寫給母親和妹妹的信中，他描述河上的意外事件、自身衣著的骯髒狀態、物品的價格，以及中國人的老派禮儀。可是寫信給老友暨開導者蘇沃林（Suvorin）時，他坦承這段時間與一位日本妓女共度。她嬌柔誘人且就事論事，契訶夫描寫，能講的俄語沒幾句，於是以觸碰和手指事物取代，無時不刻放聲歡笑，並發出細小的「啐」（tsu）聲表示不滿。「她對於自身職務嫻熟得驚人，因此讓你覺得自己不是在性交，而是置身一堂進階馬術課程。」

這些書信從未在蘇聯時代公諸於世，當時的私人自由遭拘謹輿論遮蔽。關於偉人的想像無可侵犯。作家的臉龐閃現銀色光澤，凝望著勝利廣場的戰爭紀念碑，有如戴上睿智關切的面具。然而浮雕參照的肖像畫原作，於一八九八年出自奧希普．布拉茲（Osip Braz）之手，描繪出一位更隱晦、更悲楚且較難解讀的人。

若你沿著水邊走向渡輪碼頭，從黑河駛來的客船在此停靠，幾乎連一個中國人都不會看到。從對岸攜帶一捆捆巨大貨品包裹，緩步費力扛下船的是俄國人。他們帶的全是中國擅長製造的家用品，從黑河的中國經銷業者運給城裡的中國商家。這群雇工看起來健壯且耐力十足，許多是中年婦女。海關人員牽著一隻拉布拉多犬穿梭其間，嗅查毒品，但假使打開包裹，只會掉出一疊疊襯衫、運動鞋和塞得滿滿的毛襪，或許還有水壺或吹風機。

隨著蘇聯解體，兩座城市間的穿梭貿易（shuttle trade）於一九九〇年代興起，並且在漸形嚴重失控下，導致本地當局對入境中國人實行嚴密限制。俄國人穿越邊境較容易且費用較低，於是中國人開始雇用他們擔任搬運工。這些跨江的「chelnoki」（穿梭客）一開始可悲地稱為「可靠的磚頭」，隨後是「駱駝」，如今通過往往事先遭賄的邊境海關，接著井然有序地成群抵達。他們賺的錢每趟少於十美元。與此同時，中國掮客和批發商學會操弄、規避與多角化經營，藉此穿越關稅、法律與賄賂收買的迷宮。二〇〇六年，他們的俄國駱駝受限每趟旅程只能攜帶三十五公斤物品，幾個月後，中國人遭徹底禁止擁有或營運市場攤位。

乍看之下，中央市場像是一處廣闊的建築工地，閒置的起重機懸在一塊告示牌上方，宣告來日將成商辦區。旁立一扇搖搖晃晃的帶刺鐵絲網柵門，從這裡踏上小徑，通往迷宮般的內城區。一列列堅固的開放攤位蔓生於出乎意料的空地上，每條走道專門販售一類商品，如同亞洲集市。攤巷有時沒入傳來回聲的廳堂。

攤位的門面窄而深。聚酯纖維飛行夾克、馴鹿圖樣的丙烯酸纖維毛衣、帆布鞋、牛仔褲、廚房暨電器用品、玩具暨手機的走道在途中交疊，全都開價低廉，全都等著被重重殺價。在削價競爭、仿冒品、大量生產構成的失序迷宮裡，中國人無所不在。他們精心安排與俄國人合夥，從而迴避擁有攤位的禁令。理平頭、面無表情的年輕男子，繫著裝錢的腰包、掛著鑰匙，跟計算機和手機形影不離。他們待在店鋪後方工作，拆貨、理貨，同時由一位無精打采的俄國人在攤位前跟顧客交談。

有位臉色和善許多、邁入中年的中國人，打理的攤位擺滿亮片手提包和成排粗糙金色假髮。他身邊是一位年長的俄國女性，像農人般穿戴斗篷，整理著許多盒低價指甲油。去年生意跌得很慘，他說。但他對著老合夥人咧嘴一笑。「當然囉，我不得不跟她合夥，好讓生意合法。」他放聲笑，她也嘎嘎大笑回敬，好似聽懂了。

顧客稀少，而且沒買什麼東西。往往整條走道和小巷空空蕩蕩，無人走過。我遇見一些中亞商販，幾個吉爾吉斯人，甚至有個男人來自高加索地區的達吉斯坦共和國（Dagestan）。有位漂亮的烏茲別克女子，經由首府塔什干（Tashkent）進口中國物品；她說對呀，生意非常慘澹，可是她勉強維持生計。因為她講俄語，不覺得有人對自己不滿。那種情緒專門保留給中國人。

「他們到處都是，這群混蛋。」發言的俄國年輕人試著兜售中國製腳踏車。「在我的攤位之外，你看見的全是中國人。普丁下達什麼命令根本沒用，他們會想辦法繞過法律……」另一個男人加入談話：「他們在黑河還更糟糕。全都是假皮、假毛草、假商標、假笑。但沒錯，很便宜。」他自己租了一個攤位，開設廉價二手衣店，醒目標示著：「件件本地製造！」舉目所及，服飾店裡的愛迪達（Adidas）、銳跑（Reebok）、凡賽斯等印製商標比比皆是，常見到無法稱之為仿冒品：只是工廠的白日夢。即使是傳統的斯拉夫農婦裙和連身洋裝，與一旁標著「俄羅斯」的T恤，全都可能產自中國。

一位面色不善的女人告訴我：「沒人喜歡這群人，他們十分冷酷。我們是有必要才跟他們合作。生意相當艱難，我們沒辦法跟他們競爭。我攤上的餐具來自俄國、中國，甚至是吉爾吉斯。可是什麼都賣不動，我們現在很窮。」

我聽聞的一切都重述著厭惡感，說中國人不能信任。他們有野心又狡猾。他們辛勤工作，但心腸封閉排外。唯有斯拉瓦在幾個星期前發出異議：「讓他們來！或許他們會教我們一些做生意的技巧！」可是這裡的中國人屬於他們國家較貧窮的階層，他們什麼也沒教。

賣餐具的女人指著附近一棟建築物，龐大且剛剛蓋好。「那是他們工作的地方。我覺得他們在裡面有工廠，但沒人進得去……」

這裡是市場的祕密核心。貨車將貨櫃沿滑道送進地下室，它們必定是經由鐵路或卡車運抵。我大步跑進去，發現自己走在貨物堆疊至天花板的通道間，爬上有回音的階梯，一層又一層，只見精瘦的中國人吃力搬運大布袋，進出儲藏室和宿舍。對於未完成的工作有種癡迷的專注。在這處封閉的世界，沒有一個中國人會見到俄國人，除非是客戶。人人隔絕於另一方的習慣和禁忌，幽默與情誼，種種基於不理解產生的難題。一路走到四樓，才有警衛命令我離開。有陣子我再度迷失於服飾的走道，接著踏出市場，途經充當辦公室和臥房的擱置貨櫃屋，途經在荒廢庭院裡生鏽的舊倉儲棚屋，最後經過試著在市場外圍賣點水果或蜜餞的戴頭巾老婦人，才步入城裡安靜的街道裡。

當晚我打開房裡畫面跳動的電視，碰巧轉到一齣莫斯科的新聞節目。講者每次連續五分鐘發表乏味言論。他們在談中國。他們反覆重述當局的口號，好比兩國關係絕佳、經濟雙贏。某個人頌揚我一個月前逃離的聯合軍事演習。接著，出乎我的意料之外，其中一位講者猛烈埋怨：中國在開採俄國珍貴的黃金、木材和石油，卻毫無回報。西伯利亞遭到掠奪。受邀的錄影棚觀眾以沉默回應。隨後主持人將侵擾行徑轉化成謬論與笑聲。每當他發言，觀眾就鼓掌。這席意見交流是編排好的自由辯論假象，以普丁會見習近平的一段影片作結：兩人表情皆高深莫測，俄國總統流露一絲客套友好，中國領導人面帶無感地微笑。

也許單純出自我的想像，我在普丁的冷漠目光裡發現疲憊焦慮，而習近平的微笑藏著中國遠古的優越高傲。然而正是普丁在二〇〇〇年就職總統的不久後，示警若是不採取任何行動，就在幾十年內，境內遠東地區的俄國居民將淪為華語人士。政府官員、學者和軍事將領意識到，該區域的俄國人口與河流南岸迅速增長的數百萬中國人之間存在巨大落差，因此提出駭人警告。一位主要經濟學者分析，中國正邁向世界領導地位，並終將掠奪西伯利亞的資源。人口統計學者經常重提的預警則主張：「中國對俄國存有龐大的領土糾紛，並以各種可能的方式促使國民滲透進俄國領土，為其合法身分建立基礎。」一位著名的漢學家斷言，中國視俄國為衰弱的軍事對手。謠言盛傳，穿越邊境的地下通道可能已經輸送數百萬中國人北上，一位重要的軍事將領則擔憂，到了本世紀中，整個西伯利亞都會丟掉，而中國將越過烏拉山區迎戰莫斯科。

早在一九九〇年代，遠東地區首長就曾強烈反對克里姆林宮的疏於管理，並且單方面展開行動打擊中國移民。伯力市長治理黑龍江沿岸最大城市，他斷言毒品與犯罪隨著中國商販湧入當地，還可能肆虐整片區域。

種種憂懼有著一段動盪背景。一九八七年的前三十年間，兩大強權一直處於強硬的敵對狀態，即使到了現在，中方亦未正式撤回對帝俄奪取的黑龍江以北領土的索討。與此同時，浩瀚長河流域的人口失衡愈發劇烈。黑龍江沿岸的俄國三州居住著衰減中的僅僅兩百萬人口，對岸的中國三省則有近一億一千萬人。黃禍的古老幽魂重返。關於中國滲透的早期估計宣稱，多達兩百萬人已越過邊境進入俄國遠東地區；一位著名經濟學者甚至推估，他們的總數超過俄國人。

較缺乏根據的揣測已減少，但恐懼並未消失。人們說，非法移民閃避一切統計數據，此外尚有一種既存的焦慮浮現，認為莫斯科天高地遠，早已遺棄他們。幾年前，一部俄國紀錄片《中國——致命友邦》（*China—A Deadly Friend*）在網路上瘋傳。片中宣稱，中國坦克車能夠在半小時內開抵伯力市中心。中國移民人人都可能是間諜。市場裡有位小販是打扮亮眼、兜售西伯利亞動物皮毛的女子，她對我低聲抱怨中國人捲土重來，而且到處都是。她沒辦法告訴我確切在哪裡，因為他們在看不見的地方生活，靜靜等待。

類似傳言經由危言聳聽的當地報紙煽動：指稱中國人潛伏在森林裡，在封閉的社區中，連敲詐取財的警察都不願涉險踏足。而且他們往往不被看待成個人，而是一個綜合群體。常以昆蟲和汙染物作為比擬形象，諸如螞蟻、蝗蟲。有個蘇聯笑話是這麼說的：「每一個都是十萬人的小團體。」一直到多疑者在他們之中找出受中國政府支配的盲目特務。

然而上述深山村莊從未尋獲。近期的統計數據估算，在俄國遠東地區生活的中國人是三萬人，總數並不多。中國人自身並不情願留下來：他們說這裡氣候嚴寒，警察貪婪，人民不友善。通婚相當罕見，儘管有些俄國女性宣稱偏好中國男性，比他們自己人更勤奮刻苦、更不常喝得醉醺醺。最重要的是，隨著盧布兌換人民幣的崩盤，商業機會衰退不少。在海蘭泡，我難得看見中國人。餐廳依然開門營業，以及符合俄國人對中國人刻板印象的旅遊團（大聲嚷嚷、隨地吐痰、插隊）。連一列列的中國製公共自行車都閒置在路邊，無人使用。

如今不再有人記得，中國移民自一八五八年往北跨越黑龍江，諷刺地潛進他們才剛讓給俄國的領土。但沒過多久，在他們自身才能得以多所發揮的城鎮，如伯力、海蘭泡，他們構成三分之一的人口。他們成群穿越斯利堅斯克的泥濘街道，讓剛進城的安奈特・密津驚嘆這群人的長衫與髮辮，誤將他們認作是女孩子。他們集體往返黑龍江，擔任季節工。他們在結雅黃金產區的悲慘礦山工作，並且興建西伯利亞鐵路的漫長路段。他們的帆船載著必要的穀物與商品在河上航行。整個區域變得深深依賴他們。據說懶散的俄國鎮民住在中國人蓋的房子裡，屋裡都是中國傭僕，吃中國進口的食物、喝中國茶，而他們的妻子炫耀著中國裁縫製作的洋裝。

對這群中國人的憂懼，預示了往後的舊事重演，以及約束他們事業的類似嘗試。他們從未如朝鮮移民般同化。在某些地區，他們幾乎形成自治，有自己專屬的行會、甚至法院。一位英國旅者描述他們在伯力的疾風街頭，每當遇見俄國人走近，「成群體格虛弱、面容憔悴、垂頭喪氣的男子就畏縮退避一側」。他們遭控進口鴉片和中國釀造的伏特加，蓄意於此區域興風作浪。作家暨探險家弗拉基米爾・阿爾謝尼耶夫（Vladimir Arseniev）等人強烈主張保護俄國人免於「黃種人統治」，他們放高利貸導致原住民、甚至哥薩克人淪於奴工。

然而中國人形同黑龍江的命脈，較世故的俄國人以進退維谷的矛盾心態看待他們。中國人的分裂帝國被視為僵化專制的廢墟，卻也是獨特而不朽的文化。未來的中國共產主義理論之父馬克思將中國設想成一具密封的木乃伊，接觸新鮮空氣就會碎裂。

隨後於一九三七至一九三八年間，史達林屠殺或驅逐大半中國人口，只因懷疑他們是日本間諜。往後的半個世紀，人們在漫長、緩慢的過程中遺忘他們曾經存在過。

而今的經濟侵略喚起舊日的憂慮。中國人依然極度陌生。幾乎沒有俄國本地人懂得他們的語言，或是曾涉足中國內陸。不過他們眼裡的中國人不再是沒落帝國的離鄉遊子，而是一個強大國家的公民。俄國的權力集中在遙遠的莫斯科，凸顯出該國東部漸漸脫離掌控的不安。儘管少有人擔憂突發的入侵，某種焦慮感、或說是溫和的宿命論確實存在，認為在某個無人知曉的未來，北京會將經濟所有權轉變成政治主權，使俄國遠東地區成為中國的一省。

關於暗中接管的恐懼，可能源自對中國行事手段的內在憂慮。連在雙方的語言裡，邊界的概念亦微妙地分歧。俄語「granitsa」描繪的邊界，與西方世界任一語言同樣明確，然而由兩個漢字構成的「邊界」，可能指涉一條更靈活、更樂於接納改變的線，好似在緬懷古老中國的統治權，從中心發散往無邊無界的朝貢世界。

一間中國餐館裡，格列伯（Gleb）坐在我身旁。店裡的顧客和員工都是俄國人，不過他透露幕後老闆是中國人。格列伯有稀疏的紅色鬍子和燧石般灰色眼珠。我們在近乎一片寂靜下用餐，但我感覺到他盯著我看，視線穿透眼鏡上方打探，好似在斟酌些什麼。我們停筷時，他提議：他可以帶我去看這一區的風景——我想去的任何地方。我無法判斷他是不是寂寞難耐。

他的車是一輛老鈴木（Suzuki），在日本改裝成俄國的右駕，曾經身價不凡。車子的擋風玻璃有裂痕。我們沿著寬敞街道行駛，這裡是城鎮早年劃設的網格道路，兩旁的粉飾灰泥立面混雜著灰磚樓房。婚宴會館的派對人潮擴散至人行道，寒風中，新娘裸露肩膀，站在一臉木然的新郎身旁，駛過的車輛鳴按喇叭。格列伯試圖打手機撥通哈爾濱，他說希望能談成一筆生意。哈爾濱位於僅僅三百英里外的中國，但是通訊一直中斷。我們穿越破敗工廠與營房林立的郊區。格列伯指出，眼前景象是他本人的商業成果。他擔任自營代理商，專門進口中國機具。二十年前他在大學讀中文，彷彿已預知未來。

「一開始很難跟他們打交道。他們總是強硬堅持，讓交易難以接受。而且，不，他們並不老實。」我察覺他對某樁久遠的騙局忿忿不平。「但是中國人現在從遠地做生意。你只會在市場裡看見他們。」他的手機響了又停。「是老大哥，」他笑說：「在聽我們呢。」所以說歐威爾的獨裁者連這裡也不放過。手機再次響起，是哈爾濱打來的。他講話急促，我多半聽不懂。有時講完一通電話，他想分享一些我的俄語無法掌握的概念，就用手機的應用程式尋找英語翻譯。他的笑聲隱約透著諷刺，時常細微到聽不出來。他說：「這些年來，我建立正確的人際網絡。他們我全都認識，在黑河、哈爾濱、伯力。」很難判斷他是在自誇或自我激勵。「無論人們要什麼，我可以安排。一切都辦得到！英語裡有形容這種人的詞彙嗎？」

「我想是叫企業家吧。」

「才智有許多不同種類，不是嗎？聰明、智慧……」一陣耳語般的低笑。「可是智慧有什麼用？技能知識才重要。在俄國，我們有一個字在說像我這種人，我們說他有『smekalisty』（機智）。可能沒辦法翻譯，但這種能力讓世界運轉……」

我笑著回應。「它也許會欺騙你。」

「對啊，也許。」

他指著黑龍江碼頭上成列從氣墊船上拆下的旋轉葉片，用於冬季結冰時航行。「那些是我進口的貨物。當然囉，來自中國。」如今它們已廢棄，拖到港口上加入生鏽隊伍。「但那些全是我進口的，而且品質一流！」接著我們路過這座城市的足球場。「許多年前，館內場地高低不平，糟透了。」他說：「我進口中國的設備來整平場地。」

足球館看來死氣沉沉。「這隻隊伍厲害嗎？」我問。

「不，完全不行。」

隨後我們很快就駛離海蘭泡，穿越由沼澤與未耕作田地構成的開闊鄉間。他突然轉彎，沿著一條廢棄鐵路線的軌道開，我盯著軌道另一邊的粉紅牆面院落。「那是一間家禽養殖場。」他說明：「也是用我的設備，從中國進口。」他試著打給那裡的一位朋友，請他接待我們進去，但無人接聽。

我從頭到尾都在猜想他為什麼要這麼做。我提過自己正在寫一本書。他會不會期望我寫到他？（我當然會寫。）或者他打算邀我參與一筆交易？但我心想，這趟遊覽更有可能發自純粹的自傲。他在這偏遠區域罕見的西方人面前炫耀自己的成就，即使是像我這麼狼狽的人。

但我仍懷著隱約疑惑。我知道他肯定比我年輕三十歲左右，可是我卻設想他是一位長者（我覺得他也這麼想）。他從眼鏡上方看著我，目光友善卻透露堅定的盤問意味。他讓我想起某個人。他的髮線呈灰白弧線，從額頭往後退。他的藍灰色夾克在手肘處有皮質補丁。接著我意識到他像誰：我童年時代廣受尊敬的老師，名字正好是托平（Toppin）。我在潛意識裡將托平先生的權威移轉至格列伯身上，甚至差點喊他「先生」。

格列伯轉彎開上一條小徑，看似並未通往任何地方。但一分鐘後他急煞停住。三根巨大的銀色圓柱體赫然聳立在我們面前，以鐵製通道相連。它們在曠野中神祕地竄升，像是一組城堡高塔。「這是在二〇〇七年由五百位中國工人興建，」格列伯說：「一間釀製伏特加的工廠。我從中國買來所有設備。他們僅僅一年半就完工，快得超出任何俄國人所能想像。」

他把車停在一片塵土中。我下車，詫異地抬頭凝視。接著我看見圓柱體外的保護層剝落，滲出鐵鏽。其中一條鐵皮走道鬆脫垂落，一旁的建築物倒塌在磚頭堆裡。這地方廢棄失修。

「對，酒廠關閉了。」格列伯環抱雙臂。「我們一開始做得不錯。然後從莫斯科來的一個官員進了本地政府。他想要錢，要太多了。他說是抽稅，但那當然是收賄。」他短暫流露無可奈何的神情，隨即他的聲音重拾自信。「於是我拆除機器，賣給別座城鎮的一間公司，不在這一區。我們賺了一大筆！」

在底下的破舊拱廊裡，有些殘存的生意還在運作。格列伯的一位朋友從煤炭中提取肥料，另有成袋木屑堆在搖搖晃晃的機器周圍，格列伯雇用另一個人（目前不在場）將鋸木屑壓縮成鍋爐的顆粒燃料。

「你要怎麼處理伏特加酒廠？」我詢問：「有人會買嗎？」但他聳聳肩。酒廠將加入四散鄉間的廢墟行列。鋸木屑顆粒、煤灰肥料，這些是一次進取失敗後的廢料再利用。我知道自己只看見格列伯人生中的皮影戲，而非錯綜複雜的實質。有時他僅以一抹被逗樂的微笑回應我的天真。

不過他說：「那人只在我們的地方政府待一年，然後就離開了。他索討太多回扣。他是黑幫分子嗎？嗯，是啊，人人都是黑幫。只有你的朋友不是黑幫。」

當我們駛離，他變得更加陰鬱。在我們身後，他黯淡的工廠巨獸徒留殘骸，卻依然宏偉壯觀，如同到來時那般倏忽消失。我漸漸覺得，這趟旅程更像是一次懷舊告別，而非勝利遊行。格列伯的好運似乎屬於更遙遠的過去，在盧布與石油價格崩跌以前。後來我每次遇見格列伯，他都穿著同一件手肘有補丁的夾克，而且他沒想過要修理鈴木汽車的破擋風玻璃。我漸漸喜歡上這個人。他與托平令人不安的相似引起神祕的變化，最終我想像他擁有公平正直的本質。

海蘭泡的地方博物館布展於廳堂間，這裡曾是沙皇時代西伯利亞最富裕的貿易商場。展間依循時間軸的先後順序，從猛獁象牙和原住民的樺樹皮獨木舟、木頭神像、吊掛金屬圓盤和寶螺貝殼的薩滿長袍，到雅克薩要塞的木造複製品、結雅金礦區的器物，爬上樓後邁入十九世紀。牆面懸掛日常生活照片：店鋪老闆、毛皮獵捕者、礦藏探勘人。一群學生懶洋洋地走來走去，而一個多月以來，我第一次瞥見歐洲遊客。博物館解說員正在描述穆拉維耶夫占領黑龍江，採取行動對抗中國入侵，彷彿《尼布楚條約》從不存在。

但在這裡，樓梯上方燈光昏暗的展間裡，我停下腳步。在一九〇〇年的多張相片裡，中國義和團運動的起義者砲轟俄國河岸，穿白袍的哥薩克人為了防守海蘭泡而集結，外加民兵隊伍。附近的一幅畫裡，兩位曬得黝黑的中國士兵穿戴半身裙與羽毛帽，看起來像可悲的冗員。最顯眼的位置掛著砲轟的大幅油畫。中國河岸升起大砲煙硝，半數陷入火海。俄國槍枝越過河面回擊，汽船色楞格號（Selenga）佯裝駛向黑龍江下游，替上游渡河的部隊引開注意力。在畫作的前景，某處微小細節中，哥薩克人和海蘭泡市民融雜於泥土陣地後方。一群看來柔弱的無辜人民圍成半圓，握著細長步槍指向河對岸，農婦提來一桶桶清水支援他們。這幅有誤導疑慮的油畫於一九〇二年致贈海蘭泡市長，此後掛在他的辦公室長達二十年。

我凝望畫作時，一群中國旅遊團抵達，由滿臉怒容的嚮導帶領。她一言不發地帶他們快步通過展間。地方當局禁止中國嚮導發表他們自己對於那段時日的見解。因為在安靜、保守的城市地底，敞開著一口遺忘之井。

事實上，在中國進犯的威脅下，這座防禦薄弱的城市的人民早已驚惶。哥薩克市民的恐懼，使得原本受到信任且和平的中國人口在一夜之間化身為迫切的危險。或許致命的是中國人從未同化；日常生活裡，他們經常受到凌虐。而今在圍城裡，憂懼懷疑浮上檯面。軍方司令下達圍捕中國人的命令。連續四天，當這幅失職老油畫裡的主角面臨從未到來的攻擊，此時一隊哥薩克人和剛召募的新兵，驅趕約五千位中國男人、女人與孩童至上海蘭泡（Verkhne-Blagoveshchenskoe）村莊，那裡的黑龍江狹窄而湍急。途中步伐蹣跚的人被斧頭砍死。沒有船載他們去對岸。店鋪老闆、餐館經營者、家中僕役，他們不會游泳卻全部被迫跳下河。哥薩克人往他們身上揮鞭，接著在岸邊一次槍殺數百人。面臨刺刀衝鋒，他們跳進水中並且被沖走。包括老人和小孩在內的哥薩克男性市民，紛紛瞄準河裡的人開槍。有位俄國軍官嚇壞了，設想眼前場景可以踩著屍體橫渡黑龍江到中國。周圍村莊另有約七千人被殺。總督和警察首長皆力助殺戮中國人，接著迎來大舉洗劫。

隨即沉默降臨。中國威脅煙消雲散，一支俄國軍隊將中國省城璦琿、連同六十四處鄉村焚燒夷平，並揮軍深入滿洲。其後五年，毫無關於屠殺的官方消息發布。該區域的人民噤聲，彷彿歷經一場暫時的瘋狂。就連起初表示震驚的本地《阿穆爾日報》（*Amurskaya Gazeta*），日後都幻想「中國人游泳橫渡黑龍江」。

然而在屠殺的四天後，俄國上校亞歷山大·韋列夏金（Alexander Vereshchagin）

航向伯力，發現他的汽船不斷撞開中國人的屍體，全都漂往下游。他描述，整個河面覆滿腫脹且腐爛的屍體。「他們沿著黑龍江河面漂浮，彷彿在糾纏我們。乘客走出船艙來看難得一見的景象。這將永遠留在我的記憶裡……一位服務生通報『早餐送來了』……」

若你今日往上游方向走八英里到上海蘭泡，舉目看不見紀念碑。黑龍江沿岸的邊界圍籬重現，有密集的瞭望塔和頂端纏著蛇腹型鐵絲網的混凝土堡壘。此地曾經樹立穆拉維耶夫伯爵的紀念碑，他隨同令人敬畏的英諾森大主教（Archbishop Innocent）上岸，命名這處小據點為「Blagoveshchensk」，意味著「聖母領報」，不過洪水將碑石沖走。對岸或許相隔七百碼之遙，挺立一堵陰暗樹牆。中間的河水又急又深。被驅趕到這裡的五千位中國人裡，也許有一百人抵達對岸。可是在海蘭泡，關於這場屠殺的一切所知漸漸淡薄，終至遺忘。

斯維拉娜（Svetlana）或許有六十歲，是在蘇聯時代長大的孩子。染成金色的頭髮蓋住年歲過長女孩的臉龐，這女孩腦子裡灌輸著另一個時代的必然。她透過我的旅館找到我，希望我去向她的學生發表演說。坐在教室裡的長條狀刺眼照明下，我以為學生會怕她。不過他們看起來輕鬆自在，穿著牛仔褲和毛衣：十幾歲出頭的青少年，臉上毫無斯利堅斯克學生的崩潰絕望。鄉村的少女風流蘇、髮髻和蝴蝶髮夾都消失無蹤。這群學生甚至面帶微笑。然而斯利堅斯克那位教師溫順且有些憂傷，斯維拉娜則以尖厲的單音調滔滔不絕地演說。我想，沒有學生膽敢質疑她。

這一次，當我詢問他們的志向，許多隻手舉起來。「我想去加拿大！」女孩宣告。肥嘟嘟的男孩補充：「我喜歡洛杉磯。」另一個男孩說：「我想住在巴黎！」

斯維拉娜變得滿臉怒容。這不在計畫裡。她大喊：「你們不是優秀的愛國者！」

但他們看起來滿不在乎。「而且為什麼是巴黎？」

男孩說：「因為巴黎很美，我想住在漂亮的地方，巴黎有艾菲爾鐵塔跟大笨鐘。」

「大笨鐘不在巴黎，」斯維拉娜得意洋洋地說道：「那是在倫敦。」

「我想去倫敦學語言，」另一個女孩發言：「去那裡的任何一所大學，我還不確定是哪一間。」

我意識到眼前的學生是另一種人，有著不同的父母：或許不算富豪，但財力足以開創做夢的可能。有個男孩已經跟出差的爸爸去過泰國和新加坡；另一個去過德國和西班牙。他們想創業做網路生意，設計電腦遊戲，成為廣告美術人員。當然還有些人不曉得，不過他們的未來響徹教室。

一位文靜許多的女孩表示意見：「莫斯科，我會去莫斯科。」她聽來遲疑。莫斯科對她來說是國外：四千英里的距離，比印度或日本都遠。

斯維拉娜的聲音冷靜下來。「對，莫斯科是最棒的城市。」她轉向我求證。「你覺得我們的莫斯科怎麼樣？」

可是我想像中的莫斯科永遠蓋在灰濛的天空下。我對那裡最深刻的記憶是布列茲涅夫（Brezhnev）掌權的年代，即使回想起友誼，也摻雜一絲不祥的預感。我給出沒什麼說服力的老套回應：「我更喜歡聖彼得堡。」

斯維拉娜怒回：「莫斯科比較好！你在聖彼得堡會生病，白天太短，又太潮溼。人們的骨頭不舒服。」

「我的骨頭習慣英國了。」我說，但沒人笑。

他們問我關於西方人的薪資（「你有錢嗎？」）、流行歌手演唱會、男人的舉止（這一題是繃著臉的金髮女孩所問）、好萊塢。當我提到中國，沒人回應。令人嚮往的是西方：那裡的音樂、電影、流行風潮、青春生活的悸動。

可是斯維拉娜受夠這一切。不久後她徹底忽視學生，開始發表她的信念宣言，用一種以大欺小的風格談話。「所有情況都在好轉，俄羅斯遠東地區復甦起來，莫斯科在幫助我們。中國人現在向我們買東西，以前的情況相反。」她沒提崩盤的盧布。「中國人喜愛我們的黃金和琥珀——還有我們的油。」她以教師姿態舉起一根指頭。「他們奪走我們的油！」

我以為她在抱怨開採原油運往中國，但她接著說：「我們的油有一種特殊的味道。」她講的是大豆榨取的食用油。「我看過俄國服飾運往中國，成箱成箱的衣服——有真正毛皮的皮革外套。中國人買下全部的衣服……一箱又一箱……」

我想像西方學生到現在已坐立難安，低聲咕噥，按開他們的手機。不過斯維拉娜的班級繼續用呆滯的眼神注視她。老師的世界不是學生的世界，他們已經撤退回自己的腦袋裡。

斯維拉娜持續無視周遭，受到強制的國家樂觀主義、或是自我欺騙所驅動，她的下巴微微顫抖。畢竟這群孩子懂什麼？「我們的俄羅斯遠東地區很富裕！我們的人民回到這裡，甚至遠從墨西哥和巴西。連多年前離開的舊禮儀派信徒也是，他們漸漸返鄉。我在電視上看到，他們依然穿著從前的衣服！他們說，能再聽見我們的俄語真是太美好了。我們的遠東地區重新移入人口，普丁總統……」

我煩躁地提問：那為什麼普查數據顯示出劇烈衰減，約四分之一人口在二十五年內消失？重新移入人口至西伯利亞的計畫幾乎毫無成果。

但斯維拉娜不容干涉，她的聲音在顫抖。她那些來自四十年前的信條迴盪在我腦中：盲目的國家渴望，蘇聯承諾的黎明，而光線漸漸黯淡。我沒辦法直視學生的眼睛。

斯維拉娜提早宣布下課，領我走進她的辦公室。她立刻說：「他們很笨，什麼都不曉得。他們只看網路上的東西。長大後他們會改變，會想留在俄國，並且住在海蘭泡。」

她朝外面走廊上的學生喊叫聲甩上門。她的辦公室狹小破舊。但她端給我麵包和果醬，以及常見的包裝糖果，為學生和她的課堂致歉。偶爾有個學生推開門探頭進來，想問某件事情，斯維拉娜卻對他們咆哮，人影隨之消失。

接著她重拾演說，現在我就是她的班級。她希望我保持沉默。惱怒之餘，我感到某種難以辨別來源的怪異悲傷：她肯定會痛恨的高傲態度。她說：「在普丁治下，我們的生活好轉。你注意到了嗎？他在各處設立健身房，我們也減少抽菸，少得多了。我知道倫敦有健身房，我去過那裡。我也讀過你們的報紙怎麼說我們，我全都讀過，那並不正確。你覺得我們很笨嗎？從美國念大學回來的俄國孩子，對萬事萬物都知道得比美國學生多。歷史、地理……美國學生甚至無法確定莫斯科在哪裡！」

我說：「美國人會懷疑事情，這是那個國家的運作方式。」

我聽見一秒鐘的沉默，隨後她承認：「對，他們比較擅長批判思考。」從她口中說出來，批判思考像是某種晦澀的學術領域，可有可無。她把那碗糖果推向我，發出一聲費解的微弱嘆息。

從河邊步行幾分鐘，聖母領報主教座堂（Cathedral of the Annunciation）拔起，只見聳立尖塔、鍍金圓頂和高低排列的東正教會十字架。入口附近是穆拉維耶夫與英諾森大主教的雙雕像，一人緊握劍柄，另一人擺出祈神賜福的手勢，以神聖化舊日的教會與國家間共謀的關係。一面俄羅斯國旗在後方飄動。

我並未預期在這神聖場所中聽見憤慨言論，不過與我並肩坐在寒冷陽光下的年長男人，被門廊裡自拍的中國旅遊團激怒。「那些人啊，」他說：「他們不信奉任何事物，他們只是來這裡做生意。黑河如今是兩百萬人的城市，我們依然只有三十萬人（兩個數據都屬空想）。他們不關心我們，何必呢？」他沒怎麼注意我，可能有點喝醉。不過他身穿上教堂的衣著，皮鞋擦得發亮。接著他的怒火轉往別處。他蒙受某種官僚主義的怠慢，聲音充滿憤慨的自尊。「這地方的官員人人貪汙，辦所有事一律遙遙無期。我們什麼都不剩，沒有工作，沒有保障。」

我問道：「什麼地方比較好？」

他的語音變得輕柔：「沒有地方好。人人都是黑幫，普丁、梅德維傑夫（Medvedev）[1]，他們所有人，通通都是黑幫。」

如今他急著離開，彷彿說得太多。他站起身，抬頭望向金色圓頂。「這就是我們擁有的。」

我走進教堂大廳。神聖禮拜儀式令人神往的誦經聲漸漸消退，聖餐禮的紅酒浸麵包已食用完畢，聖幛大屏風以暗色系描繪聖人，藍金相間的門扉緩緩關閉。當主持禮拜的神父消失在門後，彷彿有樁巨大祕密獲得分享、隨即收回。在教堂的聖幛外揭開了某些謎團，由年長婦女和幾個男人組成的信眾領受神聖暗示。

他們散開至周圍的聖像間，就像在拜訪老朋友，親吻許願燭火隱約照亮的聖像手腳。待在無神論者的博物館一段時日後，雅克薩聖母像於此獲得安歇：在雅克薩圍城使粗暴的哥薩克人輪番倒下前，他們所敬拜的同一尊聖像，並由倖存者帶出西逃。

聖母像掛在藍色和金色的方亭中，低垂的吊燈發出微光。念珠和供奉的十字架堆落在底下。然而畫像受到貴金屬層層包覆，我很難看個清楚。只有她變黑的臉龐躲過錘製銀長袍和寶石的覆蓋，連肩膀都刻滿珠寶，黃金智鑑天使則翱翔在雙頰前。她展示聖子耶穌，站立在她胸前的曼朵拉（mandorla）光環中。可是聖子的身體燻黑到無

1 譯注：普丁的政治搭檔，曾任俄羅斯總統與總理。

法辨識，聖母的臉由鑲寶石的光環圍繞，我只能認出樣板眼睛和嘴唇的輪廓，彷彿敬拜與憧憬已使她空洞。

二十年前，當我穿越貝加爾湖東邊的崎嶇牧地，曾瞥見田裡種滿卷心菜和西瓜。在成片的集體農場廢墟間，中國和朝鮮移民耕作著整齊的小塊菜園，且於一旁的帆布棚下生活，直到深秋。而今，據說中國企業租用或擁有黑龍江以北百分之二十的可耕地。即使面對不理想的土壤和短暫的夏季，他們的農場依然欣欣向榮。不過化學藥劑的大量使用引起擔憂，他們以泡過化學製品的飼料餵豬，養出一群過度臃腫的怪物。在俄國市場上，他們的作物銷售額也隨著盧布貶值而猛然下跌。

格列伯坐在列寧街上的閣樓辦公室裡，他答應帶我去中國人名下的農場，往北開一個小時就到。他在狹小房間裡辦公，高掛的並非是普丁的照片，而是格列伯早逝的兄長。當他透過電話洽談一筆生意，我像個丟臉的學童在外面走廊等待（托平先生的身影浮現），隨後我們開往一條即將完工的行車橋梁，這是俄國和中國間跨越黑龍江的創舉。多年來，俄方一直推遲這項工程，中方則試著往前推進。而今橋梁的墩距就要會合，打造的箱梁和螺拴能耐受華氏零下七十度低溫。我們遇見跨越沼澤地通往渡河處的新高速公路，起重機和傾卸卡車接連開往仍不見蹤影的河流，傾倒砂石，鋪設柏油。

連格列伯也無法計算這條要道的可能效益。他對於本地的任何進展皆心存懷疑。他把成功希望寄託在中國業務上，目前卻顯得停滯。我感覺到，很長一段時間以來，情勢對他變得愈發艱難。或許他在電話中談的交易也告吹了，因為他慣有的充沛活力轉變成翻湧惱怒。「我們在遠東這裡毫無希望，毫無未來！即使是來這裡投資的中國人都開始後悔了。」

我說：「他們似乎也廣受憎恨。」

「對，他們是。亞洲飯店（Asia Hotel）在海蘭泡是最大的旅館，老闆是個開賓利車（Bentley）的中國人，另外有個中國女商人買下我們釀製克瓦斯（kvass）飲料的工廠。但現在局面對他們來說變糟了。」他顯露出一絲幸災樂禍。「哪裡有什麼未來？也許在俄羅斯西部？在莫斯科？」他的手指頭磨蹭著方向盤。「我不這麼認為。我是一個好俄羅斯人，但我不想在這裡生活。我不想要我的小孩在這裡生活。我們住在監獄裡。」

他陷入沉默。有段時間，在這景致單調的地帶，他認不出我們身在何處。接著他說：「我想農場就在這裡。」我們隨即轉進一條雜草叢生的小徑。附近沒有招牌，也不見人影。突然間我們步入一條破敗的走廊，兩旁都有木拱門通道的基本輪廓，支架下什麼也沒有，盡頭消逝在荒野中。支架頂棚曾為一排排的蔬菜或大豆提供遮蔽，如今我們只看見及腰的雜草。

格列伯低聲說：「農場廢棄了，消失了。」

盡頭處是一道高聳柵門和棄置的庭院。兩位臉色嚴肅、外表邋遢的中國警衛來到上門的門邊，喊話回答我們的問題，兩人的臉距離我們有一英碼遠。可是他們咧開嘴笑。「這地方結束了。」聽起來彷彿他們被遺棄在這裡，或是忘了離開。「什麼時候有人回來？我們不曉得。我們覺得永遠不會。」

於是我們落寞地開車離去。格列伯不知道像這樣失敗的商業投資是否普遍。他只說：「哪裡有錢，中國人往哪裡去。」

我早就分不清我們身在何方。多條黑龍江支流在燦爛的陽光下蜿蜒流過沼澤地。

木造屋的村莊彷彿陷入沉睡。不過格列伯心中總是有目的地。我們轉彎開過一座安靜的小村子，在那裡，垂釣者安坐在兩條河的匯流處。他說道：「這是我家。」

我們來到位於保護高牆後的一片鄉間別墅。它們看來平凡，但屋況比大部分房子好，屋簷和窗框有亮藍色和白色的金屬紋飾。一按鈕，高牆就打開，我們走進鮮花斑爛的院落。園圃延展其後，生長著草莓、覆盆子莖、西葫蘆、南瓜、韭蔥、萵苣、洋蔥、葡萄藤。格列伯按下另一個鈕，更多道牆移動開來。「我的車庫！」空間非常大。我們下車再往裡頭走，經過圍籬中咯咯叫的鵝群和火雞、黑羽雞和鵪鶉舍。他自己打理這些地方，他說。他釀葡萄酒，採集蜂蜜。一對丘比特畫像立於中央，通往齊備的桑拿澡堂。依循俄羅斯作風，裝滿石頭的熱爐悶蒸著坐臥平臺，使人冒汗呆坐。我想，這是他招待朋友的地方，以奢侈作風消磨假日，而白天的緊繃漸漸退卻，親密感蒸騰，計畫隨著汗溼亢奮浮想聯翩。

踏進格列伯屋內，歡慶氣氛的導覽繼續上演。他將廢棄伏特加工廠生產的顆粒燃料添進鍋爐，煤炭提取的肥料堆在不遠處。在他兒子臥室的地毯底下，一道活板門通往堆滿醃漬番茄和黃瓜的地窖。

他兒子是個文靜的瘦小男孩，今年十四歲，獨自坐在書桌前寫功課。他的媽媽不在家，小孩可能想躲開我們。我發現他在學中文字，遵照他爸爸的意思。「學得如何？」我提問。

「還可以，」他回答：「有點無聊。」

「無聊！」格列伯偶然聽見我們的談話。「中文就是未來！繼續念！」

男孩朝我羞怯微笑。他看似比實際年齡小。他的親密朋友是一隻寵物鼠，在他掌心玩耍的紅褐色條紋迷你動物。我想他在小老鼠身上獲得慰藉。有一度，以默默表達信任的舉動，他也將寵物鼠移往我的手掌，但牠緊張到尿出來。男孩讓牠緩緩回到自己手心，幾乎快哭出來，彷彿小老鼠使他蒙羞。

這個家以及鳥語花香的庭園也許是孩子的天堂。一隻橘貓在窗臺曬太陽，毫不理會小老鼠，格列伯的電子裝置則與拋光松木天花板共存，就跟有著數百年歷史的斯拉夫木屋天花板相仿。走進屋內房間，彷彿喚起俄國的集體記憶，處處親近木材讓人獲得質樸的放鬆。格列伯說明，松木的樹脂含量比樺木少，因此木工製品更加平滑，而且他愛松木的氣味。牆壁只掛著他妻子的裱框刺繡品，成群的蝴蝶擺在東正教會聖人的隔壁，趁寂寥的冬季鉤製而成。

我又開始揣測為什麼他向我展示這一切。有時我發現他看著我，等待我的讚美。「你在英國有像這樣的房子嗎？」他想知道。端上自製紅蘿蔔或南瓜汁時詢問：「你在英國有這種飲料嗎？」然後突然間悲傷起來，他說：「你知道嗎？所有這些蔬菜、這些家禽，我們再也賣不動了。沒人口袋裡有錢。連這塊土地都只值以前的一半價錢。」

一整天中，彷彿為了有所補救，格列伯嘗試打給黑河的某些生意夥伴。在他的iPhone上，他們拍下快照時面無表情地直視前方：一位中年的中國商人和他看來精明的妻子。格列伯說明，他們買賣中國古董，在哈爾濱周遭四處收購。據說於一九四五年，在蘇聯轟炸機的攻擊下，撤退的日本人拋下從古墓搜刮的珍寶，於是貴重瓷器流落至散布該區域的農戶。他的夥伴付小錢買下這批瓷器，他解釋，而且可以經由香港運出去。「他們蓋個章就通關了。」他往幻想中的戰利品作勢蓋章。「沒問題。」

他問我是否感興趣，或者曉得倫敦有誰感興趣……我還真的曉得。這就是格列伯的辦事方式，我猜想。他建立人脈關係。你永遠不知道誰可能派上用場。

如今他的語氣變得更明確。他說，等我依照計畫渡江到黑河市，我一定要見見他的夥伴。他會安排這件事。然後我幫瓷器拍照，展示照片給倫敦的人看。他的夥伴在業界很有名。他遞給我一只有兩百年歷史的沉重水晶花瓶，是他們給他的。花瓶上某種標準規格的彩繪仙鶴讓我覺得像仿冒品。

但現在格列伯斟酌起我該怎麼在中國生存。中國有殘酷的一面。他沒聽過我想去的黑龍江地帶，那裡過於偏遠。即使警察不妨礙我，一個孤身上路的外國人會被騙或被搶，我不該去。可是如果我堅持，他會找個中國人陪我沿著河流走，至少陪一段路。他在黑河認識許多人，畢竟他很機智。我也許有機會，不過在眼鏡後打量我的灰眼珠顯得憂慮。如果我發生什麼事，我就無法把瓷器的消息帶回倫敦。而在他凝視的目光中，我發現一種更柔軟、說不出口的關心。他甚至可能有點喜歡我，如同我對他的觀感。

隔天早上，也就是渡江到中國的前一天，我把自己關在旅館房間裡，準備適應我在三十年前學得勉強、此後也鮮少說過的語言。我的中文筆記和教材塞在背包裡，像古老文本四處散落，依然寫滿中文家教的紅色原子筆筆跡，並沾染咖啡杯印。在房間窗外，越過河畔高樓的開口，一小段黑龍江閃爍微光，黑河市則在更遠處的多雲天空下。一艘俄國巡防艦駛過間隙。

房裡唯一的聲音來自於我自己。我回到簡便小桌前。能夠拋開複雜的俄語文法、動詞的雙重時態、精確的名詞所有格、長得可以的單字是種解脫。中文的動詞缺少時態、性別，甚至是單複數，突然間顯得簡單無比。我把桌子移近窗邊的採光與黑龍江的波光，雀躍情緒高昂。中文詞彙重回腦海。有時我泛起一股錯覺，誤以為自己不是尋回記憶，而是重新學習。我期待中文的簡明要點一舉取代俄語。轉換語言的感覺好似換一個人。聲音與結構影響情感。新的概念湧現，同時有些想法消逝。我幻想說中文的自己變得更積極進取，而且我的語音下降一個八度。或許我需要如此。我不曉得哪種方言可能迎面而來。不過我一直聽見中文重返，並想像一切都會順遂。

可是隨著時間過去，愉快的回憶變得生硬。不熟悉的句構開始對我造成壓力，有些字我忘得一乾二淨。也許真的隔太久了。令人欣慰的西方外來語（在俄語裡為數眾多）完全不存在。中文是一種聲調語言，字詞隨著轉調改變意義，而在我記憶裡，中文化身為不和諧的鑼聲迴盪。我想起說中文比聽懂容易：恰好跟我想要的相反。轉瞬間，我想念俄語的變通之美。

到了傍晚，我發現有種自己引起的癡呆症狀來襲。下樓前往飯店餐廳時，我誤用中文詢問化妝室位置，接著用俄語點餐，再錯亂混用兩種語言向困惑的女服務生搭話。對於兩種語言的有限理解，時常讓我講到一半兀自停頓。我不知道什麼話會從我嘴裡冒出來。

當我晃出旅館，暮色已籠罩江岸。空氣冷冽。身穿農婦洋裝的女子團體在唱民謠歌曲，一位年長的哥薩克人彈手風琴伴奏，身上別的勳章比阿列克謝還多。可是在將暗的河畔步道，幾乎無人聆聽。對岸的燈光和音樂在黑河市響起，我感到脈動的城市生命力。俄國人不再說那是為了折磨或欺騙他們才搭建的劇場，而是賣破爛商品給他們因此富裕起來的城市。我眺望黑河市，對於無法預料的旅途興起一陣好奇。據說中國境內的黑龍江流域，全都像對面的俄國河岸一般布滿防禦工事，可是黑河市並未流露半點跡象。這座城市如遊樂場一般燈火通明，映射霓虹光束橫渡水面，在我腳邊波動。

Chapter 7

黑龍江

Black Dragon River

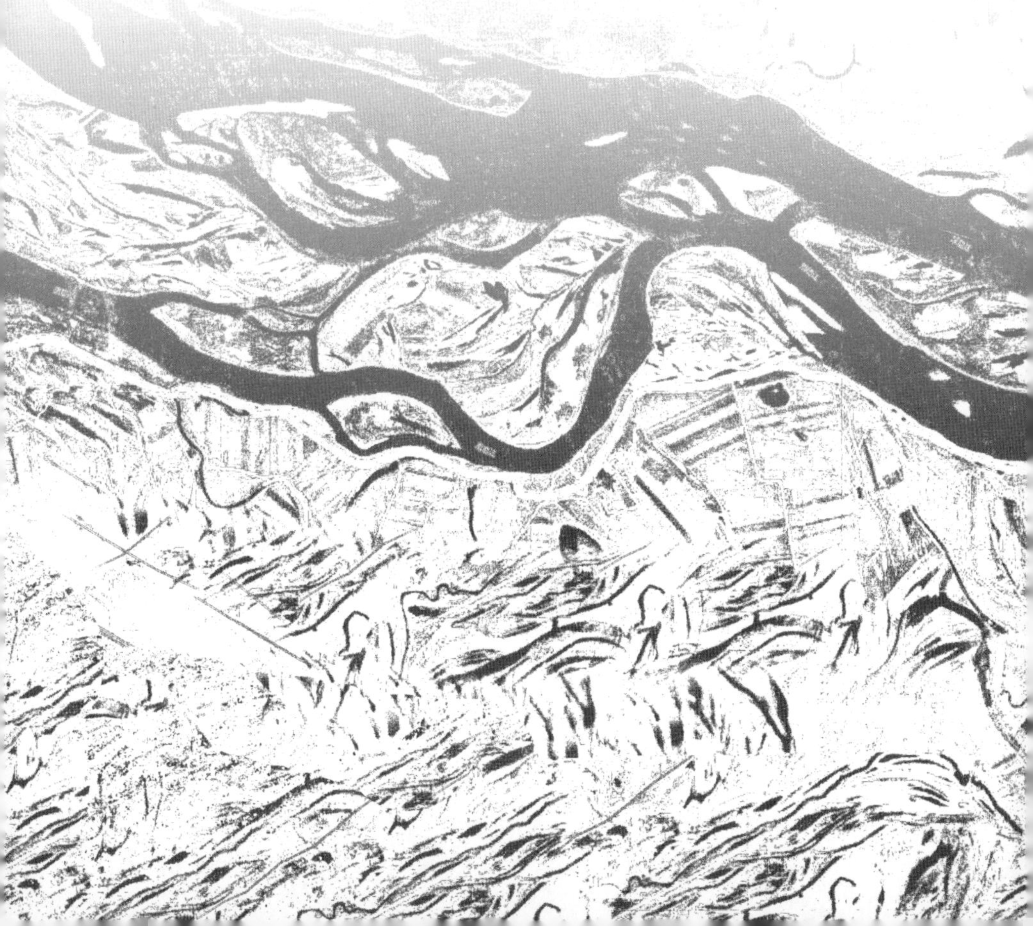

在中游的某個地點，當河水漸深、顏色漸暗，這條江河成為中國所有。別稱小父親的阿穆爾河改頭換面為黑龍江，又歷經一次性別轉換。在中國，流水自古以來是女性，高山則為男性，而華中地區的大動脈長江和黃河，在人們眼中是繁衍不息的生命力。這些江河滿載著永恆崇敬。在儒家與道家的哲學中，水是一種本質面的道德良善；水的流動無論多麼危險，皆體現正確的人生，治水對於國家安康事關緊要。倘若河水氾濫，即為上天收回賦予皇帝授命的跡象，使他的皇位動搖。

黑龍江由西向東流，一如所有的中國大河，這條軸線依然深植中國人的思想。這項地理軌跡或許暗指黑龍江屬於中國，因為俄羅斯最浩瀚的水道全都往北流動。然而黑龍江的位置遠離中國核心地帶，其凶猛性格引發週期性洪水，但怒火肆虐於偏遠荒野，從未觸及帝國中心。長江和黃河的源頭爭議不休，彷彿那可能揭露中國人生命的祕密泉源；黑龍江的源頭則佚失於蒙古沼澤，並未承載此種徵兆。那地方危機重重，可能有入侵者襲來。

黑龍江沿岸城鎮還年輕。黑河市的前身是一處設防的商貿屯墾地，於一九〇〇年遭俄軍夷平。三十年前，重建地只是一個村鎮，但我如今踏上碼頭，中國人正在卸貨給垂頭喪氣的俄國搬運工，而俄國人像牛隻般集中在海關大樓排隊。中國邊防官員花了四十分鐘處理我的簽證，層層上交茫然的主管，直到某位官員擠出令人不安的皺眉後蓋章。「只有俄國人從這邊來。」

我的巴士開上寬敞、乾淨的大道，兩旁摩天高樓頂端架設操作中的起重機。濱水區跟海蘭泡同樣鑲嵌花崗岩，不過尺寸似乎更龐大，連綿數英里以幼樹妝點。現在是十月初，「黃金週」假期剛開始，用以紀念一九四九年中華人民共和國創建，鮮紅旗幟在八爪分枝街燈的大道飛揚。一個巨大球體頂端佇立飛馬，宣告黑河市榮登中國的商貿重鎮，一叢叢綠色植物被修剪成俄羅斯娃娃和洋蔥狀圓頂，向渡河進城的人表示歡迎與交易期許。這些綠雕幻象，實際上是把剃平的小灌木擺進竹支架，再用紅漆噴上圖案。一切皆受到精心照料，完美無瑕。看似海市蜃樓歐洲、投射燈光映照河面的圓頂與塔樓，結果容納市政設施。哥德式大教堂是市民健身場館，興建中的巴洛克風格宮殿將成為老人休閒中心。海蘭泡的二手日本車與棘手的右駕方式不復見。我看見成排的嶄新速霸陸（Subaru）、凌志（Lexus）和豐田轎車，以及暗色窗戶的荒原路華（Land Rover）停在更宏偉的住宅大樓路邊，那裡的時髦年輕女子踩著厚底靴走路。

通往市中心的街道變得人車密集，我開始步行。黃金週火力全開。豐田和路華旗下的攬勝運動休旅車（Range Rover）塞在電動搬運車與貨車中間按喇叭，而在城市的要道文化街徒步區，商業喧囂升高成激烈的刺耳噪音。在狹窄門面後方，商店內縮成明亮殿堂，高吼的擴音喇叭在前線厲聲交戰。有的店家將商品擺上人行道，花車堆滿廉價服飾、陶製杯盤、電子產品，連寵物龜和金魚都有。衣服大半標著「New York」（紐約）、「Benetton」（班尼頓）、「Yankee」（洋基）或「Gucci」（古馳），絕對沒有「Moscow」（莫斯科）。甚至有一包肯德基炸雞。攤販設置自己的播音系統，拉客的人到處都是，強力推銷餐廳，遞來折價券和簡介手冊。他們以為我是俄國人。隨著夜晚到來，嘈雜喧鬧甚囂塵上。在漢字的鋸齒狀迷宮中，霓虹招牌閃爍人工色彩，越過江水傳來的動人樂聲無比魅惑，音量大到淪為震耳噪音。這是孩童的假日時光。他們繫上安全繩，在街邊的蹦蹦床上下彈跳，並駕駛塑膠的坦克車和跑車穿梭人群間。

與此同時，在頭頂的陳列電視上，一場國宴正在北京舉辦，天安門廣場令人膽寒的閱兵已結束，另有一個月前我從外圍經過的那場軍事演習的新畫面。處處可見招攬所剩不多的俄國人的嘗試。西里爾字母和漢字在路標上並置，錯誤拼字長久地留於店鋪櫥窗上、或在店頭的霓虹燈箱中跑動，偶爾依然聽見俄語從播音系統放送。路口矗立偽綠雕的俄羅斯娃娃和東正教會教堂尖頂，並安放常綠十字架。

可是我沒看見半個俄國人。在普希金（Pushkin）雕像對面，昔日俄羅斯貿易商聚集的餐館變成低價玻璃製品的倉庫。我踏上附近的普希金書店階梯，進入意外的寧靜。樓梯間排列著俄國作家和芭蕾舞者的照片，緊鄰一間臭氣四溢的廁所。我找不到俄文書，於是使出不牢靠的中文，向一位幫手詢問它們的位置。她說店裡沒有俄文書，已經好多年沒有了。

回到街頭，一席歡樂慶典正揭開序幕。鼓、號角、鈸組成的樂隊，走在揮動紅綠彩帶和扇子的舞團間。有些人戴著墨鏡和圓頂高帽。在巴西，這種突發事件可能預示一場嘉年華會，在印度是宗教節慶，然而在黑河市，他們意在替「中國黃金」打廣告。有個咧嘴笑的老人跟不上腳步，乾脆閒晃到一旁，炫耀繡著龍的滿族長袍和一頂小圓帽，似乎為了長久遭剝奪的過往而欣喜。海蘭泡的寧靜幾成回憶。不過人群中有兩位年輕的俄國女子笑著走向我，一頭醒目金髮和藍眼珠。

「我們打了個賭，說你不是俄國人。」

「為什麼不是？」

她們齊聲大笑。「因為你看起來很快樂！」

在這片過於喧囂的商業亂象中，她們似乎格格不入，更接近我覺得熟悉的世界，一個我無法擺脫的世界。現在她們說：「這一切是不是糟糕透頂？我們很討厭，只有錢、錢、錢。你覺得呢？」

我擺出怪表情。「可是我很著迷。」我感到一閃即逝的不安，唯恐她們討厭的力量有天也許會吸納她們，但我喜歡她們的笑聲和無憂無慮的美貌，接著我們在舞蹈團間分道揚鑣。

格列伯說話算話。他透過幾位黑河的生意窗口安排一位待業的中國人，如果我喜歡對方的話，可以陪我沿著黑龍江走前幾百英里。這麼一來，我就不會上當或挨揍，他說。我只需要付那人要求的一點錢。

在我下榻的黑河市旅館，位於市中心的一棟熱鬧大樓，我等待與梁先生[1]見面。我擔心來者是話多的嚮導，或甚至是情報特務。不過當他抵達接待大廳時，他身穿褪色牛仔褲和舊背心，看起來侷促不安。在他的狩獵扁帽下，我看見一張聰慧的臉，帶著某種憂鬱鎮定回應我的微笑。我們都很尷尬，不確定誰在面試誰。他覺得我的行程難以理解，這是當然。他說除了二十英里外的愛輝區——也就是以前的璦琿，他對這條河流一無所知。他的家人來自吉林省，在遠離黑龍江的南邊，加入一九六〇年代的大移民潮；他們一家有十個人。他脫下帽子，露出禿頭，僅有稀薄黑點覆蓋額頭，單獨一條橫斷的皺紋如同刀疤。他在黑河當印刷工人，接著做木匠，甚至試過短暫地擔任城市嚮導，可是很快就賺不到錢。或許是那段日子的緣故，他的談話中充滿古怪的俄語，而我用謬誤的中文回答。我們聽起來肯定糟透了。他說，他只去過俄國一次，偕妻子跟團去新西伯利亞（Novosibirsk）度假。「我們全都被搶，來了一群黑幫。但我們反擊回去。」他露出中國式的堅毅微笑，以及一排破牙齒。我直覺上喜歡他，我

1 譯注：本書中國人的名字皆為音譯。

也察覺到自己這身外觀讓他放鬆：衣衫有些破舊，像他一樣。我們說好過兩天出發。

城市河濱步道下的黑龍江有著清澈的紅褐色水流。江畔的辦公室和樓寓由於黃金週而安靜下來，老人在臨江公園外圍的樹下玩撲克牌。三兩美術學生在碼頭上用淺色油彩描繪景致，路人聚在他們的畫架周圍，不時評論。學生早已學會忽視他們。「這些人跟我們不同類。」一位學生告訴我。她高高瘦瘦，身上的T恤宣示「我們都是明星」。「黑河市非常小，你知道吧。我們在這裡都感到孤獨，沒人能講話。我們會在這裡讀四年大學。」她來自黃河邊的富裕城市鄭州。「我想回去。」她只畫出視野的一部分，江水和樹而已，抹去一切河畔建築物。

她畫清界線的那群人，中午在河濱大道散步。女生穿花裙或長褲，黑色防風外套和鴨舌帽。很容易將他們矮而結實的體型歸屬到農村祖先，剛剛脫離貧窮的一個世代，享受從南方人口密集省分移民的果實：山東、吉林、遼寧。在這座年輕的城市，年歲漸長的世代到戶外呼吸新鮮空氣，挽著兒子或女兒的手臂蹣跚而行。艱困年代彷彿在他們緊繃的面容上留下印記，於是即使到了今日，閃閃發光的河濱步道、雕像和遊船，也許依舊顯得有點美好。

他們眼見的一切都比自己年輕。三十年前，這裡是一片礫石河灘。如今在高聳基座上，巨人般的母親塑像高舉帶翼嬰孩，偶爾會有導遊宣稱她是黑龍江與阿穆爾河融為一體的象徵。當你往下游晃盪，步道旁的樹影變得濃密，立著熊、貓和寓言比喻的民間故事雕像。在標示「知識就是力量」的翹翹板雕塑上，捧著一疊書的得意孩童，重量勝過拿一包菸的肥胖粗人。

瞭望塔的士兵正透過望遠鏡觀察對岸的俄國守兵，塔外的大黑河島彎曲伸入江中。大黑河島屬於中國，兩座寬敞橋梁越過水面聲張主權。沿著島的北岸，步道再度出現，在樹木圍籬下延伸一英里至島嶼尖端。一九九〇年代初期，中國宣告大黑河島為自由貿易區，俄國人無需簽證就能來這裡做生意，我曾從海蘭泡瞥見島上國際商貿城的建築物簇擁著地平線。

不過當你往前走去，步道變得冷清。唯一的聲音是細微鳥語。越過河面，海蘭泡的剪影低矮且破碎。我經過我住的舊旅館，在江水另一頭隱約拔起，並跋涉在外圍種著角樹、柳樹和橡樹的花圃旁。接著，島嶼盡頭出現一片廣闊、空曠的停車場，後面有一座廢棄的遊樂場，摩天輪停擺在空中。棄置商貿城建物的巨大鋼鐵弧線延展開來。我從吊著掛鎖的門口費力端詳內部毀壞的拱廊。

有一度，當盧布幣值高漲，俄國人帶著大筆錢財湧進此地。十年後，自由貿易區擴建成黑河市。中國人百般嘗試迎合俄國人的胃口，供應本地釀造的伏特加、莫斯科流行的服飾，以及加大尺寸的裙子、皮帶、胸罩。堅毅的「駱駝」往來不息。由於判斷失準的歡迎之舉，連市設垃圾桶都做成俄羅斯娃娃的造型，導致俄國人憤慨不已，該國具有保護魔力的戴頭巾老奶奶竟然淪為垃圾容器。

而今在新建的較小型中心，幾位沮喪店主占據原本國際商貿城的位址。「生意很慘澹。」一位銷售員說。他看來年輕，焦躁不安。「這地方剛剛蓋好，可是沒人來。」他的攤位堆滿一個套一個的娃娃。「其實這些便宜貨是中國工廠製造。大家不告訴俄國人，當然囉……」他在店裡成排的紀念品間莽撞移動。「我想念俄國人，大量採買的那些傢伙……尤其是女生。」

「她們買得比男生多？」

「不，是她們的長腿。」他露出好色的咧嘴笑容。「那是俄國人最棒的一點。女生的腿那麼那麼長……」

他聽說俄國跟中國不一樣，女人比男人多。他知道有人異族通婚。他認為俄國女生曾經有錢，但談論到她們，他的臉色變得黯淡。「俄國人沒辦法不喝酒……」他轉頭往一臺老舊筆記型電腦查詢存貨。他不知道自己能在這行業生存多久。信誓旦旦的未來，以及西伯利亞的財富和絕美長腿，都在他的憂慮話語聲中消逝無蹤。

俄國人從未回報黑河的歡迎。在海蘭泡，我想不起看過漢字的路標或商店招牌。連中國餐館都用西里爾字母自我介紹。不過有座俄國雕像向黑龍江「駱駝」的勞動致敬，表現一位年輕主角抱著運輸的巨大長方形箱子邁步向前。在黑河，中國人以類似的雕像回應，可是他們的駱駝坐在手提箱上，握著手機，顯得非常疲憊。

現在是傍晚，天空漸暗轉成藍紫色。在黑河市中心，醒目標示著「歡迎」字樣的寬闊拱門後方，幾盞燈光從俄羅斯商品街亮起。這些店鋪販售在中國加工的俄國琥珀、標價漂亮的珠寶、伏特加與俄國巧克力。但是街上沒有俄國顧客；所謂的俄羅斯餐廳端上一道俄式開胃菜（zakuski）後，又恢復成中式餐點。

越過拱門，俄羅斯商品街漸漸變成千篇一律的紅燈區。可是，過往受到中國人身體的陌異感打動因而湧來的俄國買春遊客，如今已不復見，情趣用品店興許歇業已久。只有一次，粉色珠簾撥開，看見由孤燈點亮的房間裡，垂頭喪氣的女子朝我喊「Anmo」，但並非在訴求阿穆爾河，而是在講中文的「按摩」。

繼續往前走，街道變得十分安靜，就在這裡的一間深色木造大宅邸裡，格列伯的古董商在此運籌帷幄。如果我能把他們的瓷器照片帶回倫敦，這舉動的餘波對於格列伯很重要——或許是他交朋友的原因。古董商的其中一位兄弟目前在家，帶著幾位衣著光鮮的男助手。我登上寬廣木樓梯，通往飾有鑲板的走廊。周遭一切帶有暗黑光澤且厚實。面向走廊的房間一律緊閉，不過他們指引我走進一間辦公室，看起來像久未使用的會議室。整棟建築散發一股龐大、禁閉的力量感。我坐在擦得光亮的桌前，衣著入時的年輕人來來去去拿瓷器讓我拍照：他們說是一千年前北宋朝代的工藝品。他們把瓷器像嬰兒般放入我手裡，全都是無價之寶。一只花瓶，一件瓷盤，一個香爐。瓷器的釉彩美不勝收，在我的相機鏡頭下變幻發光。顏色為這類瓷器所獨有，介於蛋白石和綠松石之間。

我不經意揣想，照片如何能夠傳達這些物品的整體感覺，更別說是它們的價值。不過專家的眼光看來有時可以判斷。

幾個月後，當我把照片交給一位倫敦專家，他斷言瓷器是假貨。

小鎮愛輝、也就是舊時的瑷琿，位於黑龍江岸以南二十英里，正是一八五八年簽署臭名昭彰條約的地點。根據該條約，俄國併吞黑龍江以北的所有中國土地。各方說法表示，承載苦澀國族記憶的瑷琿禁止外國人踏足，我卻與小梁並肩搭乘地方公車駛入。我印象中三十年前像這樣的公車擠滿農民，走道上有口水和菸灰。而今，在帶著衣著鮮豔孩童的小鎮家庭間，只剩夾克磨損、帽子戴得歪歪斜斜的老人能辨識是前一個世代出身的。

我們穿越一個新的國度。俄國河岸的零星農舍與菜田，讓出空間給相連直抵地平線的玉米田。小梁說他記得兒時有森林的地方，如今光禿一片。灰泥磚砌小屋立於成排光潔的塑膠棚下的菜園間。每塊土地都在使用與耕種。不過在我們東邊，每隔幾英里，有座七層樓高的蒼白水泥瞭望塔標明河流的位置。

小梁說，他待在璦琿已經許多年，但印象中沒見過警方檢查哨。他從未到外面旅行，不過我們樂天地計畫沿著河前進五百英里到同江市，我將從那裡獨自上路。除了一個棕色的小盥洗包，他什麼也沒帶，而且看起來很滿意。畢竟現在是黃金週，是假期時光。

在璦琿的大街上，沒有一棟建築物超過兩層樓高。古雅別緻的吊燈照亮街道，小市場擴溢至人行道。從某處傳來悅耳的音樂聲。後街小巷裡，鵝群來去於鍛鐵柵門與園籬間，擺滿花籃的江邊小徑正等著迎接一場婚禮。江中水流豐沛而平靜。洪水期泥濘不堪的浩瀚支流結雅河，剛在上游處匯入黑龍江，卻保有軍綠色的暗流，不見任何船隻航行於上。

唯有聳立於城鎮中心的博物館暗示某種未和解的過往，龐大、現代、比例失衡。博物館出現在一條寬敞的道路外，突然間擠滿遊客。館區一側的拔尖堡壘，頂端坐落著朱紅寺院。另一側是成簾的上千掛鈴隨微風叮噹作響，彷彿存有自己的某些記憶。

我聽說，這地方更加嚴禁外國人進入，不過售票員瞪著我的護照，上面記載她看不懂的文字，只詢問我是不是俄國人。

展廳寬敞且光線柔和，我愈逛愈發感到訝異。跟古代文物的展示相比，不如說是一席說教式的歷史課，有如建於二〇〇二年的「愛國教育基地」；館內參觀者在專注靜默中列隊行走。在生鏽的馬轡與長劍展櫃上方，解說文字為中國奪回了黑龍江。行文宣稱，遠在河流北岸的當地住民為北京皇帝的附庸，懸掛的地圖則顯示中國邊界深入今日的俄羅斯境內，包含遠遠越過的黑龍江的山區。甚至指出位於河流最北端懸崖高處的一間明朝寺院，曾頌揚一四一三年的中國海軍遠航。

在中國人眼裡，這條北疆界由《尼布楚條約》確立，在一六八九年以迂腐的對等關係簽訂。而現在我走到符合真實尺寸的蠟像前，展示簽約的最後場景。他們流露善意的和諧。滿清使節比俄國代表更加高大威武，確有此事，不過肥胖的費岳多·高羅溫伯爵（Feodor Golovin）頭戴一頂滑順的黑假髮，以友好目光回望。兩人各自以指尖輕觸文件一端，流露微妙的和睦。

你自然無法得知，他們爭論的國土是早期原住民的荒僻家園。高掛的文字宣稱此地在清廷的治理下繁盛，璦琿城的模型則演示一座寬闊城鎮，由設有斜坡出入口的雙層圍欄、護城河與雲集寺院所環繞。

然而到了十九世紀中，隨著清朝衰微，造成重大影響的《璦琿條約》將這所有土地割讓俄國，我發現小梁悶悶不樂地盯著解說文字，其間「入侵」和「被迫」的字眼反覆出現。一段解說文字惋惜道，連同兩年後的《中俄北京條約》，中國又放棄烏蘇里江以東領地，共計超過一百萬平方公里的領土落入俄國的掌控。馬克思與恩格斯（Engels）對此掠奪舉動寫下的憤慨文字醒目地橫越牆面。

下一個蠟像場景冷峻而清晰。金髮惡霸穆拉維耶夫伯爵配戴飾帶與金色流蘇肩章，居高臨下地逼近髮色斑白的對手，即不幸的清朝皇親奕山將軍，後者順從低頭。《尼布楚條約》遭到一舉扭轉。穆拉維耶夫成為國家英雄；奕山回到北京遭到拔官。這發生在當今中國稱為「百年國恥」的鼎盛期，於此期間，英國、法國、美國及旋即加入的德國、日本，都向式微衰弱的清廷強奪土地租界。此後中國以「不平等」條約稱呼這些清末協議，在威脅下強取豪奪，而舊時的帝國掠奪者如今當然已交還領地。唯有俄國從不打算歸還奪來的遼闊土地。經過一九九一至二〇〇四年間的一連串協議，變更的邊界遭到痛苦重申，且於兩國河岸銘刻巨石確立邊界。但是傷口難以癒合。文化大革命期間，當紅衛兵的擴音喇叭播放政治宣傳轟炸俄國河岸，沉睡的仇恨復甦。即使到了今天，邊界經正式劃定，中國人仍堅守對於《瑷琿條約》的「不平等」定義。

博物館之行邁向更深的委屈。小梁走在我身旁，相機輕托在手裡。隨著中國的義和團運動蔓延至海蘭泡，一九〇〇這一年變得黑暗。俄方的回應是入侵滿洲，將瑷琿夷為平地。照片顯示除了摧毀的土牆垛外什麼也不剩。英勇卻戰力不足的士兵和人民往往死在堅守的位置，博物館展廳變成殘骸與火焰的城景重現。在遍地屍體的廢墟裡，蠟像居民在戲劇性對抗中身亡。一位老婦人緊抓丈夫的追悼牌匾；士兵揮舞舊式長戟與闊劍。

至於海蘭泡中國居民的大規模溺斃，此一恐怖事件在俄國博物館遭到打壓，我短暫設想這裡也隱瞞，甚至遺忘那些經歷。不過實情相反，靠近博物館盡頭，豁然開展一片巨大的控訴天幕。我身旁的人群目瞪口呆地凝視天幕。先前洗劫瑷琿的場景聚焦描繪受害者，凶手僅是位於街道盡頭的剪影；然而在這裡，彷彿在盛怒下繪製，哥薩克人殘酷無情地上工。悉心打造的前景中，屍體與剝下的衣服四散，融入一幅宏偉畫布，在視線所及的所有範圍裡，畫中苦苦掙扎的人物遭到槍殺、重擊或砍死。而在個別事件中，女人、男人和孩童畏縮懇求或徒勞還擊，但他們終究被逼往河邊，聚集成一群絕望軀體。黑龍江中充塞他們的頭和手臂，在接連的波浪間漸漸模糊，地平線那端則是難以企及的中國河岸。我們觀看之際，一場聲光表演揭開序幕。現場變暗，接著慘白的聚光燈照亮一樁樁暴行。傳出來源不明的尖叫聲與馬匹高抬前腿的嘶鳴，同時有個肅穆的聲音緩緩描述故事背景。死亡人數上升至六千人。

我們離開博物館時，在沉默的參觀者之中，無人迎向我的目光。

小梁告訴我，他從小習得《璦琿條約》是在威脅下強迫施加的，就跟使香港納入英國或臺灣歸屬日本的條約同樣不合法。唯有一六八九年的《尼布楚條約》貨真價實，條文將整個黑龍江流域劃歸中國。而這種學校教育延續至今。情況就像中國官方謀求和解，同時教育國內年輕人另一種可能性。回頭看俄國，一場爭端正於網路爆發，有位海蘭泡居民抱怨不合時宜的俄國教科書，主張黑龍江是動用武力奪取的。我不曉得自己生活在中國土地上，他怒道。俄國並未以武力脅迫中國，只是「利用機會」——並且使黑龍江物歸原主。

這些微妙情緒可能加劇成偏執，俄國邊界依然散發著恐懼。我甚至產生一個念頭，莫斯科的聯合軍事演習出動三十萬俄軍與稀少的中方派遣隊，與其說有意向西方傳遞訊號，更像在對中國含蓄示警，展現可調派至對方門戶的軍力。

小梁在璦琿有朋友，但是他想不起王家的確切住址。我們徘徊在小孩和警戒狗兒奔跑的街道，偶然走抵王家小屋。璦琿在一個世紀前開始重振，但是這對老夫婦不曉得家族何時從南方來到當地。度黃金週的孫兒占據他們的大腿和膝頭。老太太身穿亮片罩衫安坐，拿甜食寵溺孫兒。她在愉快中保有戒備，她的丈夫則顯得衰老。小梁和我坐在他們的炕邊——那是從內部加熱的傳統磚造平臺，看著王家親戚在歡笑聲中來來去去。他們送上櫻桃、草莓和西瓜招待我們。這裡的生活比都市好，他們說，現在城裡工作難找。泥土地面鋪設新的油氈，小孩在上面玩，上漆的櫃子放著一架大電視。

他們的庭院堆滿玉米，屋簷掛著紅辣椒。

我來自西方似乎沒構成困擾，我是他們過節的異國附屬品（我試著說中文），也是友好的說笑話題。老夫妻的一位福態女兒的T恤上寫著「Infinite」（無限），問我倫敦在何方。她的丈夫跟八歲女兒視訊通話，孩子問我幾歲並笑個不停，我說她很漂亮，接著她從手機螢幕消失。這時祖父母也拿自己的年紀開玩笑，談論自己剩下幾顆牙齒（數目不多），有什麼食物不能吃。老太太送我一把梳子，因為我的頭髮亂翹，我也給她一個掛著小巴士的鑰匙圈，她說她會搭這輛車去倫敦見我。

等小梁找到一輛往東行駛的公車時，時序已近晚。不過空氣仍然溫暖，車窗外的路旁家屋燈光昏黃。這條河邊道路連小梁也不熟悉，我從沒聽說有誰來過這裡。我讀到的資料顯示重兵駐守邊界，與俄國河岸相仿，並預料自己會被迫折返或遭逮捕。我沒對小梁透露這件事，免得他不敢上路。然而隨著公車彎來彎去穿越黑暗，我們沒遇到警方崗哨或路障，幾乎完全沒別的車輛。一個小時後，我們抵達大五家子小鎮，在夜裡疲憊地步出公車。

我聽說過，大五家子是滿語的「最後避風港」，而那曾是囊括舉世三分之一人口帝國的官方語言。在我們步行的短短幾分鐘內，我想像著變換的臉孔與不同的過往。滿人本源自半遊牧的女真族，而族群最北界、俗稱野女真人的家園即為黑龍江。一六四四年女真人攻打長城，趕走腐敗的明朝，並開拓比任何中國前朝更廣袤的領地，統治國號為大清。滿人對故土保有強烈的思鄉情懷，即使在都城南遷至北京後，仍珍視此地為近乎神聖的淨土，以及生產貴重人參、毛皮和黃金的地帶。他們在大半個中國東北築起連綿千里的柳條邊土堤與比鄰樹林，企圖將祖先的重地隔絕於南方移民之外，因此數十年間滿洲（西方的稱謂）遭到棄置，黑龍江沿岸駐防地則淪為無助的前哨據點。整個十八世紀，該區域演變成中國端的西伯利亞，罪犯和遭貶官員流放來此。但是到了清朝結束的一九一一年，漢人移民早已打入這些肥沃低地，並徹底融合滿族人口，導致旅人無法分辨種族差異。

在大五家子鎮，小梁和我在黑暗中尋找旅舍，住宅高樓顯得跟黑河郊區同樣面目模糊。小梁羨慕他們順應一胎化政策的公寓，他說這些樓寓比老式小屋院落溫暖，我則驚嘆於舊日的集體生活在整個中國遭到汰換。我們找到一間藏身住宅大樓的旅舍時，小梁已經擺明昭告本地人，他的外國朋友圖必龍先生[2]想要聽人講滿語，並向我保證消息會傳出去。「別擔心，到早上人人都會知道你在這裡。」與此同時，他從未考慮兩間單人房，而是在俯瞰鎮上廣場的雙床房內打開他的小盥洗包，只穿內褲睡覺，把手機當嬰孩般呵護。圖必龍先生則清醒躺著，置身在數小時前轉暗小鎮的靜默之中。

這座小鎮比黑龍江畔的多數城市古老。少有聚落能追查到滿族遺續，我這麼聽說。然而一大早，當小梁與我在稍進早餐後散步，似乎看不出有什麼分別。三兩女子騎摩托車一早到訪，幾輛小卡車滿載大豆行駛。接著我們跨越一條彎流溝渠，兩旁石欄杆輕淺刻著蹲伏的鳥，小梁認為是皇室標誌。回到旅舍後，一位矮小、黝黑的男人推開我們的房門，蹦坐上小梁的床，並自稱他是滿人。阿韞說，事實上四分之一的本地人是滿族，也就是兩千個鎮民，但幾乎沒人能說半句滿語。

沒有一種廣泛使用的語言能消逝得更飛快。日本於一九三一至一九四五年間占領滿洲，扶植滿洲國傀儡皇帝，相隔多年的文化大革命緊接在後，迫害所有與眾不同者，並將滿人的驕傲轉化成羞恥與自我譴責。

少數民族當時全都遭到迫害，阿韞表示。「我父母在文革期間被逼得幾近崩潰，他們受指控信奉薩滿。不用說，那存在於我們滿人流傳的遺產之中，但是他們從未實行任何儀式……他們死得太早，比我現在還年輕就過世了。」他用手指撫摸一縷白髮。「那些年人們試著隱藏自己的滿人身分，這非常艱難。」

我開口問他如何讓語言保存下來。

「我父母在家會一起說滿語，我從小跟他們學。他們甚至看起來像滿人，我父親非常高大。我想我們像蒙古人，小眼睛、高顴骨。」他朝臉上比畫，彷彿自己繼承這種特點。但是他並不符合種族的刻板印象。在小梁的橙黃色橢圓臉形旁，阿韞的臉寬而紅潤，眼睛是黑色彎月，由於生活突然受到關注而樂得發光。他的眉毛有古怪的缺

2 譯注：作者的姓氏是施伯龍（Thubron），小梁的發音則為「Too-be-long」，故譯為圖必龍。

口，可能遇過某種意外，他的嘴唇厚且微啟，少見笑容。他說自己能背誦五代以來的族譜，他們是純正滿人，一生都在黑龍江度過。

這條河流對他們有什麼意義，我想知道。

「並不全然神聖，但我們依然稱它為我們的母親河。我的祖先全都是這些河岸邊的士兵，我們屬於白旗[3]。」他現在眼神發光。滿人八旗為他們的王朝培育軍事菁英。「我兒子也是士兵，個子又高，像你一樣。」他拿手機找出一張照片，有位健壯的年輕人在黃海某處游泳。

小梁插話：「他也講滿語嗎？圖必龍先生喜歡語言。」

「不，這裡只有少數老人講過滿語，他們已經過世。除了我以外。人們不再害怕表明自己是滿人，可是他們只懂中文。連我的哥哥也從來不會講滿語，他現在死了。基於某種原因，我是唯一會講的人，我想是我從小總是在聽……」

唯有在我問他是否對文化傳承感到驕傲，他才浮現出片刻不確定。也許為了服從黨的路線，或者尊重在身旁微笑的小梁，他說道：「不，不驕傲，我們現在全都一樣。」他比出水平的動作。「我們都是中國人。」稍稍沉默後，他補上一句：「儘管如此，我很遺憾我的兒子不講……」

正是在這處遙遠的黑龍江邊疆，滿語留存得最久。在西邊兩千英里仍有同系語言的使用者，滿人士兵曾守護當地邊界對抗沙俄。但是全國上下懂得真正滿語的人數不明，介於二十人至僅僅三人間，以及幾位研究清初史料的學者。滿語本身是阿爾泰語系（Altaic）下鮮為人知的通古斯語系（Tungusic），突厥人、匈牙利人、芬蘭人和蒙古人皆屬阿爾泰語系。據傳連最後一位滿人皇帝也只能講得斷斷續續。

阿韞也是，當他開始說滿語，表情看起來呆滯迷惑，彷彿那些字彙待在他的記憶地下室，必須一個一個拉上來。不過它們漸漸開始鬆動流淌，終於成為一條低語溪流，充滿短母音和模糊的喉音。偶爾聽見某個中文外來語的銅鑼般音調，不過即使在阿韞字字相疊合的嗓音中，滿語也出現輕巧斷音，似乎跟日語相近。

如今阿韞顯得高興，說著他久遠的母語。我猜想他說的內容是什麼，不知為何聽起來很重要。畢竟，使用這種語言的王朝曾統治史上第五大帝國，疆界深入內亞、北

3 譯注：此處原文未說明是正白旗或鑲白旗。

及黑龍江。我想像適用於冗長詔命與呼喊戰令的一系列詞彙。可是阿韞說完，我問及此事，他說自己對歷史或政治所知不多，沒辦法表達意見。密封在沒別人懂的語言裡，他一直在訴說自己的家務事。

隨著黑龍江往東彎，沙洲星布，片片經開墾的沼澤地安據在擁有玉米、大豆和小麥農穫的秋日寧靜中，在暴雨天空下鋪展紅褐與土黃色彩。到處有溝渠或田間小徑貫穿其間，村莊是一簇簇藍色或水泥磚屋頂。他們看起來很窮，但小梁說這裡的農民比鎮上居民過得好。他指的當然是他自己，還有他在一間剛倒閉的商店工作的太太。小梁說明，我們周遭的田野也許不再屬於集體農場，卻屬於收購與合併家戶土地的商轉企業，「造成種種問題和貪汙腐敗」。

有時我們的公車駛上落葉木叢生的山丘，引擎喘氣哀鳴，接著我們開出樹林，遠眺前方河流，現在有半哩多寬，在遠處淺淡地彎流。不見遮蔽俄國河岸的帶刺鐵絲網堡壘跡象，只有時不時出現的一座白色瞭望塔，或者什麼也沒有。隨著我們跋涉得更遠、更深入中國，我擔心我們會被遣返的焦慮開始減退，這可能是種危險的想法。

三天來，接連轉搭的公車載我們沿江東行駛，我們開始感覺在度假。小梁身上某種隱微的沮喪感開始消散，彷彿另一個人一直守在他略顯垂頭喪氣的身影後，如今獲得自由。我們在簡樸餐館吃蒸包子或蕎麥糊（kasha）當早餐，粗獷工人和農夫在店裡愉快喧鬧。年輕人都是留著刺蝟頭的高大男孩，常比長輩高一英尺，偶見一對老夫妻，身材嬌小、滿臉皺紋，待在角落分食一碗水餃。

小梁熱愛這些餐館。夜裡，在我們過夜的城鎮，他懷著亂糟糟的興奮與猶豫不決到處找。它們在我眼中多半相似：三十年前在地方城鎮無法想像的飯館。護貝菜單貼滿牆面，介紹多達八十道菜色。而當小梁和我終於坐下來，送上的每道菜極其大盤，分量適合全家人，連他都難以消受，並盡可能掃進一個打包袋。不過這些晚飯是他整天最享受的時光。他的筷子飛舞在炒菜與炒麵、橙汁雞和芝麻牛肉、黑木耳、薑片蝦（如果我們運氣好）、豆腐間，以及我無法解讀中文名稱和味道的餐點集錦。由於小梁堅持嘗試，我們的交談依然混雜我的怪中文和破碎俄語。我的中文讓我在說明簡單事物時會多繞路，小梁則常用絕望的一聲喵取代俄語的子音叢和摩擦音。在我們之間出現一種奇形怪狀的不和諧混合體。在這些偏遠鄉鎮，我也成為人們私下關注的對象，本地人連俄國人都很少見到，而且小梁喜歡向任何有興趣的上門者談論我，彷彿我什麼都聽不懂。「圖必龍先生是英國來的作家……他在蒙古從馬背上摔下來……對啊，他的眼睛深邃，頭髮亂翹（雖然有王太太的梳子）……他很老，但他懂得用筷子……」

不過等喧鬧平息，滿桌食物使我們耗盡力氣，他會走到店外點燃紅塔山香菸，抽完一根又一根，然後我們終於穿越暗下來的街道回廉價旅館，每晚花不到十美元。我們的房間總是有電視，即使別的設備都失靈，但我們略過黃金週大量播送的愛國新聞報導。面對他們甜膩的樂觀主義，我開始懷念俄國的暴力驚悚劇，甚至是遭到監控的政治辯論。至於小梁，在任何情況下，他通常選擇一齣古裝肥皂劇，淒楚情節每隔幾分鐘就被青島啤酒和安慕希希臘酸奶的廣告打斷。

我們過夜的城鎮皆於一夜之間興起。鎮上的狹長六層樓寓，密密麻麻的店鋪招牌和平價中國汽車行駛的寬廣街道，看起來都屬於同個時代。在遜克縣，我們頂著強風沿河散步，那裡的河濱大道延伸並外推，彷彿為了邁向恢宏的未來。波浪拍打步道底部，海鷗高鳴，兩個男人在冰冷的淺灘處游泳。一塊銘刻巨石坐落在步道尾端，小梁默默細讀，證實這就是與俄國的邊界。

隔天我們沿著一條窄水泥路前往嘉蔭縣。採收完的玉米在道路兩旁沙沙作響，黑紫色的大豆田，時常從一邊地平線延展到另一邊。我們的公車幾乎全空，也沒怎麼停靠。沙岸岩棚沿途堆疊，像是從地表雕出梯田。黑龍江一度出現在離我們近得驚人的正下方，分流進數個河道，於江中島嶼間呈現天空藍色，而北方高懸俄國丘陵的輪廓。

嘉蔭的節慶旗幟和燈籠沿著近乎荒涼的街道懸掛，好似它們慶祝的事件已被遺忘。然而就在它們一路掛到江上的盡頭處，公車讓我們在熙攘的岸邊下車。似乎全縣人口都在鋪灰石子的江邊大道散步。商販推來叫賣廉價珠寶和紀念品的攤車，笑語聲在此達到刺耳頂點。仿冒商標恣意橫行，貧窮縣民拿紀梵希（Givenchy）包包交換銳跑運動鞋。他們沿著飄揚紅色三角旗和海報的江畔步道前進，海報上習近平的微笑鋪天蓋地，強制施加幸福感。在這冷冽、明亮的陽光下，每個人都在替另一個人拍照，包括我在內。

江水轉變成青花瓷的藍色。江上遊船以半小時的行程航遊沿岸，乘客躲在甲板的小塔頂下，同時有背負重任的船隻停在附近：一艘警用艇，一艘專門探勘江水深度的船，一艘來自黑河市的外交部船艦。有次一艘大型遊艇掀起波濤駛過，船上擠滿度假遊客，船頭升起高聳的雷龍塑像。

因為嘉蔭是「恐龍之鄉」。一個多世紀前，不完整的頭骨從侵蝕的河岸中緩緩露出，首獲鑑定為鴨嘴龍。從那時起，整片區域成為古生物學家的夢想大地，一座張揚的博物館迅速設立。鴨嘴龍塑像散布城鎮以示紀念，呈現幼龍破蛋而出或翹腳坐於公園長椅上。而現在，適逢黃金週，一批新設的展示全面推出。沒有場景能躲過劍龍或霸王龍的多刺背脊，三十英尺高的蜥腳類恐龍在每一座縣立庭園悠哉吃草。它們以石膏或矽膠塑型，沿著邊緣笨重邁步，並在縣廣場上猛然探出屋頂。它們裝飾垃圾桶，也從辦公大樓陽臺往外伸脖子張望。孩童騎在電動恐龍上，而小梁想把恐龍全都拍下來。

晚上我們疲憊不堪地抵達一間餐廳，裡頭坐滿大喊大叫的饗宴者。伸出利角的三角龍石膏頭骨擺在正中央，無人關注。小梁點了一堆菜，接著滑過他拍的恐龍照片，停在一張年輕女子的個人照並拿給我看。她坐在咖啡館裡，杯子半舉至唇邊。她的墨鏡往後斜倚著飛揚秀髮，臉上沒有笑容。

我詢問：「這是誰？」

「這是我的女兒。」

我含糊讚美幾聲，但她似乎承載父親的悲楚。他說：「她住在青島市。」

我無法解讀他的表情，他繼續往下滑，越過她的照片。青島位於超過一千英里的南邊。「她從事什麼工作？」

「她在一間舞蹈學校教跳舞。」像是要解釋她的缺席，他說明：「她在青島一年賺四十萬人民幣，這筆錢夠你買一間公寓。」他皺起額頭。「她很難回來黑河，這裡沒有工作，年輕人紛紛離家。出外讀大學的人從來不回鄉，連公共澡堂都空空蕩蕩。深圳和上海的情況也許不錯，但是在北方這裡，我們非常窮。」

他羞澀點出手機裡的早年照片。我看見一位年輕人和妻子，身處比較好的時光，年幼女兒在兩人之間踮起腳尖。女孩以緞帶紮起兩側頭髮，像頭上的大耳朵，笑臉與青年先鋒的紅領巾連成一氣。小梁驕傲地站立在旁，身穿夾克、打著領帶，後方妻子身著某種舊日行業的制服。她有一張開闊明亮的臉。「那時候黑河的生活比較好。」

可是在後來的一張照片中，她變得不安、眼睛瞇起，青少女則以修長指尖撫著臉頰，不確定自己的模樣。

小梁說：「她二十五歲，還沒結婚。她永遠不會回家鄉來。」或許使用混亂的語言向外國人吐露心聲比較容易，彷彿在某種程度上，這樣就不算數，但是他的橢圓長臉蒙上一層悲傷。他的女兒是一胎化政策下的後代，他說。她是他們夫婦僅有的孩子。像這樣的子女必須獨力承擔父母年歲漸長的重擔。我察覺她的自我中心，也許備受寵溺，但看重自身的獨立。他對夫妻倆的老年感到擔憂。

這席浮想被一位乞丐打斷，他混進餐廳，如今覬覦我們的食物。小梁突然動怒：「我們全都需要幫助，但我們必須去掙！」那人起初看來驚訝，接著沮喪退開。

小梁繼續平靜訴說：「我們的情況依然艱難，比跟著你艱苦許多。連我父親到最後都失業，他曾經挺過痛苦的時光。」

「你不得不照顧他？」

不過他只說：「我愛他。」這讓我想起巴特蒙赫。

「你有兄弟姊妹嗎？」

「我有一個姊姊，但她很討人厭。」

儒家對父母盡孝的責任從未過時。小梁最早的記憶是父親的奉獻與受苦。「他的世代被文化大革命摧毀。當時他只是一個低階幹部，某個人民公社的幹事。可是他被紅衛兵批鬥。他們給他戴上紙糊的高帽，然後對他高聲批鬥五個小時。我只是個六歲的孩子，但我被逼著看。我必須看著他被毆打羞辱。我不明白。我只看見他低著頭……」

「人們仍然不談論文革，不容許加以批評。」他掃視周圍，但我們混用的語言十分安全。「我們家蒙受恥辱，不用說，而且我們被放逐到鄉下。我們住進一個農村。我們每個月配給十根白麵條、兩斤米和六十二顆大豆。」他恨恨大笑。他的筷子停在一碗鴨肉片旁。「年輕人不曉得那些年代的人們經歷過什麼。我女兒說她根本沒辦法想像。」

有時候，他描述，當他和妻子去青島看女兒，他會好幾個小時浸在海裡。許多年前，他們甚至去過南海的海南島。海浪的規律裡有某種事物讓他感到平靜，他說。不過他女兒選擇留在室內，害怕太陽會曬黑她的白皙肌膚。

略遠於一個世紀前，旅人描述黑龍江沿岸的中國邊疆缺乏生氣。俄國河岸間綴有哥薩克人的要塞和聚落，至於中國一側的數百英里，除了草原和松樹遮蔽的山丘外，少有其餘景致。駐守的滿人八旗子弟陷於貧困。如嘉蔭和遜克等城鎮，倘若已存在的話，也盡是蚊子肆虐於小米田間的汙穢村落，或是當地人的營帳群。

然而近兩個世紀來，中國農民和商販已悄悄翻過柳條邊土堤。起初他們在黑龍江以南許多的土地落腳，但隨後遷徙成為穩定的流動。人們通常從鄰近北京的山東和河北等省分外移，故鄉的稠密農地再也養不活他們，於是赴延伸至長城外的肥沃空曠大地耕種。滿洲的氣候嚴苛，生長季節短，不過這些移民只打算遷來幾年，好供養家鄉的親人，並期望有天能回去。不像西伯利亞的俄國定居者拋棄過往的連結，並形成西伯利亞認同，中國社群則在自己身上彰顯血統，剛開始僅以謹慎的步伐北進。最重要的是，他們害怕死在異鄉。人們說「落葉歸根」，但許多人躺進棺木才回老家。這般情景可以在上個世紀初的長城關隘見到，五具棺材並排綁在運貨馬車上，厚重木板封釘並上漆。每具棺材頂擺上關在籠裡的小公雞，在越過長城返鄉途中，雞鳴聲能讓遊魂想起身軀的所在。當滿洲人村莊有了自己的墓地，即是成為永久定居地的明確跡象。

不過在二十世紀初，與俄國的情況相仿，移民潮在刺激下形成洪流。區域的動盪政治，甚至包括毛澤東的大規模社會經濟破壞，在在促使移民遷往俗稱的北大荒。在毛澤東的年代，滿洲成為中國工業重鎮，生產鋼鐵與石油，黑龍江平原則轉變成由政府出資的國營農場構成的遼闊網絡。這種遷徙一直到該世紀末才見反轉，屆時工廠廢棄，村莊人口移往城市，集體農場也開始簡化為企業經營。

沿著黑龍江南岸，從嘉蔭到綏濱的兩百英里路途，上述舊日騷亂漸漸淡入山區寧靜。在這裡，小興安嶺的最尾段山肩往東延伸及江，西伯利亞的布里亞山脈（Bureinsky）最南端沉降至此，於對岸相望。公路形成一條水泥銀線，劃穿耀眼的秋季森林。兩旁茂盛的樺木、橡木和楓樹沿山丘起伏，呈現一簇簇豔紅金黃。我們的公車蜿蜒爬坡數哩路，穿越光亮的灌木走廊，接著終於登上高原。距離使森林暈成灰紫色，彷彿一場大火正吞噬遠方山嶺。

有一次，在某座滿人要塞俯瞰江水處，人人下車抽菸，我沿著雜草小徑吃力地下攀至江畔。黑龍江流穿山間峽谷，變得更深更暗。江水冷冷流過我的手。儘管江面幾無細浪，我感到水體挾帶一股受到擠壓的新力量流動。俄國河岸從一排遮蔽樹牆中抬升而出，視野內全無人造屏障。或許人們判定這片林牆陡峭且茂密，足以抵禦入侵。不過出乎我的意料之外，一座瞭望塔藏在中國江岸的河彎處，有位年輕士兵走下小徑。他只是想抽菸。對，他說，對岸屬於那些俄羅斯毛子，但他從沒見過任何一個。這裡窮極無聊。

剛到下午，山脈變得退縮且疏落，我們的公車越過麥田發散數哩的平原，小興安嶺成為天際的蒼白回憶。白鷺沿溝渠立定，但牠們是僅有的生物。村莊往往看來無人出入，家屋遭棄置或成廢墟，堆滿垃圾，這種荒涼景象一路跟著我們，穿過黑龍江最大支流松花江的氾濫平原，直到小梁從沒聽說過的綏濱縣。

空氣中的山區清新感消失無蹤。我們踏入廢鐵場、煤堆、老舊廠房、農業機械擱置的郊區。晚上我們入住一間燈光昏黃的大飯店，踏著破人行道走下松花江畔。這裡的一切看起來更簡陋、更貧窮。攤販和路人盯著看並大喊：「外國人！」孩童走離父母身邊，好跟著我們。不過我們順著無燈光的堤岸獨自抵達江邊。這裡的江水和黑龍江同樣寬廣，可是當我伸手進江流，手腕以下消失在富含淤泥和汙染物的水中。哈爾濱、佳木斯、吉林、長春：上游河邊串起工業城市軸線，傾倒工廠廢水和汙水。

二〇〇五年一座化學工廠爆炸，排出五十英里長的有毒苯浮油，引起遠及伯力的沿江城市恐慌。在我們腳下，布滿石頭的江岸以鐵絲網鞏固，雜亂野草和垃圾填滿縫隙，江水的悶滯腐臭氣味使人不快。

或許我至今仍幻想這條河流純淨無比，即使明知道並非如此。出了蒙古，鄂嫩河水清澈涓涓，不過在石勒喀河匯入黑龍江處，江水就已受到老舊金礦使用的汞汙染，棲息的哲羅鮭減少。至於松花江，高度密集的工業使它構成黑龍江的主要汙染源。在下游的俄國河岸，人們說漁獲嚐得到化學味。

當小梁與我走回高處街道，我感到一陣牽腸掛肚的悲傷，彷彿這條河流在某些方面屬於我。小梁的療癒方式是尋找當地最好的餐廳。他已經數度照顧我，努力不懈實現我隨口說出的任何願望。而現在他堵住一整條路，堅持問路人哪裡吃得到咕咾肉[4]，因為圖必龍先生是作家，想要描寫這道菜。

我們落座點了一盤辣味水煮羊和幾罐哈爾濱啤酒，半罐就讓小梁的臉頰泛起淡淡

4 譯注：即糖醋豬肉，因受美國人喜愛，廣東廚師戲稱「鬼佬肉」，諧音「咕咾肉」。

紅暈。每隔二十分鐘他步出室外抽菸。他覺得傷感，因為明天他將重回黑河的失業狀態，不過我們很快一起自嘲彼此的衰運：我如何跌下馬，當然囉，還有他怎麼騎機車撞上曳引機，此後去哪裡都靠步行。他往往顯得順應中國人的老樣子，對食物的熱愛，對金錢的謹慎，拍攝過多照片。但是對小梁來說，古老的責任已演變成家庭悲劇。可能是哈爾濱啤酒讓我們放鬆並變得親近，開始聊起複雜的往事。小梁說，他母親還年輕就中風癱瘓，臥病多年直到她不再說話。然而父親一直是他的榜樣。

「我整個童年都遵從他，在我心目中他就像法官。只有一次我們吵起來，那次我學校考試不及格，沒怎麼放在心上。然後我父親哭了，不是因為我不及格，而是因為我不在乎。」他敲敲心臟。「我從沒有忘記這件事。我到當時才明白他有多愛我。」小梁仍然無法從童年記憶中抹去父親戴高帽低著頭的畫面，以及一陣陣無法理解的辱罵。「晚年他罹患阿茲海默症，三年來到處晃盪，誰都不認得。我是最受寵的兒子，我停下工作照顧他。」小梁呆呆注視著我，他半輩子被這些消耗心力的往事圍繞。從那時起，他的工作前途漸漸黯淡。但是他只把這句話當口號般地複誦：「我愛他。」

於是我們略帶醉意回飯店，看見自己的些許行李擱在迎賓大廳而嚇得停下腳步。

飯店業主找來了警察。他或他們都不見人影，不過一位緊張的清潔員告知我們必須等。業主一想到有外國人就驚慌失措，外國人不來這地方。我聽說，較偏遠的城市有些旅館會在接待櫃檯後張貼布告，昭告職員假使外國人出現如何應對。多數旅館不歡迎他們，只有小旅舍不在乎。

接著，兩位身材魁梧、面無笑容、身穿野戰服的男人闖進大廳。他們是邊防武警，雖然我們目前遠離任何邊界。其中一人說：「外國人禁止來這裡。你是俄羅斯人嗎？」

「不，我是英國人。」這個詞彙突然間聽來帶有敵意。

高階警官改問：「外國人從來不到這座城鎮。你在這裡認識誰？」

他們互相傳遞我的文件。提問正式、不友善且熟悉：我上次來中國是什麼時候？我為什麼來綏濱？我的公司是哪間？

我立刻察覺到仇視與不安。這近似早年排外的中國，當時旅舍拒絕接待外國人，彷彿有種先祖傳承下來的恐懼。現在武警徵用飯店的電腦，調出我的護照和資料，講了幾通粗魯的電話，耗費很長的一段時間。小梁站在我身旁，看似未受驚擾。可能他醉了。警察翻查我的背包。最後他們叫我站在高階警官旁拍照，如今我滿臉憤恨不快，接著他們拍下我身旁的小梁。我無法判斷這對他來說可能意味著什麼。但他回敬面無表情的凝視，彷彿這是辦事的標準手段。武警在聽得見的範圍外臉色陰鬱地交頭接耳，接著提出更多問題：誰派我來這裡？我其餘的行李在哪裡？接著他們影印我的簽證，終於離開，仍然掛著疑惑愁容。

我們獲准進入一間大而陰暗的臥房。小梁說警察做這些只是在自我保護，隨後天真入睡，依然捧著他的手機。我又清醒地躺著一個小時，傾聽是否有腳步聲重返。

一條窄路在松花江左岸行進，隨後穿越沼澤地，抵達渡輪停泊的蘆葦間之處。船隻載我們的公車橫渡雲霧繚繞的水面。水流挾帶大量泥沙，激起浪花漂往下游。有陣子，我們沿著沼地航行；隨後同江市在我們北方浮現，位於鬼魅般的一列鶴群與河島間。

你或許會設想，同江市是有著貨倉、煉油廠和江畔營房的大都市。可是隨著我們靠得更近，島高聳陡峭得反常。加上太陽照射眼睛，我甚至猜想島外圍有步道或房屋環繞。隨後我意識到它們根本不是島，而是西伯利亞木材堆積如山的駁船。其中六、七艘朝上游緩緩行駛，開往更深入中國的某塊陸地。

這是激起眾多俄國人憤怒與怨懟的出口貨物：砍伐他們的原生針葉林，大部分屬非法盜伐。對他們而言，森林呼喚的並非經濟貪婪，而是國族認同的光輝。森林蘊藏他們的神話與最早的信仰。然而俄國木材公司結盟中國的鋸木廠和企業家，摧毀大片原生林和保育物種，掮客與貪腐官員經手木材，直到來源無法追查。據估計指稱，每年都有與比利時相等的區域遭到破壞。到最後，森林欠缺再生，所剩僅餘受破壞鏟平的草原，常有排碳的野火肆虐。

我們的渡輪繞入碼頭時，這批哀傷的移動河島平緩地滑出視線。駁船正駛向紙廠和家具工廠，深探上游遠處，在同江市中心完全不見它們的身影。有著寬闊街道、位於一樓的絢麗商店和樓上的六層公寓，同江可以是黑龍江沿岸任一城鎮的藍圖。基於松花江就在北邊近處匯入黑龍江，同江鄰近俄國的事實彰顯於零散的商店招牌；另有莫名以英文撰寫的舊日告示，表明毛澤東時代挖鑿的地下建築群，動機來自對蘇聯核戰的恐懼。小梁說，北京和哈爾濱依然充滿這類迷宮。在同江，地下城遭到彌封或改建成購物中心，商品的豐富多樣肯定會嚇壞毛澤東。在這些明亮商場中，成群年輕女子在試噴香水並排隊修指甲。連小梁都短暫呆望身穿「壞女孩」字樣T恤的活潑女孩，正在試用許多鮮豔口紅。其他人購買俄國黃金加工的首飾，有張告示依然邀請不存在的遊客參與一席傳統茶會。

我們在街上隨意閒晃。在俄羅斯風情園，我們成了唯一訪客，踏入一條希臘神像、中國巨甕和揮舞長矛的古希臘騎士的大道，最後通往一座鍛鐵尖塔，東正教會十字架立於頂端。在這處混雜的奇境，小梁抬頭凝望阿芙蘿黛蒂或阿波羅的軀體，隱約覺得受到冒犯。「他們不是中國人，甚至不是俄國人，對吧？他們為什麼在這裡？」

我沒辦法回答。在中國人的某種想像裡（但小梁除外），俄羅斯屬於古典時代。在我們前方，萬神殿降級成仿製的唐老鴨和米老鼠，簇擁於俄羅斯娃娃間，有些娃娃還是被當作垃圾桶。興建於俄中商業前景看好的年代，這整座園區凋零成一個空洞的擁抱，對於早已離開、或者從未到來的人發出邀請函。附近那些依然賣弄西里爾文歡迎顧客的場所，諸如花花公子俱樂部（Playboy Club）、慢貓餐館（Slow Cat Café），看似同樣遭到難堪拒絕。接著小梁呼喊：「看！那是俄羅斯的東西嗎？」

在我們身旁，一座臨街教堂有五個尖頂和張揚的金色十字架。我們從「上帝與我們同在」的漢字銘刻底下走進去，發現自己置身在廣大的禮拜廳裡，寬講臺和斜面講桌用於宣揚新教福音。從未踏進教堂的小梁看起來不知所措，現在他渴望抽支菸。

不過有位面容和善的看守人發現我們，並逐一回答問題，直到他的答覆通往虔誠。他說明，文化大革命期間當然不容許這類建築物，人們獨自保有信仰。「日後的早些年，這裡有另一座教堂的時候，俄國人會從風情園來訪。我們無法理解彼此，但不打緊，上帝懂得所有語言。音樂也讓我們連在一起……然後在三年前，信徒樂捐建起這座教堂。」

我說：「他們怎麼做到的？這地方非常大。」

「消息靠口耳相傳散播，目前我們的人數上千。我們之中許多人確實老了，但畢竟長者更接近上帝，更接近審判與救贖。我們全都是罪人……」

或許文化大革命與多年前見過的受迫害基督徒仍縈繞心頭，我聽見自己說：「你不怕嗎？」

「現在我們基督徒有好幾百萬，你知道吧。他們說超過六千萬人。」

「對，我知道。」然而與無神論者相比僅為滄海一粟。

「二十年前我們害怕。但現在不會，在今天的中國不會。而且我們的牧師是女生。」也許他把這視為一道保護。「只有上帝看得見未來……」

我們離開時，在頭頂發光的金色十字架似乎以遭禁的福音照亮街道。小梁說他完全不了解基督教，或是正於對街興建的佛教寺院，它們像在彼此競爭。我們帶著困惑踏進寺門。院區廣大，成排廂房等待來日僧侶入住，尚有一間接待香客的客堂接近完工。一切嶄新、閃閃發光、空蕩：大理石和鍍金的迷宮。必定有某位家財萬貫的金主打造這間寺院，但現場沒人可詢問，一位工人或僧侶都沒看見。只有低沉、連續的誦經，宛如詭異的心跳聲，從我們找不到的某個地方傳來。

主殿的層疊曲面屋頂與多彩飛簷聳立在我們面前，踏入殿內，於盤旋著雙御龍紅漆柱之間，二十呎高的釋迦牟尼像獨占神壇，兩旁簇擁天女像。傳統元素盡皆到位，只待歲月賦予虔誠古色。觀世音菩薩飛昇在釋迦牟尼的神壇後，由浮於藍雲朵的眾多智者和信徒擁繞。層架上是近乎相同的迷你釋迦牟尼像，我估計有數萬個，堆疊發光穿透昏暗，宛如置身某種神像的超級市場。

在另一間供奉彌勒菩薩的佛殿，未來佛不再是我曾於楚戈爾寺院見過的千里眼巨人，反倒轉變成一團金色的比丘，稱為「笑面佛」，肚皮像病人的用餐托盤般攤在身前，懶散地坐在一群孩童間。受到神經兮兮皇帝畏懼的未來佛，一千多年前已從末日威脅轉化成消極的歡樂形象，守護喜樂與成功。即使是現在，一家三口、也是我們僅見的祭拜者正跪在祂面前，喃喃唸著小梁分辨不出來的祈求。

小梁說他不相信這些寄託，或任何俗世的烏托邦。北京對振興東北的承諾，就像莫斯科口中繁榮的西伯利亞，都讓他想起童年的某個時刻，在想不起地點的某座廟，他向佛祖祈求從沒實現過的未來。他突然坐往滿布灰塵的欄杆。「我去俄國度假的時候，」他說：「打掃房間的女傭告訴我，她從小學習要相信共產主義的烏托邦。但是她失去獨子，並在國家未援助的狀況下照顧雙親。她說那整個國家是一場騙局。」

也許因為我們即將分道揚鑣，小梁宣洩壓抑已久的想法。他曉得我在為寫書做研究，於是希望我寫下：「我想我們永遠不該答應跟普丁簽署條約，坐實俄國的土地掠奪。我們許多人痛恨這一點。我們現在很強大，那為何要這麼做？老實說，我討厭俄國人。」就像其他中國人，他稱呼俄國人是「毛子」，帶有野蠻的語言暗示。「他們以前來我太太店裡，當他們抬起粗大手臂，我們的廉價中國襯衫在他們肩膀下裂開，我大笑不已。但討厭他們，多半是因為他們奪走我們的土地。」

我們在長廊漫步片刻，尋找誦經的僧侶，吟誦聲加快且變低沉，像一群發怒的蜜蜂。接著我們找到了。他們的吟唸聲從某個人留在空廂房的卡帶錄音機傳出。於是我們離開寺院去吃餞別飯，小梁提到韓國狗肉餐廳，但我否決了，很快我們改成坐在一碗碗牛筋和鱸魚頭面前。小梁沉默下來。他從口袋掏出計步器，這個祕密他保守至今，他很高興這天到現在走了九千步。「我的血壓高，」他說明：「那是我擔心自己打呼的原因。鼻塞會往心臟施加壓力。」

「你沒打呼。」

我猜想，他認為自己最終可能落得癱瘓，像他母親一樣。這是為什麼他跟圖必龍先生晚上略帶醉意回旅館時迷路，他從來不在意。這樣可以增加步數。瞬間他看起來十分哀傷，也蒼老許多。

「政府並沒有對健康欠佳的人給予太多幫助。」我猜他剛過五十歲，卻在設想老年。他唯一的小孩遠在青島，過著她自己的生活。

我們在一條空曠街道告別，自發地擁抱。這種跨越空間、年齡與破碎語言界線的情感，忽然讓我湧起悲傷與驚嘆。他扔開菸抱抱我，接著頭也不回走掉。後方黑河正在降雪。

一條空曠道路緊跟著黑龍江東北段，於接下來的一百英里穿越農田與氾濫平原。公車票價要花三美元。我身邊少了小梁，乘客表現出公然的好奇。媽媽抱小孩到大腿上看外國人，可能是他們見過的第一個，並使用他理應不懂的中文品頭論足。不用說，他的眼睛深邃得奇怪，鼻子有如被什麼往前拉，像這樣旅行的話他肯定很窮。某個人偷偷摸摸地拍了張照。時不時有另一個人從他手中拿起展開的地圖細看。兩位老漢伸指頭劃過地圖上的山丘與河流。他們用自清朝以來熟悉的中文名稱辨認城市：布拉戈維申斯克變身海蘭泡，哈巴羅夫斯克成了伯力。

在地圖西部，一條虛線勾勒從中國通往俄國比羅比詹（Birobidzhan）的蜿蜒鐵路，史達林曾將猶太移民引入此地，他們的後裔幾乎未能倖存。江中的窄縫透露鐵路並不完整。鐵路橋的兩公里長中國路段在兩年多前完工，用以載運俄國鐵礦和木材南下。橋梁遠遠橫渡黑龍江會合俄國路段：江上僅僅三百公尺未相連，心懷古老的猜忌。

刺眼落日破空許久，隨後黑暗降臨，我們的車頭燈往前方投下黃色薄霧，直到撫遠市的燈光在江上閃爍。這裡是我的中國旅途終點。在我們東邊幾英里，黑龍江拐回俄國，再度成為阿穆爾河，並開啟往北流入太平洋的漫長路途。有時候，我聽見渡輪從撫遠越江，駛抵下游三十英里處俄國河岸的伯力。我也想從這裡過河，但今晚我很慶幸找到一間小到足以躲避警察的旅舍，破曉時在安靜的房間醒來，閃爍的江面近在眼前。

十月底的這段日子，黑龍江邊緣已結冰，空氣刺人。你迎著海鷗叫走在街上。在你周圍山丘群集，灑上微弱日光，比其他城鎮更繁雜的街道將城鎮引往江邊，處處點綴浮空圓頂和塔樓的優雅輪廓線。每幅景色的盡頭是樹幕或水光，而非髒亂郊區。

從城鎮邊緣，你可以在古老的橡樹與椴樹間，沿著紅磚小徑登上陡峭的瞭望臺。樹枝綁著新娘子的緞帶，她們會在婚禮日來這裡。從靠近山頂、哈爾濱啤酒瓶和熊貓牌空菸盒四處亂扔的涼亭，你可以飽覽城鎮從蓊鬱山谷低降至碼頭區，再往外，黑龍江便漸漸形成河島密布的大澤。

我在涼亭等待時，訝異底下的撫遠看起來這麼小，氣喘吁吁的人群於假日紛抵：欣賞風景的人、攝影的人、談戀愛的人。一次，有位老先生發出粗重呼吸聲爬上平臺階梯，頹坐在我身旁不斷抱怨。他的腿怎麼了？他疑惑問道。腳怎麼感覺像是別人的？他穿著老派的高領外套。他的眼睛衰老，但瞥見我的白髮時流露融洽的寬慰。這些年輕人啊，他說，他再也不瞭解中國了。他的聲音沙啞低沉。「要是老人家跌倒，他必須付錢請他們其中一個人扶他起來。他們只想到錢，這些年輕人。」他揉揉擦破的膝蓋。「毛澤東說我們應該互相照顧，互相關愛。但我聽說他們在網路上講毛澤東瘋了。」

許久後，一對安靜的夫妻在涼亭逗留，好奇地看著我，接著我們結結巴巴聊起來。他們在當地經營幼稚園，互相覺得對方聰明開朗。他們說，黑龍江從這裡流向中國的最遠邊界，也就是與支流烏蘇里江匯流處，接著突然提議載我過去。於是那天下午在偏快樂的中國夢裡度過。他們顯得不諳政治或歷史，那些事都在別的地方運作。關於網路是否遭到消音，他們不知道或不願談論。撫遠愈來愈好，他們說。鐵路在幾年前開通，現在還有一座小機場。他們開一輛中國江南牌汽車，車況良好，她懷著兩人的第二個孩子。偶爾他們摸一摸對方的手。

我們抵達烏蘇里江寫下中國最東端的地點，奔流的江水十分純淨。在這裡，黑龍江以泥濘河洲吞納烏蘇里江，風勢強勁的觀景臺延展開來，外圍立著大理石欄杆，頂部有翼狀圓柱。在烏蘇里江對岸，靠近兩條河的匯流處，我們可以辨識一座俄國村莊與孤立的瞭望塔。在那後方，綿長的拔升山脈滿覆落葉松，將中國和太平洋隔開。

我試探性提起《北京條約》，俄國據此掠奪這片土地。幼稚園老師模糊想起求學時讀過。那片山區什麼都沒有，他們說，當我碎唸中國盜獵者會潛入山上，他們驚恐揚起手。「不！沒人會去那裡！」不過他們依然用中文名字來稱呼：抓吉山。

我們一起沿著平臺邊緣步行良久。不遠處的最後一座中國哨所裡，士兵在院子曬床墊。人們時常來這裡欣賞曙光，那對老師說，這是他們國土的第一道日出。光芒四射的平臺往外凸伸，違抗世俗的地理學：我們與新幾內亞、澳洲中部位於相同的經度。我們靜靜眺望被偷走的山丘。現在一切都平靜下來，他們說，一切都解決了。當我們置身微弱的日光下俯瞰靜止的平原，相信他們的話並不難。

中國漸漸遠去。平坦山丘上高掛浩瀚天空。隨著水翼船順流駛向俄國和伯力，撫遠消失於艉流後方，乘客只限待在甲板底下。河岸沿線閃爍著冰發出的光。

在我周圍，船艙擠滿我在撫遠沒見過的俄國「駱駝」。他們大捆大捆的衣物和鞋子迅速通過中國海關，如今堆在上方甲板。駱駝皆是中年女子，打扮樸素，看起來睏倦而心滿意足。曾於伯力號召她們的金髮上司，正在傳授如何應付棘手的俄國海關人員。我身旁有兩位來買首飾的年輕女子，長外套下雙臂掛滿錶和手鍊，直到手肘。

很長一段時間，朦朧窗外的江水被沙洲切得極其破碎雜亂，使我分不清我們駛過的是國界或河島。隨後，當我們的航道暢通，黑龍江的浩瀚無邊闖入視野。充沛水量得到中國的龐大支流挹注，江面延伸一英里寬。在俄國河岸下，流動的江水形成一條黑暗長帶，從中國大量湧入的淤泥則散溢超過半個江面。我從俄國人的角度設想汙染的進逼：他們因缺乏工業而使黑龍江保持純淨，而中國的崛起正在汙染它。我眺望一片灰濛汪洋，想起地球上並未承載這種緊張關係的其他大河：尼羅河、長江、恆河、亞馬遜河、印度河。無論蒙受何種威脅，大河如生命線般流過所屬國家的心臟地帶。唯有黑龍江一分為二。

Chapter

8

伯力

Khabarovsk

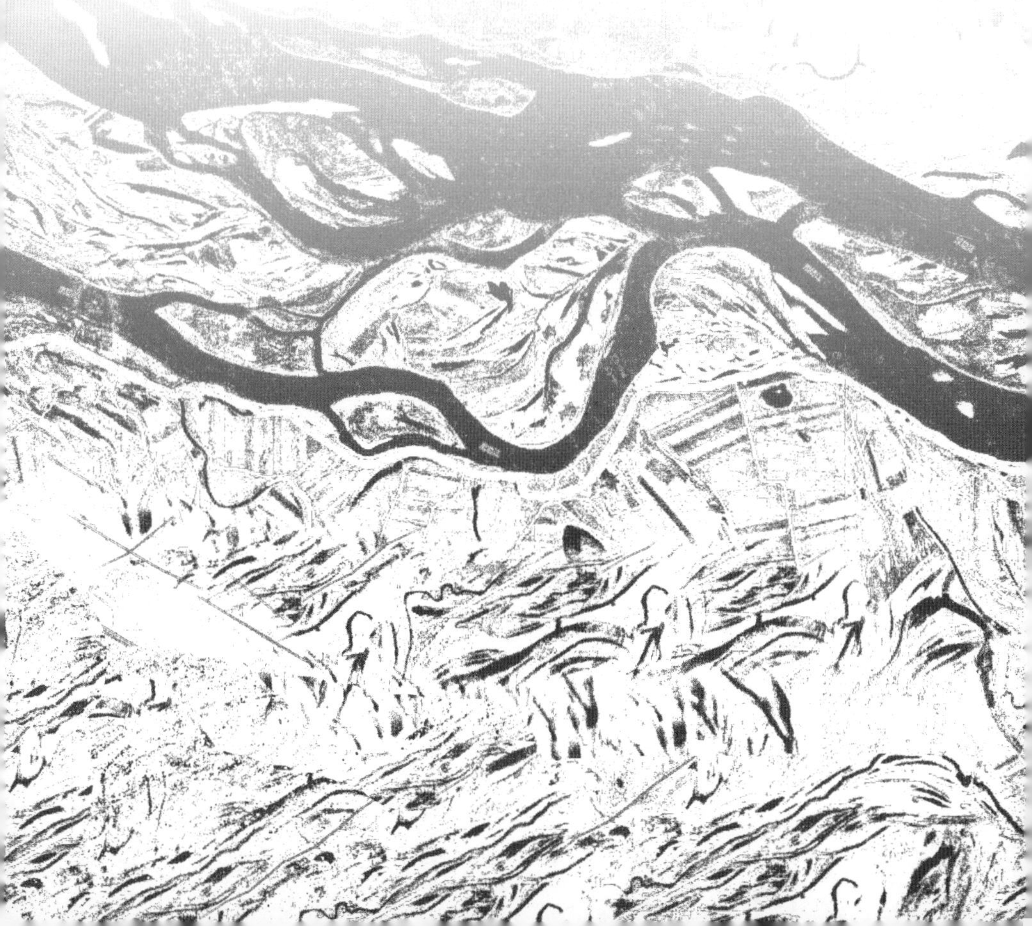

我懷抱回到歐洲的短暫錯覺踏上岸，踩著飄落在花磚道的樺樹葉走上碼頭區巷弄。夾雜磚頭與石材的建築物在頭頂起伏。鋪設綠瓦的塔樓現身，古典圓柱撐起某個人的露臺。然而有陣寒風從北方吹來，坐落在我上方的城市幾乎無聲無息。

二十多年前，時值千禧年之交，我在橫越西伯利亞時途經伯力，如今這地方在我記憶中零碎甦醒。擁有五十萬居民的伯力是阿穆爾河沿岸[1]最大的城市，建城略早於一個半世紀前。不過跟黑龍江岸相比，伯力顯得古老且帶有一絲憂傷。浮動的中國活力消失無蹤。

隨著阿穆爾河結冰，自我封鎖長達六個月，我知道我必須離開，等到春天再回來。我在列寧廣場一間大飯店找到此行最後的住房。以前中國商人會來光顧，但好景不常。列寧雕像矗立在旁：我從房間浴室瞥見他的褲腳。他的手臂並未高舉召喚承諾的未來；一隻手摸著衣領，另一隻手插進口袋，而基座上銘刻的文字頌揚著三十年前終結的共產主義願景。

廣場大而乏味，飯店死氣沉沉。不過我帶著漫長回憶在街上走了一天。看過阿穆爾沿岸的城鎮，排列在伯力主街穆拉維耶夫—阿穆爾斯基大道（Muraviev-Amursky

Street）兩旁的建築顯得極其有趣而多元，冒出頭來的圓頂宛如蔬菜或韃靼人的頭盔，磚砌山牆和屋頂天窗細緻地模仿傳統女子頭飾可可希霓（kokoshnik）。在大道兩側，沉往平行河谷的街道延展過秋日綠地。剛開始我像中國人那般對路人的多樣面貌感到驚訝，那些金黃頭髮和紅鬍子，各式各樣的鼻子和有著紛雜色彩眼珠的深邃眼眶，以及異乎尋常的醜陋或美貌。即使在如此寒冷的天候，走在路上的年輕女子仍穿著全世界流行的高跟靴子和黑褲襪。我周圍的語言也軟化為連續俄文子音和半含在嘴裡的母音，取代中文方言如鞭炮般的銳利。

現正降下一陣冰雨。我順著穆拉維耶夫大道路緣走到盡頭的河邊。多年前來到這片廣場時，我發現一道孤立拱門和寬廣空地，城內大教堂曾矗立於此，直到革命後遭摧毀。在舊照片裡，聖殿顯得寬敞而世俗。如今教堂已重建。神聖的摩天大樓赫然聳立取而代之，頂端是五連尖塔和金色球體。往空中驟升兩百英尺的粉色與白色粉飾灰

1 譯注：從本章開始，黑龍江流入俄國境內，故以阿穆爾河稱之。

泥，幾乎消失在愈下愈密的冰雹裡。就好像原先的教堂被往上擠壓成這座神經質的龐然大物：與敬拜的靜地相比，更像是裝腔作勢的樣板。

我躲進教堂裡。禮拜已結束，燈光昏黃的聖像間瀰漫一股寒意。挑高的天花板太窄，不適合穹頂或按慣例填滿的基督溼壁畫。相反的，一盞金色吊燈懸掛於空曠尖塔。推開門要離去時，我發現冰雹加劇成風雪，城市也變白，彷彿為我下方某處的河流以及逝去的一年喊停。

俄國勢力前進太平洋的夢想僅零星實踐，直到已是老練軍人的尼可萊·穆拉維耶夫，以年輕有為的三十八歲之齡獲任命為東西伯利亞總督。從那時起，這位堅持不懈且暴躁的進取將領推動吞併阿穆爾河的使命，面對聖彼得堡官僚的善妒與不信任，他頻繁地公然無視命令。沙皇打趣說，穆拉維耶夫對阿穆爾河的執著使他發狂。但隨著一八五八年簽訂《璦琿條約》，穆拉維耶夫旋即受封為穆拉維耶夫─阿穆爾斯基伯爵，為沙俄實現從西伯利亞內陸通往太平洋的水路大道。

這位矛盾的自由開放政治煽動者（穆拉維耶夫率先提倡廢除農奴制）最終理想幻滅在巴黎度日，酗酒使他的職涯倉促結束，一八八一年在當地死於壞疽。他下葬於蒙馬特公墓（Montmartre cemetery），在他擴張近四十萬平方英里領土的國家蒙受忽視或遺忘數十年。一八九一年，在穆拉維耶夫建立的城市伯力，一座他的雕像立於陸岬，路過的俄國人會向它致敬。接著雕像在一九二九年倒下，被列寧像取代。然而機運巧合，原始銅像有一件鑄造倖存，六十年後列寧像遭逐，由好鬥的總督再度站上基座。過世一百一十年後，穆拉維耶夫被挖出來，在海參崴重新盛大地安葬。穆拉維耶夫像如今印製於五千盧布的鈔票上，並聳立在阿穆爾河上方的岬角頂，交疊的手臂緊握望遠鏡，遠眺太平洋。

此處河水紛亂。隨著烏蘇里江急彎向東北方，辮狀網流在此匯入阿穆爾河，低矮河島擾亂水流。近岸處江水波動且變暗，由於湧向北方而收窄，河流中心卻保持平穩，呈現風平浪靜的鋼青色與山脈的陰影線。從這裡開始的六百英里，通往海洋的大河穿越我仍願追隨的區域，流經曾為機密的軍火生產地阿穆爾河畔共青城（Komsomolskna-Amure），一直到殘存最早原住民的村落。抵達穆拉維耶夫在河口選定的啟程點阿穆爾河畔尼古拉耶夫斯克（Nikolaevsk-na-Amure）之際，它再度向北流，最終注入與河流本身同樣不為人所知的鄂霍次克海，也流入太平洋。

到了五月，最後一塊浮冰在詭異的呻吟與碎裂聲中漂向下游，伯力從冬眠中甦醒。遊船再度往來河上，人們在河灘休憩。我帶著已痊癒的身體，於陽光下走在穆拉維耶夫—阿穆爾斯基大道，很容易認為這是座古老、近乎國際大都會的城市。然而穆拉維耶夫僅僅在一百六十年前建城，以海盜葉羅費伊．哈巴羅夫之名取為「哈巴羅夫斯克」：另一位恢復名聲的奇才，他的雕像直視走出火車站的乘客。多元建築物來自革命前商業的遺產，反映伯力身為外國企業和政府機關重鎮而繁榮的年代。一九〇〇年的一位旅行者描述半數居民身穿軍服，鮮少看見女人的身影。

如今唯一與我擦身的軍服，是男人從平價百貨買來的仿野戰服。白日漸形悠長，小巷裡開滿海棠花。我在傍晚時分就已滿室喧鬧的酒吧裡吃飯，裝潢點綴著俄國主教座堂和西方流行樂團的照片。

當我登上光榮廣場（Glory Square）的高臺已入夜。新落成的伯力戰死者紀念碑開展在主顯聖容主教座堂（Cathedral of the Transfiguration）下方。在成列二十五英尺高的黑色大理石板上，三萬多位死者依照他們身處的戰區銘刻。從傷亡慘重的第二次世界大戰降級至較私下的衝突：安哥拉、亞美尼亞、塔吉克。在烏蘇里江珍寶島（Damansky）跟中國爆發的衝突奪走三條人命，阿富汗的戰事則超過六十人。北高加索的區塊一片空白，看守老人告訴我，因為「我們的人持續死在那裡」，敘利亞的死者標示為四人。我黯然心想，這些謹守分際的石板會不會有一天承認烏克蘭的傷亡。

在紀念碑上方，新主教座堂的白色身軀將金色圓頂舉向夜空。教堂裡，燭光下顯得黯淡的層層聖人間，連被害的皇室家族也獲封聖：目光短淺的沙皇跟他不受歡迎的德國妻子和淒慘小孩，全都冠著金色光環。管理員設想，高築於河上的教堂，從遠處眺望宛如在高處發光的烽火塔，形同向中國警告：這裡是俄國，永永遠遠。

西伯利亞每處區域地底都坐落著苦痛的黑暗世界。生活在更黑暗時代的世代漸漸凋零，但那些苦難場景有時留存下來，像是令人不安的覆寫。在伯力，承襲國家安全委員會的聯邦安全局乳白色建物群取代一處內院，曳引機曾在此發動，好蓋過行刑隊的槍聲。一九三七年，在史達林對手下情治機關採行懷疑清洗期間，對街的祕密警察辦公室因上百名成員遭處決而陷入靜默，如今是各種玫瑰色商品的展示間、旅行社和髮廊。

平行於穆拉維耶夫大道、仍以列寧的紅色恐怖擘畫者命名的澤任斯基街[2]上，一棟宏偉、無甚特色建物裡的公寓曾住著警員家庭。這些祕密警察若非受盡刑求，隨後遭送到史達林最凶險的古拉格勞改營——科力馬（Kolyma），就是草草槍決。褪色的黃色巨大軀體似乎仍在力抗侵擾，儘管現今居住著普通家戶，有位睡眼惺忪的年輕人打開大門。我察覺自己走在瀰漫貓尿味的漫長通道，懷疑現下誰能忍受住在此地。每扇鐵門通往相鄰的三、四個單位，但住房群各自封閉，直到整棟建築物成為中毒的蜂巢。

「我曾祖父一九四三年住在這裡，」那位青年說：「他效力於軍方電訊部門。他很幸運能躲過清洗。他說牆壁間有祕密通道，一切都是祕密，一切都有可能被人聽見……」

在城外數英里林木茂密的墓園，埋葬著祕密警察的受害者。入口柵門的禮拜堂旁，獻給「永恆追憶無辜遇害者」的大理石板如悲劇書頁般地矗立，跟戰爭紀念碑的石板相仿。光是在伯力就有四千三百零二人遭槍殺，死者的名字刻在上面。我麻木行走其間，枯萎康乃馨散落石板底。這裡沒有其他人，只有我自己的臉映在黑色大理石上。附近有塊刻字石頭立於一處萬人塚，計有一萬兩千人「在史達林的動盪年代遇害」，並且宣稱他們的記憶已拾回，因此得以安息。

生命之家（House of Life）是一個迷你的福音派團契，以伯力一處住宅區頂端的公寓為家。團契創於三十年前，莎夏（Sasha）說，在蘇聯解體後，當時聖靈再度照耀俄羅斯。她的臉上顯現熱烈的確信，容貌相當美麗。她說，每週日他們舉辦一次小型禮拜，但團契還沒有牧師——「我們想召喚一位，請為我們祈禱」——而在六十位會眾中可能有十位出身原住民族，生存在沿著阿穆爾河往北開展的區域。包括赫哲（那乃

2 譯注：指菲力克斯·澤任斯基（Felix Dzerzhinsky），創建KGB的前身「全俄肅反委員會」。

人〔Nanai〕）、烏爾奇人（Ulchi）、尼夫赫人（Nivkhi）、鄂溫克人（Evenk）及遍布西伯利亞的另外三十多種民族在內，列出上述曾遭迫害小民族的圖表掛在公寓牆上，莎夏和她的朋友正是企圖從遺忘與蘇維埃無神論下挖掘出這些危殆文化，並傳入基督信仰。他們前往偏遠村莊，傳授教義，盼望形塑基督教組織。他們說，最大的遺憾在於舊的「寄宿」體系，將兒童帶離家園、遠赴數百哩外的俄語寄宿學校，再於互相疏遠的情況下送回家人身邊。

「有時這些孩子遠離父母九個月。他們返家時說俄語、想著俄語，回到馴鹿牧民或漁民家庭。」莎夏的言談總以「讓我們為他們祈禱」或「為我祈禱」收束，她的臉上釋放真摯的悲傷。「我們曉得有時候父母乾脆離去，把親生孩子遺棄在學校。他們一定有石頭般的心腸。然後你會想讓這群孩子聚在身邊卻辦不到，最後他們可能找不到工作並開始酗酒……」

房裡有其他人：一位從不開口的年輕男子，一位尤皮克女人（Yupik），一位愛斯基摩人（Eskimo），受洗取聖名為克莉絲汀（Christine）[3]。我想她比莎夏更堅忍，她有一張緊繃的笑臉。

她說：「我很幸運。我住在地方寄宿學校的同個村莊，而且媽媽不在乎我說俄語。但其他學生來自遠方，他們來的地方只有薩滿信仰，那像是活在詛咒裡頭。它並不祈求愛。」

克莉絲汀從包包拿出像是迷你里拉琴的物品，以齒縫碰觸鐵琴弦，接著彈奏起來。那是一把猶太人的豎琴。「這讓人們對我友善。我彈奏他們族人的歌，赫哲人和尤皮克人，讓他們不那麼害怕。」她的雙唇抿在琴弦周圍，一根指頭似乎在撥動嘴唇，使琴弦產生低沉的震動。這把琴和莎夏的溫柔是基督的武器。

莎夏說：「我們透過人們本族的歌唱和舞蹈，帶他們通往上帝。」她點開iPhone。「這是一位信仰基督的姊妹。」我看見一位繫著赫哲人頭帶的健美女子，在燃燒火炬前敲打薩滿鼓。「這也是我們的基督教……」

我驚疑詢問：「她是誰？」

3 譯注：意為基督的追隨者。

「她曾是薩滿，但她慢慢改變信仰，這花了十年。」

「她的族人怎麼看待這件事？」

「附近村落的幾位薩滿來帶她回去。但上帝保護她。」

我揣著靜默的不安聆聽這席話。我想像一群易受影響的人，受到不屬於他們的信仰吸引，否則莎夏和她的朋友就不會帶來當地匱乏的溫柔與希望。

克莉絲汀還在彈豎琴。有時琴聲殘響聽來宛如有群小人哭喊著想離開她嘴邊。

莎夏說：「最難的情況是人們完全沒有原初的信仰，我們必須跟無神論者對話。鄂溫克人曾信奉薩滿，但現在沒有宗教，史達林時代嚇壞他們了。但去年我們到比阿穆爾河畔尼古拉耶夫斯克更遠的一個村落，牧養馴鹿的地方，我相信我們所奠基的也許會成為一間教會。」

我詫異詢問：「你們怎麼選擇要去哪裡？」尼古拉耶夫斯克在北邊六百英里處，比鄰一片孤立村落散布的偏遠地區。我希望能到達那裡。

她說：「我們向上帝禱告。上帝告訴我們前往何方。」

上帝選了一個他們必須搭直升機接近的地方，帶著一位鄂溫克人女嚮導。然後這三位女子乘坐馴鹿雪橇駛入未知大地，並孕育教會的幼苗。

當我準備離開，克莉絲汀問我：「你們英國有薩滿嗎？你在寄宿學校有網路嗎？」

「情況不同。」我記得同學的眼淚，微不足道。

莎夏詢問：「現在我們可以為你禱告嗎？」

我聽見自己的「好」來得遲疑且有些愧疚。

於是她們為我的旅程和我的書禱告，給我巧克力蛋糕和畫著阿穆爾河原住民神話的明信片，我對她們產生某種迷茫的友誼，以及我無法解釋的一股哀傷。

在伯力的最南緣，烏蘇里江流經河島迷宮注入黑龍江的地方，一堵長牆包圍蔓生綠地。沿著小徑走，你會路過歇業的餐館和小旅館、主打卡拉OK和撞球的酒吧、兒童遊樂場。路邊散立著袋鼠和猴子塑像。你猜想，這整片園區承襲自舊蘇聯的勞工度假營地。但在園區中央、松樹往下連往河邊處，一棟兩層樓的別墅升起，塗抹軟糖般輕巧的粉紅和藍色，外圍有夏日露臺與欄柱。正是在這個玩具宮殿，邪惡又可悲的中國末代皇帝溥儀淪為俄國階下囚五年。

在他的孱弱身影下，擴張疆界超越先前任何中國朝代的偉大滿清迎來不光采的結局。溥儀於一九〇八年登基，以兩歲之齡哭著被抱上龍座，並在三年後共和主義浪潮粉碎他的帝國之際退位。十三年後，他被迫取消帝號、逐出紫禁城的縮減活動區，前往天津日本租界內名實不符的靜園避難。在這座陰謀四起的國際城市，他順應西方習俗卻仍夢想著帝國復返：打扮入時、任性妄為的專制君王，過著不切實際的顯赫日子。依照溥儀自己的描述，在天津，他別上絲質領帶和鑽石領帶夾，在古龍水香霧中帶著不幸的妻妾散步，出席盛大舞會，卻從不下場跳舞。

不過在一九三一年，日本人誘使他前往滿洲，旋即將當地併入日本帝國。他們將傀儡國家命名為滿洲國，並立溥儀為帝。在那裡，他掛滿勳章卻無實權，置身不被承認的偽國，形同囚犯。直到一九四五年，蘇聯軍隊閃電入侵才終止他的假宮廷。他企圖飛往日本，身邊沒幾個人，滿洲國則被俄國坦克車和中國游擊隊攻占。在瀋陽機場的跑道上，他等著轉往東京，來的卻是蘇聯飛機，劫持他北上赤塔。與此同時，留下的皇后鴉片上癮、精神失常，死在中國的牢房地板，而溥儀最終被押往伯力的凌亂園地，也就是我發現他的別墅監牢之處。

一位不高興的看守人帶我進屋，但在廢棄房間裡，沒剩什麼能讓人想起溥儀。這地方變成本地伴侶的婚禮場所。有個房間，看守人說溥儀在這裡受訊問，有幾件他的家具倖存，來自他在滿洲國宮廷獲得的贈禮：幾張椅子，鑲嵌珍珠母的小桌子。一面牆上的螢幕播放影片，凸顯溥儀感謝蘇聯的救援，接著是吹噓俄中之間情誼的愛國歌曲，以及燦笑群眾與雙手緊握政治人物的照片。

溥儀住在這裡時，唯恐自己會被遣送回中國處死。他寫奉承的信給史達林，懇求永遠留下來。他沒有收到回信。但他的生活愜意，有親人和殘存的滿洲國官員在身旁，樓上還有幾位日本將領。崇高的閣下往往無需從事日常事務。他不會綁鞋帶或自己刷牙。即使到那時，中國勤務兵和盡責的親人仍幫他送飯、洗衣服並打掃房間。他依舊執著於鄙夷與特權，但不能再像以前打妻妾宦官那般毆打僕人，只有賞他們耳光。溥儀履行義務研讀《蘇聯共產黨史與列寧主義的問題》（*The History of the Communist Party of the Soviet Union and Problems of Leninism*）時，他的親人必須將中譯朗讀出來，使所有人陷入無聊不解，而他學習俄語的嘗試從未超越背誦幾條民謠。晚上他的追隨者沉溺於使用占卜乩板自動書寫，好測知未來，日本人則在二樓用留聲機播放歌劇。

然後溥儀會回房間誦《金剛經》，用占卜硬幣問自己的命運，掛念身體健康，或者擔憂藏在行李箱夾層的珠寶。

溥儀只被帶離這般空洞的生活一次，在一九四六年，他獲押送赴東京擔任東京戰爭罪大審證人。在那裡他做出偽證，將他通敵的責任完全怪在日本人頭上。

直到一九五〇年，溥儀才遭到史達林強制遣返中國。他確信自己即將赴死。但相反的，他歷經九年的「思想改造」，身陷坦白與悔改的艱苦馬拉松中，使囚徒成為他自己的法官和控訴者。他帶著卑微謙遜、也許還有著老練身段踏入這趟過程，直到自我轉變成政權所盼望的：共產主義勝過舊秩序的示範樣板。最終他得到赦免；過去的皇帝與景仰對象，身穿藍色綾布毛式中山裝，成為北京植物園的兼差園丁。在打掃溫室和澆灌幼苗以外的時間，他撰寫一本自傳，充滿改過自新人士的矯飾語言，讓中國統治者、或甚至他自己都相信是如此。

與此同時，在滿洲，約三十萬日本定居者遭撤退軍隊遺棄，留待俄國和中國軍隊大發慈悲。許多人自殺。日本占領期間的暴行開始反噬。到了一九四五年底，西伯利亞與俄國遠東地區的密集古拉格勞改營區，新闢錯綜複雜的集中營，關著六十萬日本降兵與平民。他們做工重建西伯利亞的城鎮、鐵路、碼頭與礦坑，十年內有六萬兩千人喪生。

在伯力城外遠處的森林墓園，即史達林治下受害者禮拜堂的矗立處，數百英畝間，該城死者葬在紅色五角星或基督教十字架下，他們的肖像雷射雕刻於墓碑上。這幅景象彷彿龐大而分散的人群正從樹林間隙往外看。日本人的園區狹小且圍起。一塊紀念石碑空白挺立。幾座墳墓的花崗岩輪廓勾勒在草叢裡，樺樹葉幾乎掩蓋死者姓名，刻在應該清掃乾淨的薄薄金屬牌上。

幾乎所有死於勞動集中營的日本人皆葬在他方，地點不明。在一處偏僻郊區，消失的營地與萬人塚的位址，立著一塊缺席者的紀念碑。如今記得的人稀少，而且位於遠方。在修整過的小徑外，一條石灰岩大道通往素磚搭起的紀念碑。一個空心橢圓和中央的圓柱體連往一個正圓形，從這裡你似乎可以登上天空。

當一個王朝在溥儀的無助身影中消亡，另一個王朝正默默誕生。沿著中韓邊界的長白山脈是溥儀滿清王朝的傳奇誕生地，是他們女真族先祖的活動範圍。但也在這裡，北韓親愛的領導人金正日、即當今獨裁者的父親，一九四二年出生於白頭山（Mount Baekdu）的火山坡，而他自己的父親正於此山間的游擊隊藏身處對抗日軍。金正日帶著光榮預兆到來。山腳的冰封湖泊裂開，預示他的崇高偉大；一顆新星出現在天空，雙彩虹朝空中岔開，同時一隻燕子從天而降。親愛的領導人在嬰兒時期的成長超乎尋常，出生三週內就能走，兩週後可以流利說話。往後的歲月他成為智識與體育奇才，三年內撰寫一千五百本書，並且能夠以自身情緒控制天氣。

事實上，金正日生於平凡無奇的維亞茨科耶村（Vyatskoye），位在伯力北邊。他父親從長白山脈越過黑龍江逃出來，在逃亡戰士組成的抗日部隊第八十八步兵旅（Brigade 88）擔任營長，一九四一年在此喜獲麟兒（該年分較不吉利，因此更改成一九四二年）。親愛的領導人擁有剛柔並濟的圓胖體型，與他父親及兒子——現任敬愛偉大的領導人相仿，讓人民聯想到生育的神祇。

縱然有著種種政治宣傳，金正日世俗乏味，並且畏懼飛行。他只搭乘自己的武裝火車豪華車廂旅行。有次他祕密前往莫斯科，蘇聯隨行人員描述他天天吃空運來的新鮮龍蝦，配烤驢肉和香檳，他的人民則在挨餓。

雖說是蘇聯的紀錄透露金正日的出生地，今日的維亞茨科耶村並無他出生的紀念碑。僅有中國人新近在村外立起的一捆鍍金步槍，緬懷成員跨越國際的第八十八步兵旅。

在伯力的地方博物館，緊鄰穆拉維耶夫—阿穆爾斯基像矗立的岬角，陳列櫃擺放黑底斑斕蝴蝶和金色翅膀蜻蜓，石英、水晶和月球隕石粒，接著通往猛獁象骨架、原住民的流線型船筏和魚皮衫。你在西伯利亞連月長途步行也許從未瞥見的所有物種，躲過常見的陳舊標本剝製法，變得富有亮麗生氣。你看見四條腿纖細的西伯利亞原麝長著怪異獠牙，還有雪花般的小白鼬。雄偉的西伯利亞虎躺臥在岩石上。在這裡，你也凝視巨大達氏鰉（kaluga sturgeon）的針孔小眼和鏟子闊嘴，牠是阿穆爾河魚種中的古老王者，魚腹凸起椎骨如一根外脊柱。

然而最悲傷的物種是一隻圓鈍石獸，低伏在入口外，幾乎認不出是陸龜。你可以依稀辨認出臃腫的腿和茫然抬高的頭。它背上載著一塊破石碑，它背上載著一塊破石碑，即使銘文能留存下來，但也可能遭到抹平。這隻爬行動物的軀體看來堅不可摧，卻被分成兩半，再以水泥粗暴黏合。石龜兩旁各坐著一隻花崗岩猴隨從。

公告文字說明，這是一一九三年某位女真族酋帥的紀念碑，在海參崴以北的地區發現。這類石碑傳達一種古代中國的觀念，龜是堅忍的象徵，而清朝的先祖女真族承襲這種觀念和漢字。在一九六〇年代蘇聯與毛澤東政權的仇恨疏離期間，這件巨大中國文物被砸碎，多年後才恢復原貌。

存在俄國境內的中國文物依然引起深深不安。一個世紀前，俄國學者和考古學家提出所謂的「跨阿穆爾河人」（trans-Amurians），欣然承認阿穆爾河與烏蘇里江外的中國定居地與勢力，揭露俄國境內的要塞與寺廟遺跡，並惋惜中國雕像遭到俄國移居者破壞。

可是到了二十世紀中期，彼此的不信任加劇，中國早在俄國人到來前即打入西伯利亞的說法經常遭否認。在蘇聯國家安全委員會一聲令下，大批地名的中國特質被剝奪，造成不便的歷史也退入腳注。最知名的跨阿穆爾河探險家阿爾謝尼耶夫在一九三〇年過世，死後卻被指控通敵罪，導致他的妻子遭到處決。正是他在伯力博物館前樹立龜背石碑，兩旁刻漢字的石碑如今已佚失。阿爾謝尼耶夫的老家已消失在國際旅行社飯店（Intourist Hotel）下，他的本地嚮導德蘇．烏扎拉（Dersu Uzala）離開那裡後，死在西伯利亞針葉林中。不過在穆拉維耶夫—阿穆爾斯基大道上，人們以他之名種下一棵樹充作暫時紀念。

我察覺自己在揣想，俄國境內的阿穆爾河沿岸毫無中國的痕跡，是否源於對中國索討土地的潛在恐懼，而非漠不關心。不過中國人在伯力的行蹤如同在海蘭泡一般難尋。有群人依季節前來並在封閉的社群工作，但他們曾群聚的工地如今閒置，或改由中亞人上工。到市場才看見中國人出現，引起俄國人不安。在擁擠的中央商場，走私的魚子醬在無標示的盆中閃閃發光，皮草保證是西伯利亞鼬，中國人販售著衣服、甚至鮮花。

「那些黃皮膚的人被禁了。」俄國人告訴我：「我們不曉得他們怎麼混進來的。」但不用說，他們遊走在法律邊緣，靠著與俄國人合夥混進來。出城五英里，我步下一輛載滿拿著大購物袋的女人的公車，幾乎認不出二十年前逛過的市場。當時這裡是攤位搭在錫棚下的破村子，由衝勁十足的中國商販經營。如今市場重建成仿瑞士小木屋的排屋大道。從亮面皮衣到北極狐皮毛，所有服飾都狠狠降價：一千盧布降成五百、再到一百盧布（不到兩美元）。成排塑膠假人模特兒穿戴墨鏡、大胸罩和睡衣沿路站立，偶爾只有拆下穿著牛仔褲的腿，等待再也負擔不起的俄國人來買。我聽見附近俄國的推銷員脫口而出的夙怨：「中國人回來了，你不能信任他們，人數比你想像得多……」

即使置身教堂的昏暗之中，塔瑪拉（Tamara）也戴著深色墨鏡。她的黑色貝雷帽低低地卡在頭髮上，黑色連帽風衣垂在肩頭，似乎要隱藏自己。濃厚好奇心讓她跟身邊的外國人搭話，但隨後在烏克蘭餐館裡，她沒脫下貝雷帽或墨鏡，彷彿準備逃跑。

她輕聲問：「你為什麼來這裡？」

「我沿著阿穆爾河走。」

「是喔。」她似乎覺得這麼做很正常。她說，人們喜愛這條河流，稱之為小父親，無論發生過的一切。

「無論哪些事？」

這個問題勾起某些回憶，但是在餐館的喧囂中，我只能勉強聽見她的聲音。「洪水。六年前，我們的下城有一半被水淹沒。現在他們在南邊那裡築起一道防波堤。中國也淹水，很多人死掉。我們幾千棟房屋淹水。」

夏季洪水是河流的災難與恐懼根源。氣候變遷並未減緩洪水。「妳發生什麼事？」

「我家人有一棟鄉間別墅，也就是達恰（dacha），在對岸的一座島上。我們總在夏天種菜，淤泥很肥沃，可是我們蓋得靠水太近。洪水過後我們馬上趕過去，可是找不到小屋。我開始哭泣，接著我女兒看見屋頂露出水面。我們家是唯一倖存的房子，其他都被沖走了。」

達恰一直是塔瑪拉的遁世出口，她低聲說，但沒提要逃離什麼。她摘下墨鏡，露出上斜的黃褐色眼睛。她一點一滴透露自己的人生：她有兩個成年的女兒，丈夫不在身邊。他們的小屋一直是保護殼，她說。冬天屋子會消失在雪中，有時她害怕那裡的熊。

「牠們游泳過來？」

「對，牠們會。有時牠們游過阿穆爾河躲森林火災。不久前有隻熊走進超市，去吃東西。」

「我希望牠有結帳。」

「有，他們槍殺牠。」

她的笑聲來得遲了些，但她脫下貝雷帽，露出一頭豐盈的紅髮。突然間她看起來更加年輕、素樸，也更苦惱。我想知道她為什麼上教堂。

她說，在蘇聯時代，那是唯一維持開放的教堂。「我在那裡受洗。我父親是黨員，所以我受洗是個祕密。但從此的每年冬天，在一個特別的日子裡，我母親會帶著我在寒冷中排隊，領受神父點的洗禮水。隊伍長達數百人。那是阿穆爾河水，當然囉，充滿泥巴，但是神父用銀浸過，所以淨化了。你能感覺得到。」她按著心臟。「我們回家後，我母親會拿水灑遍房間和每個角落，彷彿在施洗，我們還會整年保留一些水，好治療病痛。」她的聲音變得恍惚。「那段日子我們有許多事要保密。復活節我們會烤特製的蛋糕，非常甜，加進葡萄乾。可是那種蛋糕往往在家才烤，沒人公然販賣。」

我喃喃吐出關於信徒適應力的某些話。

她旋即眼睛一亮：「噢！我們不是信徒！我父親是共產黨員，我母親是無神論者！我們全都是無神論者！」她朝著我困惑的表情大笑。「我們以前也買蠟筆來彩繪復活節蛋，私底下這麼做。但沒人相信耶穌復活！」她補充說明，好似在告訴我：「上帝不存在。」

塔瑪拉出於習慣踏進教堂，而非發自虔誠。現在她皺起眉頭。「我想人們仰賴傳統過生活，而不是信仰。我們做自己父母做的事，是那構成了民族，不是嗎？習慣和習俗在那些年變得神聖。列寧廣場的那尊雕像，」她接著說：「他們在俄國西邊處處推倒雕像，但事情在我們這裡改變得比較慢。我認為保留雕像是正確的。如今他是我們歷史的一部分，他是我們身分認同的一部分。」

我察覺她懷著念舊之情回顧蘇聯時代，即使貧窮又必須保密，但因為那段時光囊括她的童年，而她的童年很快樂。

「在父母節，」她說：「也就是復活節的九天後，我們會走去城外的墓園。那些日子沒人擁有汽車。掃墓是黨不敢廢除的一種習俗，那麼做太危險。我們會清掃祖父母的墳墓，擺上花，澆一點東西給他們喝。」她淡淡微笑。「現在我父母親也在那裡，我害怕自己一個人去。」

「為什麼？」

「因為死人。」

「但他們是妳的親人。」

「有些是。」她看來困惑。「墓園是無家可歸人士的去處，我從來不覺得那裡安全。」

「我去過那裡，」我說道：「我沒看見任何人。」

「好吧，可能他們離開了。可是死亡也在改變。過去的墓碑非常簡樸，因為人人平等。並非所有人如此，我明白。總是有些大權在握者的孩子，但是在墓園不會表現出來。」她的憤怒來得壓抑、悲傷。「近來親人卻為誰也不是的傢伙建造龐大的紀念碑。你去過莫斯科的新聖女公墓（Novodevichi cemetery）[4]？那裡葬滿名人。可是我們的墓園塞滿無名之輩和騙徒，他們建了這些大石墓，彷彿可以改變他們的死。」她戴回墨鏡，似乎為了阻止眼淚。「沒有什麼可以改變死亡。」她的咖啡見底。她重新戴緊貝雷帽，退回隱匿身分的狀態，並起身準備離開。她說：「我真正喜歡的教堂根本不是用來敬拜，它被改建成天文館。那裡讓小時候的我興奮極了。你可以看見所有的星星和星球。但現在沒了，他們從來沒有再蓋一間。」

一陣迷離霧氣籠罩河面，使遠處黯淡成不反光的玻璃平原。細雨旋即開始落下。我搭的船除了三兩女子外幾乎全空，她們抱著菜苗和番茄藤的盆子，準備到對岸的達恰小屋栽種。女人說，生長季節短暫，可是她們需要食物。不過我們前方的土地看起來無人居住。河島構成水面上的黑暗痕紋，遠方的山模糊成輕盈噴畫。

在我們身後的河岸高處，主顯聖容主教座堂的圓頂在天空留下金色光暈。一位歡快的青年站在我身旁，言之鑿鑿說聽見下游列寧體育場傳來呼喊聲，場中伯力隊正在跟伏爾加格勒隊（Volgograd）比賽。他猜伯力隊得分了。我凝望他指的方向，只看見令人不安的長長駁船從霧中浮現，宛如整座村莊在移動，堆滿運往中國的木材。

如今在我們前方，大烏蘇里島（Bolshoi Ussuriisk）的幢幢樹影填滿雨水灌注的地平線。偏綠的褐色河水翻騰。這些河島是舊紛爭的源頭。中俄邊界沿著黑龍江的航行

4 譯注：下葬在新聖女公墓的名人包括政治人物葉爾欽、赫魯雪夫，作家果戈里、音樂家蕭士塔高維奇及許多科學家。

水道劃設，但是河流年年改道。河島隨著乾旱和雨季洪水上升下沉，有些永遠消失。河水改道，由於新成形的沙洲和沉積物更顯複雜。早在一九六九年邊界的緊張情勢於烏蘇里江爆發前，中國和俄國就已撕破臉，隨著毛澤東的文化大革命在一九六六年展開，紅衛兵定期用擴音政宣轟炸俄國河岸，有時越過河冰傳送。中方與蘇聯邊防軍爆發小衝突，中國人揮舞棍棒和長戟，俄軍動用拳頭和步槍托。一九六九年三月，在俄國稱為達曼斯基島、中國稱為珍寶島的烏蘇里江河島，一艘俄國巡邏艦遭到中國軍隊伏擊。接下來的兩週內，接連反擊沒能逼退固守的中國部隊，直到俄軍調動火箭砲，以大規模猛轟來清場。

在剃刀般的危機邊緣，兩大共產主義巨頭貌似準備開啟核戰，中方爭取歸還黑龍江以北遭竊取的土地。他們主張，《璦琿條約》和《北京條約》是趁人之危簽訂，因此無效。輪到俄方反駁，一六八九年的《尼布楚條約》同樣是在恫嚇下強取豪奪。他們擔憂，即使核戰也無法遏阻數百萬中國人越過黑龍江湧入。

在二十多年後的承平年代，作為廣泛邊境和平協定的一部分，爭議河島被悄悄讓給中國，激怒了當地俄國人。這裡不過是低矮的新月形沙洲和柳樹叢，無人居住，卻浸滿俄國人的血。

更大的問題困擾著如今鋪展在我面前的島。我們駛入水流突然平靜下來的河峽，介於大烏蘇里島、中國人口中的黑瞎子島[5]與一道狹窄淺灘。俄國人在一九二九年占領這座島，不過若依照國際航行規則，大烏蘇里島屬於中國。

可是越過我後方的薄霧即為伯力。俄國人對於中國逼近伯力感到擔憂，直到二〇〇四年，這最後一塊邊界拼圖才化解，大烏蘇里島一分為二。雙邊的輿論都相當激憤。俄國人認為他們讓步太多；中國人唯恐己方放棄對遭竊土地的索討。官員卻鼓吹親如兄弟的未來。中方喜稱「這座島已成為『好鄰居』的同義詞」：這句話預示與伯力的商業聯繫。俄方宣稱，島嶼將成為遊客的免簽證區：人與人交流之地，中國和俄國文化在此交會。

當我搭的船滑上泥濘陸地，島岸只見成排廢墟。泡過水的灰泥房少了屋頂，門窗皆成空洞。二〇一三年淹沒塔瑪拉的達恰那波洪水使島上的一切沒頂。我踩著白楊樹

5 譯注：「黑瞎子」是當地人給黑熊取的別稱。

下的小徑穿越鬼村。有些廢墟貼著監視攝影機的警告標示，但那些攝影機自身已遭竊取。市場的一道柱廊往內塌陷。木條如藤蔓般懸於破天花板，纖維保溫層從牆壁裡冒出。一張日本庭園複製畫依然掛在牆上，櫻花和拱橋被洪水線橫斷，底下的一切盡皆腐爛。自始至終，伯力的鬼魅布景在江水另一頭閃爍微光，傳達安康的幻覺。

有位女子從一片腐朽的房屋中現身。其中一棟屬於她，女人說：「洪水過後，我們在伯力獲得住處，可是我在那裡已經有公寓，所以什麼都沒拿到。不用說，多數人離開了。」她有一張倔強的寬臉，神情從懷疑轉為苦笑。「為什麼我要失去這裡的家？即使黑幫運推土機上島，我也拒絕拆除房子。接著洗劫的人來了，他們是村中的失業青年。他們得以在沒人阻止的情況下搜刮，這地方半荒廢了。秋天有夥人渡河過來，卻跟已經在這裡的人打起來，後來跑掉了。」她說自己肩負起巡守小徑以抵禦入侵者的低薪工作，但她允許我繼續走。

我走到看來完好的一棟深長的淺色建物，以前是一間托兒所。園內的籃球架和鞦韆的亮眼油漆仍在，灌木已從鋪路石間撐出並堵住小徑。更遠處，一排貨船停在荒廢維修場的淺灘等待，後方依舊是樹立破圍籬的村莊泥巴路並堆滿垃圾。一家人正在拆除依然矗立的家屋毀壞的那一半。水曾高及屋簷，那位妻子說，可是她在微笑。這是她的家，她哪裡都不去。她的菜園已鋤整，只待菜苗。

一個臃腫矮胖的身影，拽著兩個行李袋下船，哄我去拜訪他困在島上的岳父。弗拉基米爾（Vladimir）想炫耀身邊有位西方人。他的黑色貼身背心攤壓在鬆軟、有細紋的肚皮上，下身是黑褲子和圓腿。我坐進一對端莊老夫妻整修過的家，弗拉基米爾從提袋拿出伏特加瓶並開始喝酒。他每次舉杯敬酒都替我斟滿玻璃杯，而他的岳母面露老練神情，準備俄式開胃菜小點，並以會心的沉默容忍他。我揣想他的妻子在哪裡。廚房餐桌迅速擺滿黑麵包、紅色魚子醬、醃黃瓜、熊蔥莖和幾隻閒晃的螞蟻。

弗拉基米爾與我碰杯，並向我保證他不住在這裡。「不！我住在伯力，一間大房子，很大！我不住這種地方。」他指著破舊廚房。「我是百萬富翁！」他脫下史戴森牛仔帽（Stetson），露出禿頭和胖臉，五官看似事後才畫上去。或許是伏特加讓他陷入一種舊日的俄羅斯沙文主義。他宣稱，中國人害怕俄國，俄國的戰爭機器遠遠領先。在偉大的衛國戰爭期間，蘇聯甚至製造美國噴射機的機殼，波音七四七的零件大部分也是俄國製。

他在民航業服務四十三年的岳父平靜地駁斥他。老人帶有一種溫和的權威，但是弗拉基米爾渾然未覺，繼續大放厥詞，「中國人怕我們入侵他們的土地，」他依然稱之為滿洲。「而且他們知道我們能夠徹底擊垮他們。」

他的岳母正在爐子上煎布利尼鬆餅（blini），突然大笑出聲。「我們幹嘛要他們的土地？我們的土地夠多了！我們擁有太多土地。」她往鬆餅放上滿滿的魚子醬和煉乳。「土地是我們唯一擁有太多的事物！」她和丈夫立即以輕聲低語反駁弗拉基米爾，不是為了他好，那顯得毫無希望，而是為了他們自己的安寧。

他通常忽視他們。然而他臉上那對戒備的小眼睛在屋內飄忽，直到有什麼使他警醒，並將目光定在我身上。他壓低音量告訴我，他見識過這世界，受過軍事訓練。他在立陶宛當兵到一九九三年，做過可怕的事，「那些混蛋想要獨立。」隨後替警方效力，再到日本做某些涉法的事。我追問時他淡淡微笑，擺出一副迷人壞蛋的模樣。我發覺很容易想像他的和善面具轉變成別的面貌。後來我才想通，他的黑背心和裸露的粗手臂何以撼動我的記憶：去年我在大馬士革（Damascus）遭到祕密警察拘留時，有個毛髮旺盛的暴徒靜靜進出的畫面閃現腦海。

我想知道老夫妻是怎麼漸漸被困在這裡。在小別墅的庇蔭外，生鏽外屋間的庭院散落布料破爛的椅框和床架。「我們挽救不了家具，」老人說：「我們只救到爐子和冰箱，把它們疊在桌上。」他平舉手靠近天花板。「水淹到那裡，魚穿過窗戶游進來。」他妻子發出特有的不羈笑聲。「整座島淹進水裡！」

這時我詢問：「我從這裡要怎麼去中國邊界？」我聽說有間教堂孤立在邊界上，接近島的中央。

但老婦說：「沒人去那裡，沒有意義。教堂只是一個象徵。而且你必須有許可證才能靠近邊界。」

「那裡原本該是會面的地點。」

「那裡是荒地。」

弗拉基米爾插話：「中國那邊一樣殘破不堪。」

「不是的，」我說：「他們整修過了。」去年秋天我跟來自撫遠的一群老師路過附近。那裡變成溼地自然保護區，木棧板步道全部重鋪，每年吸引六萬名遊客。但是邊界很荒涼。

弗拉基米爾嘆息。「中國人辦事牢靠。」接著他宣告：「我明天預計要見一群中國代表團。我在推廣一本中國雜誌，當他們的代理商。我有跟你說過我是百萬富翁嗎？明天來見見他們，我們要慶祝！」

我半信半疑，試著想像他在這破敗社區款待代表團，中國人在本地必定受到仇視。我心想，這或許是某些商人的操縱手法，跟低階黑幫結盟，規避海關的條文和稅金。可能明天弗拉基米爾會換上不同的打扮，用不同的方式說話，站在一群西裝筆挺的中國人面前。可能他根本不是裝腔作勢的蠢傢伙，而是他所扮演的狡猾玩家。

於是我隔天懷著一線希望重返，期盼中國人已經找到他岳父母的貧困住家。可是那裡當然空無一人：只有弗拉基米爾，醉到一定程度，戴著墨鏡跌跌撞撞。他說自己現在要改去哈爾濱，或者海參崴。

「那你要去哪裡？」他問道：「啊，沿著阿穆爾河到共青城。那樣不安全。」他憂心忡忡地跌坐到椅子上。「那很危險。」或許有一絲真摯的關心浮現。「如果我有車就能載你去那裡……」

Chapter
9
曙光城
City of the Dawn

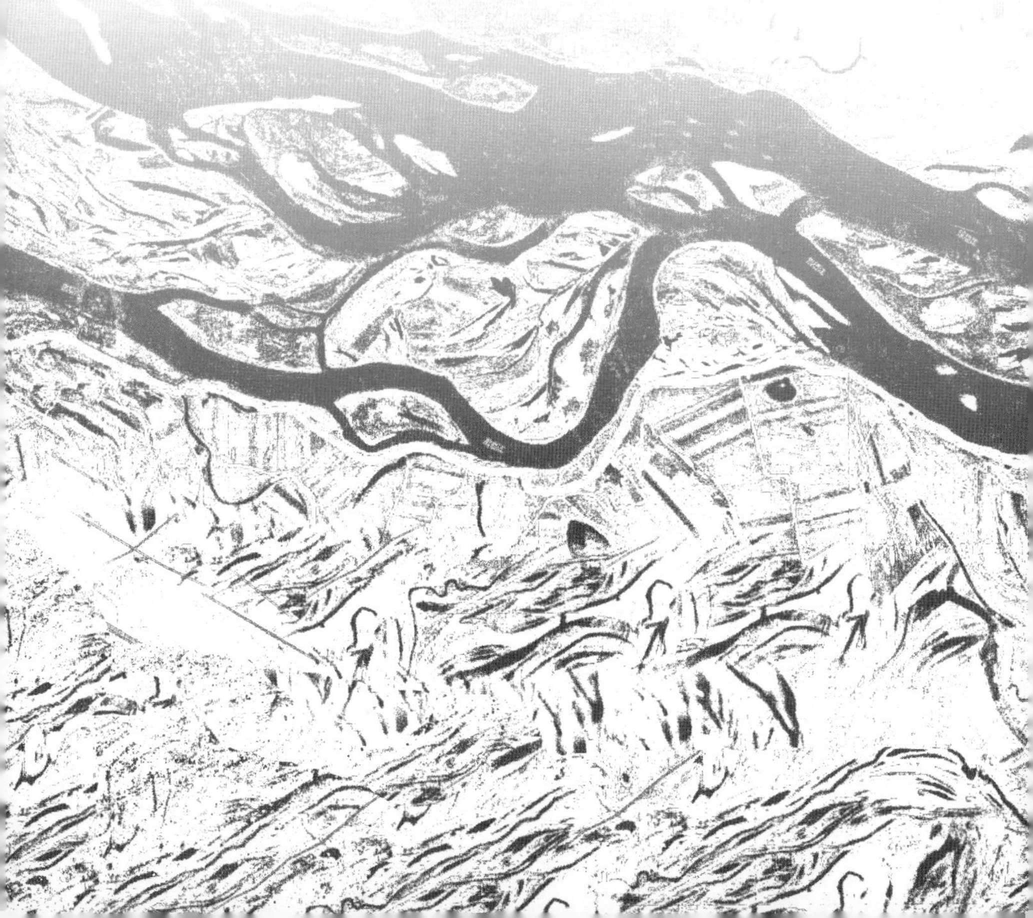

七百英里的叢林山區在太平洋前聳立起茂密屏障，阿穆爾河在這裡猛然劇彎向東北。盤旋於伯力周圍的烏蘇里江湧入阿穆爾河，隨後，沿著常寬闊得難以度量的河床，暴漲河水流過小島與沙洲的迷宮，走完入海前的最後六百英里。

在東邊，太平洋的夏季暖風吹入這片錫霍特阿蘭山脈（Sikhote-Alin）的森林，北方針葉林的落葉松和冷杉混雜著亞熱帶植物群，如滿洲的胡桃木、楓樹、栓皮櫟和椴樹。巨大的木質藤本植物、葡萄藤與散發檸檬香氣的木蘭，從生長茉莉和小檗的林地向上纏繞，秋天開花的人參則引來買賣中藥的盜獵者。北歐的動物侵擾南方物種。麋鹿、狼、山貓和狼獾遇見亞洲黑熊和美麗、近乎絕跡的遠東豹。野豬到高聳紅松樹的松果掉落處覓食，西伯利亞虎則獵捕野豬。這雄偉物種的學名是「Panthera tigris altaica」，在地球上最令人生畏，仍舊在部分受到保護的領地活動：可能剩下四百五十隻，過往曾有上萬隻。重達六百英磅，以巨大腳掌潛行生態過渡帶森林，趁夜沿著獸徑移動。西伯利亞虎能以五十英里的時速奔馳，獵食梅花鹿、長尾斑羚和麋鹿，偶爾吃熊或山貓，極罕見的狀況下獵殺人類，有時甚至去捕魚。

不過我要離開這片偏遠的潮汐帶，阿穆爾河從這裡轉了個彎。山脈往北收窄並降低，收束在阿穆爾河與日本海間。阿穆爾河流進更冷、更嚴酷的氣候帶。河岸稀疏分布漁民與原住民：赫哲人、烏爾奇人和尼夫赫人，傳言他們敬拜熊。在秋季，河中湧現來自太平洋的鮭魚，以及巨大鱘鰉魚。我不確定自己要如何抵達這片地區。水勢凶險得難以航行，淺灘不斷移位，水手畏懼且痛恨這條河。獨自流向太平洋的過程中，阿穆爾河曾背負俄國對海上貿易與勢力的夢想，然而十九世紀建立作為征服跳板、位於出海口的城鎮阿穆爾河畔尼古拉耶夫斯克，在我的地圖上只是一個小斑點，彷彿一切人類生命在浩瀚的出海口正漸漸消逝。

沒人曉得錫哈契阿里安村（Sikhache-Alyan）過去曾是神殿、墓地，或者可能是一座小鎮。腳下小徑踩著橘色土壤和黑岩石，一旁的阿穆爾河隱身霧中。幾百萬年前，如今已消失的火山噴發熔岩牆，沿河岸凝結數英里，最終隨破裂的河冰迸碎。你也許會想，這些玄武岩巨石曾是城牆或防波堤，第一批探勘者認為它們是殘破的城市，但這些發光巨岩其實凌亂且不連貫。

俄國人和赫哲人各半混居的小村莊散布在上方的樺樹林，一位來自我未到訪過當地博物館、看起來無精打采的嚮導，加入我在石間攀爬的行列。每隔幾碼，深邃發光的雕畫出現在任意某個岩石表面。其中有些看似只不過是岩石上的摺曲：暗示著螺旋或線列。早期研究者有時單憑觸摸就能辨識雕畫的存在。不過其他雕刻使石頭流露出活靈活現的震撼：粗野的臉，蹲伏的鳥，麋鹿肋骨與彎角的圖像、人的輪廓。有次我小心翼翼地穿越巨石間的裂口，迎面直視瞪大眼、露出牙齒的面具。

這些畫像真正古老得難以推估。它們屬於遙遠的某段新石器時代，可能是六千年前，在這些巨石被春季浮冰撞歪之前。嚮導認出一條神祕的船，由斜線和波浪線構成，她告訴我那是載亡者靈魂上天的船。有次我看見一幅年代較晚的雕畫，兩隻長著牛頭的笨重野獸、也許是現已絕跡的物種在火成岩巨石並肩跑動，牠們的腳和尾巴奇蹟般的完好無缺。

但最常見的主題是面具似的臉，隨機反覆出現，有著空洞眼睛和類人猿的下巴，四周圍繞太陽光芒紋飾。有時這樣的臉占滿整面岩石，有時只留下一雙眼睛，或是殘缺的咧嘴笑容，彷彿畫像被石頭吸收吞噬。但它們不是用來看的眼睛和用來說話的嘴巴，更像是銘刻下的想法。然而是誰要表達什麼不得而知，雕刻的目的與原始作用純屬臆測。

岩刻有少數散布河床，隨季節更迭沒入河水，消失不見。最大的一幅描繪一隻憂鬱的野獸，從斜眼睛和眉毛發散同心線，表達深不可測的哀傷。當河水在冬季消退，造物主宛如它的肉身靈魂從水中浮現。

或許岩刻創造者的後代正是今日的赫哲人，他們說著近似滿語的語言。在錫哈契阿里安村岩石上大量出現的圖案，有推論指出重現於赫哲人的裝飾藝術，甚至可見於他們棄置神像的木造容貌。赫哲民間傳說中的神蛇，是種擁有善良智慧的爬行動物，重現於刻在巨石上的幽暗蛇群，而石上刻的鳥與赫哲人的觀念相連，認為尚未出生者的靈魂是樹上的雛鳥。不過這些說法沒有一個令人信服。拿石斧敲打石刀、耗盡心力將自身信仰刻鑿在岩石上的人們，或許年代徹底早於赫哲人，隨後死去或收容於民族誌學者的不解中。我在興奮迷惘下攀離岩刻位址，一陣細雨落下。

村裡沒地方過夜。幾乎半數的居民離家，到別的地方找工作。但有位開拉達老車的男人載我去幾哩外半關閉的度假營地，一位友善的赫哲女子幫我找了間有羽絨被的小木屋，隨後離去。營地沒東西吃，我的野戰口糧也沒了。夜間環顧四周，林間迴盪啄木鳥的打洞聲。阿穆爾河的一條小支流因新雨而翻騰，在黑暗中嘩啦流動，黎明時我從樹木間瞥見，在陡降的山坡底，小河的灰綠色水流間滾著白浪。

一位計程車司機載我去北邊八十英里的特洛伊茲科耶（Troitskoye）。我們穿越光線昏暗的森林，垂枝樺雲集在被融冰撐裂且滿是修補坑洞的道路旁。在我們西邊，阿穆爾河在沙洲間開展，有時河谷延伸五英里寬。河流常在視線範圍外。駕駛個子矮小，剃成光頭，個性樂觀。他很高興接到工作。「這份工作在整個冬季都沒指望，雪讓一切停下來。」我們在路邊一間寬敞的餐館吃飯：羅宋湯、香腸、餃子。「不過你到底為什麼想去特洛伊茲科耶？」

「那裡是赫哲人的首府。」

「赫哲人又怎樣？」在他印象中，那座城鎮的人口衰減到剩下一萬五千人，其中不到三分之一是原住民。「現在他們全都跟我們俄羅斯人混居。」

這當然必定屬實。在散布西伯利亞和俄國遠東地區的「少數民族」裡，阿穆爾河谷以赫哲人最多，但數量僅有不到一萬兩千人。十九世紀，當俄國人和中國人分別從北方和南方進逼，原住民失去主要的漁獵地帶，常淪為苦力和債務奴工。天花、酗酒和鴉片摧殘他們。蘇聯時代正式設置赫哲人保留區，以特洛伊茲科耶作為首府。那裡成為一座試驗場，觀察這群被視為「沒有文化」的貧窮人們能否跳過歷史階段，直接進入蘇維埃人的純粹共產主義。如今對他們而言，就跟俄國人一樣，強加的認同受到質疑，而遭打壓的赫哲文化、甚至是赫哲語皆在消逝中。

隨著我們接近特洛伊茲科耶，森林讓出空間給溼地，細小支流輕滑過沼澤，白鷺飛翔。這座城鎮如同計程車司機警告般陰鬱：公寓住宅區、村屋和棚屋的複合體，有些建物漸漸腐朽，有些頂著鮮豔塑膠屋頂聳立，圍繞對本地人而言過度寬敞的街道。銀色隔熱管線不切實際地鋪設在結霜的堅硬地面，曲折於房屋間並彎過街道。一座戰爭紀念碑與金漆列寧像矗立在空蕩廣場上。

赫哲人的僅有跡象是一間小博物館，有著族人斜眼睛和高顴骨的沉默管理員，單憑幾盧布就遞給我通往她歷史的門票。也許是她的寡言羞怯，或是展覽的可預料性，諸如刺繡服飾、看來脆弱的弓和魚叉、薩滿的角狀頭飾，讓我興起一種文化並非受到保存、而是遭到囚禁之感。蘇聯廣設這類博物館，彷彿藉由收入玻璃底下來界定並終結一個社會：這將不再復返，我們汰換掉了。

但是在遭到征服前，據說赫哲人性情溫和，開明對待妻子並尊敬長者。他們依公社型態居住，常四十人同住在一棟開窗的大房子裡，乘窄船、攜難聞的漁網追尋季節魚汛。他們的刺繡與雕刻圖樣十分美麗。夏天他們穿防水的魚皮寬外衣，如今掛在博物館櫃中，底下展示刮除魚鱗的磨刀。冬季他們披上狗皮或馴鹿皮，穿樺樹皮緊身褲和塞草的鹿皮鞋。赫哲人的世界充滿神靈（阿穆爾河本身就是一縷靈魂），如今這些都寄身於玩具般的木造神像，貼上標價排排站，且失去魔力。他們對熊抱持特殊的崇敬，在神話、有時也顯現在信仰裡，赫哲女性族人與熊性交並生下孩子。

我往下走到河流開展的一哩寬處，兩旁是水勢消退留下的礫石灘。不會在這裡，我心想，而是在更遠的北方、更僻靜的河岸與支流，才會真正留下原住民的遺跡。在一座毀損的碉堡裡，磚牆排列出虛幻的蘇聯老口號「讓世界和平」，上面有一排噴漆塗鴉「托里亞愛塔蒂亞娜」。走近一看，東正教會十字架的雙臂閃耀，於二十年前樹立並「獻給政治壓迫受害者」。十字架立於雜草叢生的上鎖圍牆院落，刻著安娜·阿赫瑪托娃（Anna Akhmatova）哀悼無名死者的詩句。

唯一的旅館沒有房間，但是我的計程車司機逗留在附近，徒勞地寄望賺得回伯力的車資。他載我北上支流曼諾瑪河（Manoma）的空旅舍，幫我向鄰居討來鑰匙，那人告訴我不見蹤影的屋主也住在這裡，並要我離開前留點錢在廚房的爐架上。於是我在某個人的家裡獨自度過一段中場休息的閒散時光。屋裡的木工和金屬浮雕作品連綿不休，從連通我臥房的細窄外梯，到樓梯間的一群小矮人木雕。在蒼蠅飛舞的廚房，混雜燉菜和皮羅什基炸餡餅（piroshki）的味道聞來詭異，不過也有黑麵包和放養雞產下的蛋。到了屋外，鳳蝶翻飛鳶尾花圃間，兩隻石膏鵜鶘斜倚在池塘邊。

傍晚我沿著曼諾瑪河步行，一隻剪耳貓跟在後頭。我想起春天在森林大肆出沒、傳染腦炎的蜱，卻感覺自在得不願折返。曼諾瑪河在浸水垂柳河岸間形成銀色的細長激流，在反常的漩渦中打轉，隨後再度平緩下來，豐盈而輕快地流入此處看不見的阿穆爾河。樺樹和楓樹的花苞初綻，叢林銀蓮花在樹下蔓生。

我回旅舍睡進一張大床。周圍牆壁用密集板釘成，並有「免於甲醛法規」的戳印。剪耳貓躺在我的門邊。我試著回想甲醛是什麼，或許它可以消滅傳染腦炎的蜱。入夜的屋外，我只聽見曼諾瑪河的模糊聲響。

前往曾為軍工廠機密城市的阿穆爾河畔共青城途中，走完最後的一百英里，你也許步出洪泛森林、跨過一哩長的橋梁，終於在夜幕降臨時立於阿穆爾河畔。你身後響起數千蛙鳴，從偉大衛國戰爭紀念碑附近的沼地公園傳來。老人家告訴你，這是死者的聲音，因為共青城搭建在亂葬崗之上。一股暖風從河面吹拂而來。臨河步道已荒廢，不過人們溜狗穿越幾乎沒有照明的綠地——牽著蓄勢待發的大型獒犬；老人在路邊長椅上抽菸。

晨光使卡在重修與腐朽間的河畔步道露出真面目。二十年前，我在赴馬加丹（Magadan）途中曾到訪這裡，一切都沒變。布告牌顯示大手筆的計畫開發：博物館、運動中心，甚至是共青城取代的原住民村落複製品。相反的，你卻踩著破裂的人行道，走過不連貫的露天廣場。推土機閒置在荒廢的渡輪碼頭旁，我原本想從這裡搭水翼船北上。黑暗山丘踞於對岸，遠方的懸臂橋骨架懸在天際。

河流上方，圍起的一塊巨石紀念共青城於一九三二年建城，當時來自蘇聯青年組織共青團的先鋒隊登上河岸，在荒野中建起一座城市。雕像高高立於基座上，達真人尺寸的兩倍，由一位俊美青年和漂亮農田女孩帶頭，領著拿十字鎬和經緯儀往內陸前進。這是蘇聯政治宣傳的強而有力時刻。憑藉純粹的意志力，發自社會主義狂熱與犧牲蓋起大城市的傳說迅速開花。可是先鋒隊技能有限且支援窘迫。第一個冬季的嚴寒中，他們住在細枝和黏土蓋成的小屋，被河冰和無法通行的森林截斷後路。他們罹患壞血病和夜盲症，春天則受蝰蛇侵擾。二十年前，我在地方博物館見過受尊崇的「第一批建城者」留下的髒罐頭、煤油燈、繪圖信，如今他們的記憶卻縮減成一個重建的房間，擺設茶炊和上發條的留聲機。在響徹回音的大廳，服務人員忙著上前提供協助，空間多半分配給赫魯雪夫（Khrushchev）和戈巴契夫的到訪，甚至是阿富汗戰爭，更勝俗稱曙光城的建城者。

過了先鋒隊雕像，第一批建城者大道（First Builders Avenue）的開端是穿越開花樹林的小徑，接著通過消失的勞改營並成為大道，伴隨綿延兩英里的多層公寓樓房通往火車站。先鋒隊初期建物的照片顯示一整組尺寸有誤的木材與傾斜窗戶，每處營房皆有專屬的紅色角落與列寧半身像。不過在兩年內，大量湧入的政治犯吞沒首批定居者，隨著史達林的猜疑加深與歲月流逝的數目漸增，直到有上百萬罪犯路過街道。在影子地圖中，他們的勞改營與亂葬崗位於城市底下，這類位址如今改建成紡織機工廠、婦產醫院和冶金廠。連在博物館裡，他們的歷史也遭到粉飾。過去正在改變。在這因猜疑而惡名昭彰的封閉城市裡，我所找到的唯一紀念物隱蔽在列寧街上的某個巴士站後方：鐵絲網圍起的斷裂石柱，刻著熟悉的慣用句「緬懷受政治壓迫者」。有人在那裡掛上暗紅色的康乃馨。

一九四五年，約五萬位日本戰犯填補缺額，遭拘留的時間漫長、處境又苛刻，導致近半數人死去。他們的紀念碑顯得諷刺，親手美化的城市卻殺了自己。當我踏上舊城區的大道，樓房從拱門、窗戶到上方的欄杆陽臺和模造簷口，全都由日本人建造。在市中心，房屋的石造立面散發粉飾灰泥輕柔美感的光輝：鮭魚粉紅、香檳金、瓷青、灰藍。在阿穆爾飯店旁，松樹叢中立著一座不大的紀念碑。

但是建築上的一切優美隨著我繼續行走而消散，某種熟悉的單調乏味降臨。無精打采的男子三兩成群地走過人行道，還有體態結實、漂染金髮的女人。路上幾乎沒有車。這像是一座暫停的城市，等待著某些事發生。隨處可見市政府的布條橫越天際線——「我愛你，共青城」，彷彿企圖再現式微的忠誠。人口劇烈衰減。在無趣的大廣場，一面大螢幕放映未來的共青城，有著寬廣人行道與燈火通明的河濱步道，宛如夢想世界般懸在漫步的人們頭頂。

我想起年代較早的俄國，四十年前吧。商店沒有擺設櫥窗，收銀員和店員目光逼人且大聲咆哮。在長達半年低於零度的地區，我推開無聲鐵門踏進餐館，時常只看見椅子疊在桌邊，或面對一扇上鎖的內門。每間辦公室都深埋在縱橫交錯的其他辦公室間，沿著兩旁門多半緊閉、燈光昏暗的通道才能抵達。我試圖尋找二十年前認識的牧師，他從KGB人員轉任浸信會牧師，但打開舊公寓大門的是一位身穿破舊套頭毛衣的憤怒陌生人，他在下午三點多從宿醉或睡夢中被吵醒，向我表明從未聽說過他。

我在亞歷山大（Alexander）身上賭了一把。懷抱著前往遙遠村莊的熱切心情下，我在網路上找到他提供赴偏遠阿穆爾河支流釣魚的行程。這也許根本行不通，我在入宿的陰暗旅店不安地等待他的到來。大廳裡依序是一位賊頭賊腦的年輕人、賣香菸的老婦人、歡樂的醉鬼。我默默演練拒絕亞歷山大的藉口。最後來了一位身穿迷彩軍裝的健壯男人，皮帶上有把獵刀，蓄著栗子色的鬍鬚。他看起來像小男孩夢想中的那種西伯利亞人，理應絕種的邊境拓荒者。

不過這人是亞歷山大，讓我鬆了一口氣。他用目光直率打量我。我不確定他看見什麼，但我見到三十四、五歲的高大男子，散發某種強大、甚至帶著挑釁的自信。他在屋外街道上顯得活力十足，步伐迅捷。他說一口流利的美語。「我工作時學的。我在庫頁島幫一間美國天然氣公司做事，然後到楚科奇自治區（Arctic Chukotka）替加拿大金礦商工作。薪水好，但工作很糟。那邊的人一心只想幹女孩子，都是些俄國孩子，到那邊賺錢或找機會去美國。最後我受夠了，我想要自立。我太太說，就去做讓你開心的事吧，所以我重新開始，做這樣的工作。」

儘管身材魁梧，但亞歷山大是別人在街上會走近討香菸或火柴的對象。他有種純真的天性。我對他的最後一點疑慮，在我們置身吵鬧酒吧乾掉第一杯啤酒後消失。「我們進行的方式是這樣，我認識一個傢伙叫伊果（Igor），他開一輛 Land Cruiser[1]。他做一點貂皮生意，不過他認識的北邊漁民會駕船載我們。他們也盜獵，但那就是他們討生活的方式。伊果過了明天會來這裡。」他看見我的怪表情。「放心，我了解他。他會來。」

接下來三天裡，亞歷山大找到我絕不可能發現的酒吧和餐館。他狂吃豪飲，我發覺自己沉浸在帶啤酒味的懶散狀態中，灌下一杯杯哈爾濱啤酒、霍爾斯坦（Holsten）的「正牌男子漢」啤酒和一種本地釀的酒，酒標上的穆拉維耶夫跟一位赫哲女子、一位冰上曲棍球冠軍選手、哈巴羅夫一起握住大啤酒杯。在每一輪啤酒間，亞歷山大緩步到外面抽菸，讓我短暫想起小梁。

不過亞歷山大沒有都市的煩憂，或者他有，也都遺失在荒野中。他在鎮上有妻子和兩個幼小的孩子，但他渴望到野外旅行。森林讓他得到發自肺腑的振奮，以及一種弔詭的平靜。

「距離這裡二十分鐘車程，你就能抵達完全杳無人煙的某個地方。」他說：「有鹿獨自在吃草。往蘇維埃港（Sovetskaya Gavan）的路上，你先到一個山隘，之後你突然看到底下有河谷，沒人在那裡，只有針葉林。你置身宛如熱帶雨林的山裡，苔蘚掛在樹上。南邊的林子太密了，你幾乎砍不出路通過。我希望能讓我的小孩看看那裡。除此之外還有釣魚……」

1 譯注：豐田受歡迎的四輪傳動車款。

這是他想讓我感受的熱烈情感。在某間冷清的酒吧裡，他碰也沒碰啤酒杯，聲音摻雜一絲驚嘆。在他常釣魚的靜謐河島上，鹿蹄印在岸邊踩成圖紋，野豬留下扒土覓食的痕跡，成群鴨子飛翔。他喜愛鑑識一條河的精選水域，研究魚躲藏的池塘和淺灘，隨後感覺釣竿突然的顫動，從指尖傳來的用力拉扯：白斑狗魚、黑鯽、蛇頭魚……。

他提問：「你釣過魚嗎？」

「只有小時候釣過。」在加拿大某條河流拖線釣的記憶浮現，我父親的手穩住我的手。

「加拿大，」亞歷山大說：「有熊。」

「我一隻也沒看過。」

「好吧，如果你在這裡看見熊，只要站直就好，讓自己看起來高大。」

「那對你來說沒問題，你可以把熊嚇個半死。我寧可爬上樹。」

「熊會爬樹。」

不用說，我期盼看見熊。亞歷山大偶爾瞥見熊的足跡，有一次還看見老虎的腳印。

「你絕不會看見老虎或狼，」他大笑：「但他們看得見你。」

我記得蒙古狼群的嚎叫聲，黃昏時分由馬夫蒙戈喚來，接著牠們潛行離開。亞歷山大喜歡這類事情。有時候，隨著夜色加深、酒過三巡，他變得頭髮凌亂，語速加快且思緒紊亂。他發表必定已收入當地民俗信仰的神話：內戰期間白軍如何消失於伯力的地底隧道；最後一任沙皇如何逃去英國投奔表哥喬治五世（George V）並躲起來；俄軍如何轟炸中國奪走的大烏蘇里島，使整座島沉沒。但他總會補上一句快活的低吼：「我想這全都是屁話。」又說：「你得習慣我，我的措辭不雅，就這麼脫口而出……」

不喜歡他是不可能的事。我們互碰啤酒杯並樂觀地看待未來。但是他說：「我有可能讓身邊的人不愉快，有時候我覺得有兩個我。一個是沒問題的亞歷山大，現在他在這裡，但還有一個差勁的亞歷山大。差勁的那個情緒惡劣，尤其是在喝酒以後。無視他就好，他會變回來。」

共青城的舊墓園位於遠離城區的蔥鬱山丘間。壓實的泥土階梯貫穿垂枝樺山坡，兩旁是黑色墓碑和發亮的人造花。我們獨自在這裡，陽光被雲層遮蔽。杜鵑鳥的鳴聲響徹山丘。樺樹和椴樹下的密集墳墓、花仍有生命的幻覺、黑墓碑上銘刻的臉孔，在在引發我們誤闖某個私人社區的感覺。許多座墓側擺放金屬桌椅，讓哀悼者在這裡彼此交談，或與死者對話。

接著我們走到氣派更勝一籌的區域。閃閃發光的厚實大理石座立於林間空地，高聳墓碑刻著實際大小的人像。他們全都是年輕男子，模樣隨興而粗野。他們的墓碑上刻著天使，壽命十分短暫。這些是黑幫老大的墓，在葉爾欽執政的混亂一九九〇年代發跡，當時犯罪集團成為俄國遠東地區的影子統治者，共青城更是他們的地盤。這裡有亞歷山大．沃可夫（Alexander Volkov）的墓，遇刺身亡；還有謝爾蓋．勒佩希金（Sergei Lepeshkin），二十九歲在獄中用自己的鞋帶上吊。他們站立的身形穿著鬆垮長褲和皮衣，手插口袋，彷彿那些手沒犯過任何罪。三橫一豎的東正教會十字架，銘刻的日出和下跪天使照看著他們，還有鐵玫瑰。某個人為他們帶來幾塊甜食。

亞歷山大不帶感情地朗讀他們的生卒年。「在我念書的年代，他們掌控一切。我們學生全都有機會加入某個幫派，許多人真的去了。那些小孩負責不重要的工作，跑腿打雜，但都做不久。」他恨恨地笑。「我只有一個同學認真去試。他跟另一個傢伙毆打某個醉漢，自以為可以揚名立萬。他想成為黑幫老大，但他們不接納他。現在他跟媽媽一起住，還穿粉紅色的上衣。」

我們路過其他人的墓，多半在他們快四十歲、爭搶地盤時被殺，有個人才二十歲。凝視前方的臉孔從來不笑。他們的墓誌銘並不佯裝悔改，只表達遺憾。「兄弟！埋葬朋友多麼悲傷啊，寧可沒事坐著聊天……」他們請求自己的罪孽得到原諒，得以進入天堂。

「到最後那些幫派分子互相對付，」亞歷山大說：「伯力幫跟共青城幫翻臉，他們彼此駁火，勢力變弱。我記得小時候在一間有電視的餐廳看卡通，他們就在隔壁街區開槍。兩個拿 AK-47 自動步槍的蒙面人跳下廂型車，轟掉一個黑幫老大跟他的保鏢。不用說，從頭到尾沒人逮捕他們。但這所有事情都會危害外國投資，結果普丁派聯邦安全局來鎮壓他們。」

這群流氓裡最有勢力且惡名昭彰的，是整個俄國遠東地區的教父葉夫金尼・瓦辛（Yevgeny Vasin），外號「果醬」（Dzhem），他的勒索和保護費帝國橫跨賭場到貨運的所有產業。於後蘇聯的混亂年代，他在共青城的宰制帶來良性供養的錯覺，城中顯得安全而有秩序。然而果醬的成年人生有一半在監獄度過，並將罪犯的次文化拓展至外面的世界。二〇〇一年，他在牢裡死於表面上的心臟病發，得年四十九歲，更黑暗的死因傳言甚囂塵上。他的葬禮雲集兩千多人，包括前蘇聯的黑社會高層，他在這群過往的黑道貴族中占有一席之地：莫斯科霸主「小日本」．伊凡可夫（'Yaponchik' Ivankov），七十歲那年遇刺；哈桑爺爺（Grandpa Hassan），二〇一三年遭狙擊手射殺；「席維斯」．特洛菲莫夫（'Sylvester' Trofmov），一九九四年在自己的賓士車裡被炸成碎片；殺手與逃脫者亞歷山大．索洛尼克（Alexander Solonik），一九九七年被勒斃；喬治亞裔的前摔角手歐塔利．卡范特里希維利（Otari Kvantrishvili），一九九四年遭射殺。

果醬的墓在園中最為豪華。雷射雕刻的聖母瑪利亞在緬懷死者的十字架下哀悼，善感的墓誌銘傾訴失落與悲傷，翅膀精雕細琢的天使立於其上。然而我們凝視他的墓碑，上頭刻的是個長不大的男孩，穿著皺背心、領結鬆開。他看起來笨拙而直接，像遊樂園裡的惡霸。

果醬過世三年後，墓園仍有他的手下看管。據說有黃金隨他入土。但我們獨自走在閃爍微光的垂枝樺小徑上返回，去年的落葉和塑膠花踩扁在腳下，除了烏鴉的刺耳叫聲什麼也沒聽見。「即使到了現在，」亞歷山大說：「如果你有自己的公寓或車子，老人家會認為你一定有加入某個幫派。」

我們攔計程車回鎮上，司機有一張憔悴削瘦的臉，蜘蛛網刺青覆在手背上。「那代表他搶過住家。」亞歷山大低語。司機的年紀看起來夠大，有可能曾經替果醬效力。「那些刺青就像榮譽勳章，也對任何想惹你的人發出警告。在肩膀上刺青代表老大，而每判刑入獄一次，你就得到一個紋在背上的大教堂圓頂。」

司機在車轍和坑洞間閃避彎行，他抱怨國家被一群蠢蛋和罪犯治理。

靠近河邊，在沼澤綠地旁，設置著偉大的衛國戰爭紀念碑。花崗岩板切割成的七張巨大臉孔立於石砌廣場上，宛如剛從地底現身。雕塑家從德意志國防軍（Wehrmacht）一位軍官的日記中獲得靈感，那人驚嘆俄軍如頑石般力抗德軍進犯。堅毅的嘴與剛強雙眼雕於巨大石塊上，跟岩石一樣赤裸倔強。

紀念戰爭的廣場深受溜滑板的青少年喜愛，他們身穿印製「不合時宜」和「我愛紐約」的T恤，在石砌鋪面上迴旋和撞擊。但那些石臉似乎深埋在自己的時光，集體投射疏離的目光。它們樹立的年代甚至早於少年的祖父母。

「老退伍軍人肯定恨死這場面。」我說道。

亞歷山大咕噥低語：「沒剩下幾個了。」早年蘇聯對戰爭的吹噓已慢慢減退，他說。附近的坦克車博物館改建成足球場。「我們在學校被灌輸一堆戰爭的事，當然囉，可是完全沒教能幫助我們活在當下的知識。所有事都過時了，包括一些狗屎歷史。我希望我的孩子成長時能為現代生活做更好的準備，並且獨立自主。」

我不假思索地回應：「那可能比以前容易。」我們聽著溜滑板小子的喊叫與啪噠聲。

「可是情況愈來愈糟。多半時候你沒注意，政治宣傳就滲透進你的腦袋。當我在楚科奇幫加拿大人工作，我察覺自己開始憎恨他們且怒氣沖沖，我很疑惑為什麼。我從來不看我們的電視，太無聊了，可是在楚科奇那地方沒別的事好做，我發現看電視讓我被洗腦，開始討厭西方人。」他朝我咧嘴笑，彷彿我不是其中一員。「於是我阻止自己這麼想，並回到正常狀態。」

那天晚上，坐進另一間酒吧，在潑灑啤酒而反射亮光的桌邊，想到未來導致他的活力黯淡下來。他走出去抽根菸再進來。他痛恨許多事，他討厭地方政府、死氣沉沉的學校體系、野生動物面臨的威脅、共產主義、女性主義，當然還有中國人。不過莫斯科排行第一。

「我們一開始全都投票給普丁，」他說：「但現在人們看見發生的事。我們倒退回蘇聯時代，一切都由少數幾個大頭擁有與管控。那是我們國家的問題，總是由錯的人統治。即使在革命時期，也有一大堆怪人跟騙子混進來。至於現在的政府，有時候我覺得那些混蛋只想能撈就撈，直到我們毀滅，然後他們就會脫身。」

隨著夜色漸深，我們愈喝愈多，他把棒球帽反戴，失去聚焦的眼神在我身上飄忽。他談論全世界的愚行，我聽見自己加入討論，補充論點，到最後我們終於走回我的旅館。

「至於那些該死的中國人，他們像蟑螂一樣。他們到處都去，吃掉一切。」亞歷山大的龐大身軀在我身邊行進，開始散發威脅感。「他們做每筆交易都示弱，接著卻騙你。我想他們是想接管我們，我會乾脆把那些混蛋趕出去。」

可是我在共青城難得看見中國人，我說，只有幾個烏茲別克人，依然戴著他們的圖別泰卡（tubeteika）傳統圓帽，還有一些塔吉克建築工人。

「你看不見他們。」亞歷山大語氣堅決。「但他們成片砍伐我們的樹。我們有些森林租給他們五十年，在赤塔和伯力周圍有好幾百平方英里。」他也見過堆滿木材的巨大駁船往上游駛向中國，並且惱怒不已。

回到旅館，伊果還是沒來。

共青城選中現址，原因是偏遠得免於任何入侵或間諜威脅。中國邊界的不確定情勢、西伯利亞鐵路及偶來刺探的外國人皆遠在兩百英里外。不過有條遠離人煙的河流使該城得以通往太平洋，還有貝加爾—阿穆爾鐵路（Baikal-Amur Railway），建在北方遠處，對西伯利亞鐵路亦步亦趨，在駛向內陸的安全、半荒涼路途中通過共青城。八十年來，共青城的命脈一直是軍武製造。城市的飛機製造廠和造船廠囊括大半勞動人口，使城市封圍成一座自給自足的堡壘。

二十年前的大雪紛飛時節，我拿著部分模糊抹消的地圖，踩著沉重腳步走在市郊工業區，那時半數軍工廠轉為製造拖網漁船和遊艇。如今，當我搭巴士前往俄國最大的加加林飛機製造廠（Gagarin Aviation Plant），我踏進街上滿是穿制服男女的微型區域。過了太空英雄加加林閱讀「宇宙定律書」（本地人開的玩笑）的雕像，我停在有人看守的旋轉柵門與高聳鐵圍欄。我越過史達林風格的辦公室、遠眺成排像是機棚的建物，延伸半哩至禁入的遠處。公園般的靜謐絲毫不透露廠內發生的事。

多年來，這個強國已生產出數千架軍機。蘇聯解體與十年的劇烈衰退後，開始在千禧年之交暫見復甦。普丁最初的作為，其一是在一九九九年保證工廠會繼續維持國營。蘇愷系列的戰鬥機在這裡製造，打破實質上的美國壟斷。SU-27戰鬥機於二〇一〇年從這座工廠首次起飛，此後大批銷往中國和印度。數十年前，蘇聯幫助中國的部隊現代化。如今隨著經濟實力反轉，賣戰鬥機給中國為莫斯科帶來寶貴現金，也讓北京一償焦急的先進科技宿願。

我在蘇愷集團的保安辦公室，等待無望的入廠許可申請。我見到聯邦安全局官員的那刻心一沉，他鬆垮的雙下巴與眼皮半垂的眼睛，看似深鎖與生俱來的多疑。

「外國人必須提前四十五天提出申請。」他幾乎沒抬頭看我。「即使如此，許可也不會批准。」

靠近河邊，阿穆爾造船廠的下水滑道通往一窪僻靜水灣，廠區同樣禁止進入。這裡一度是蘇聯最重要的核子潛艦工廠，三十年來卻因種種問題破敗不堪。又遭到一次面無表情的拒絕後，我正要離開，一位年長男人卻不知從何方出現。「來博物館吧，」他看似為我感到遺憾。「可是別告訴任何人我讓你進來。」

收藏品是一堆積滿灰塵、毫無風險的文件、老照片、刻字獎牌和小尺寸模型。他抱著父愛般的感情一一介紹。他最愛的是一艘震測探勘船的複製品，原本幫印度建造，後來以損失慘重的價格賣給南韓。這件怪事逗樂了他。「但這是個美麗的模型，不是嗎？」他說工廠現在轉型生產民用船隻：客船、貨船、休閒遊艇。曾使蘇聯太平洋艦隊配備兩百七十艘戰艦的軍事火車頭移往海參崴附近的位址，可連通海洋，並遠離艱險的阿穆爾河。

突然間他看起來哀傷極了：這股哀傷情緒，我想不只是為了境況不佳的工廠，以及他感到自豪的博物館，還為了俄國失落的偉大，而那依然以宛如思鄉病的某種型態跳動於國族心理。

伊果隔天開著一輛濺滿泥巴的豐田越野車抵達，車上載滿釣魚設備、成箱啤酒和喬治亞礦泉水。他說著帶喉音的俄語，恰是歌劇院和東正教會領唱人鍾愛的、半含在嘴裡的低音。他幾乎跟亞歷山大同樣高大，有著不動搖、多毛的身軀，寬厚肩膀和堅毅耐力。他的豐田車改裝成左駕，可以載我們到想去的任何地方，他說。

於是我們興高采烈地從共青城北上，開進一條翻山越嶺的漫漫礫石小徑。我們沿綠色走廊穿越樺木林，深色果實與銀白樹幹交雜，接著越過一片片黯淡的雲杉和落葉松，樹皮冒出地衣。一、兩度見到村莊在河邊開展。河水如今浩瀚且冰冷：低垂雲層下的平穩流水，河面激起泡沫，奔流於黑暗山丘間。

我們計畫尾隨河流三百多英里，直到阿穆爾河在幾乎觸及太平洋的地方迂迴流入低淺湖泊。在那裡，伊果說，他在許多年前結交漁夫朋友。在此，阿穆爾河流經原住民烏爾奇人與赫哲人的村莊，景色愈見荒涼。再走一百英里，我們就能搭乘眼見的任一艘船隻，航向俄國最後的前哨據點尼古拉耶夫斯克。

我們在一條紅褐色溪流旁稍作停留，野餐吃蕎麥糊和冰冷熟鴨肉，鴨是伊果在某個地方獵來的。我們培養出輕鬆的友情，因前方路途而興奮。亞歷山大和伊果在這裡感覺自在。伊果住在阿姆貢河（Amgun）畔，即阿穆爾河的最後一條大支流，海上的霧從那裡翻騰湧入。冬季他獵駝鹿，並設陷阱抓擁有亮澤毛色的紫貂，起初是牠們的珍貴毛皮於四百年前吸引哥薩克人東來。他們越過烏拉山區到太平洋，六十年間到處獵捕紫貂，恫嚇原住民索討毛皮貢品，直到「軟黃金」幾近絕跡。即使到了現在，伊果村中的獵人每人每年限捕十隻紫貂。他說自己會在雪地機車的轍痕設陷阱，那動物喜歡沿著轍痕跑。當牠們逃離他的狗、竄上樹，他可以朝肚腹開槍，這樣不會損害毛皮。

「最厲害的獵人還是赫哲人和烏爾奇人，」他不得不承認。「尤其是老傢伙。」每年他載著全村的三百張紫貂皮，赴聖彼得堡賣給土耳其和希臘商人。有一會兒他的手離開方向盤，滑手機找一張紫貂皮市場的照片。在畫面中，我看見伊果露出難得的笑容，站在擺滿商品的櫥窗前。大量皮毛往上堆疊，從攤位最底部的灰藍色好東西，再來是標準等級的樣品，直到頂端的近乎次級品，布滿老鼠咬的洞或被其他紫貂吃掉大半，因為牠們同類相食。如同數個世紀前，優質羊毛或許能讓捕獸人發大財，而今每一百隻紫貂中，兩、三隻擁有絲綢質地、煙燻藍色的外皮，能賣得上班族一個月的薪水。

這些是伊果與亞歷山大共有的獵人情感。每隔幾英里，我們就跨越一條湧向阿穆爾河的泥煤褐色支流，可能性使他們的眼睛變敏銳，留意那條河流動的方式，同時爭論是否適合鰻鯰或葛氏鱸塘鱧棲息。他們在我前方的越野車座位上伸長脖子張望並交頭接耳：亞歷山大頭上覆蓋紅棕色短髮，伊果的頭罩在他的愛帽底下，一側印著海鷗，另一側是彼得大帝。他們隨著相同的廣播音樂舞動，即一九九〇年代的俄國龐克樂，對同樣的笑話發噱，也受到記憶中相同的女子吸引。不過伊果的膚色比亞歷山大白，更富耐心，有雙沉著的淡藍色眼睛；亞歷山大個性鮮明，較溫暖卻也更反覆無常。不公義使亞歷山大發怒，伊果則嘲笑以對。亞歷山大似乎擁有年少的內在，伊果的年齡我猜不出來。

於是我們在加薩走廊樂團（Sektor Gaza）的節奏與嘶吼中一路行駛，聽著〈踩油門！〉（儘管我們以每小時三十英里的速度在坑洞間行駛）和〈玩樂吧，老兄！〉。光線灑滿遠方的山丘，但我無法分辨是夾雜在針葉林間的闊葉樹反射光芒，或是陽光進犯。時不時看見一旁的小溪邊緣依然結冰，溪水拐進穿越冰凍方塊與橫條的黑暗水道，困在冰裡的柳樹昂起。然而時序已是六月初。有時候，在森林火災肆虐的地方，一整片焦黑樹樁隔開針葉林，幼苗新生則以一陣綠意低語回歸。

我們的道路在畢斯特林斯克（Bystrinsk）的村莊往東轉向太平洋，伊果認識村裡的朋友。三代人擠進一間木屋。老夫婦以我漸漸熟悉的方式展現差異：他結實而憔悴，也許是酗酒害的；她保有剛強的友善，頭髮仍堅持染成金色。她全家人遺傳到檸檬色的皮膚和藍眼睛。女兒是她年輕時的翻版，卻羞怯寡言、幾近恍神，身旁是黝黑、果敢的丈夫。兩人的孩子很漂亮。八歲女兒的長耳環晃來晃去，冷冽藍寶石般的目光定定看著我，還有個頭髮油亮的小男孩躲在父親懷裡。他們現在很窮，這家人說。儘管棚架和外屋破舊，踏進他們家裡頭仍乍現暖意，每塊地毯和靠墊都是鮮豔色彩的大雜燴，每個表面都堆滿玩具、裝飾品和藥品。沒多久，依循長久的傳統，他們家桌上擺滿駝鹿肉丸、沙拉和甜食，一輪輪碰杯伏特加酒，小孩輪流跑到不同人的大腿上。只有孩子的母親被某種難以觸及的憂鬱情緒籠罩，她隔得較開的雙眼飄往打到窗上模糊的雨，隨後失焦迷離地回到我身上。

我的到來在這偏遠地方是件大事，她丈夫說。他抱起小男孩與我面對面，要他記得自己見過一個從英國來的人。男孩疑惑地盯著我，接著大笑開來。這裡完全沒有新鮮事發生，男人說。

「我們村子快不行了。現在沒人生小孩，他們負擔不起。在我們學校，學生不到三十個，還有八個年紀大的老師。任何年輕的人都離開了。至於我們自己的小孩，我們希望他們在附近生活。」他摸摸兒子的頭。「但他們如果想要有未來，就應該離開。我們是漁民，可是政府限制我們，對我們設定限捕額。」他突然迸出大笑，表示他無視這項規定。「五年前，官員甚至在整個阿穆爾河口撒網，讓上游的所有人挨餓。太瘋狂了，產卵的鮭魚甚至到現在也還沒恢復原狀。那年我們只能種菜，勉強度日。現在狀況好多了，連熊也出現在村子裡了。」

人人都有一個關於熊的故事。本地出沒歐亞大陸的可怕棕熊，公熊重達上千磅，站立超過八呎高。伊果在春天融雪季節遇過晃盪的公熊，他說，那時母熊和小熊面臨危險。有時公熊會殺死母熊前任配偶的小熊，再與母熊交配。我記得蒙戈和甘普雷提過，蒙古的熊在春天攻擊螞蟻窩，被蟻酸弄得胡亂狂奔。男人描述，畢斯特林斯克的漁夫為了讓上鉤的鰉魚保持新鮮，連魚帶鉤綁在岸邊，最近卻有熊趁夜拖魚上岸、吃掉脊骨。

「對牠們來說是美味大餐！」老婦人大笑。她記得比現在更惡劣的時代。那時她還小，她說，共青城到尼古拉耶夫斯克之間的每座村裡都有勞改營，囚犯拚命建造一條通往拉扎列夫（Lazarev）的無用鐵路。她母親和鄰村婦女會帶食物和茶給犯人，因為他們虛弱又飢餓。

我們的祝酒聲漸退，酒杯卻立即斟滿。小孩愈來愈覺得無聊。小女孩拉扯母親的頭髮，結果毫無反應；男孩拿模型車來回滾過父親手臂上的毛。不過這家人的活躍女家長正掌控場面。現在連老虎都回來了，她說，因為受到保護。「我覺得有一隻太靠近我們村子，我們幾乎在牠的獸徑上。」

這些故事不再讓我驚訝。隨著獵物減少，大老虎的活動範圍可能超過一千英里，夜裡沿著牠們的祕密領域獸徑無聲行走。那位臉色蒼白的母親第一次伸出手，牽起小女兒的手。

多年前，有隻老虎咬死隔壁村的男人，老婦人說，她的母親當時住在那裡。「他晚上到外面尿尿，老虎撞斷他的背。啪一聲！我媽去警告我哥哥，他在附近的澡堂，真是個懶蠢蛋，然後老虎撲向她。但出乎她的意料之外，她趴倒在地。砰一聲。老虎失手了，她倖存下來，因為一隻老虎不會跳撲第二次。之後他們射殺那隻虎，做成標本放在地方博物館，被某個人偷走……」

過了傍晚，我們上路開七十英里前往小海港德卡斯特里（De Castries）。忍著沒喝酒的伊果靜靜握住方向盤。隨著夜幕降臨，路上霧氣加深，兩小時後，我醒來看見德卡斯特里的燈火穿透迷霧閃爍。我們尋找鎮上僅存的唯一旅館。現在我們聽著浪濤聲，風帶來海洋的氣味。

早在《瑷琿條約》宣告這片海岸不再屬於中國前，俄國人已在德卡斯特里灣建立軍事據點。多年前港口由一位法國海軍將領命名，以討好贊助他航行的大臣。港口位置荒涼，地處沙皇僅囟險掌控的區域，成為現今多半遭人遺忘的周邊戰事現場。這片水域極少繪製航海圖，以至於在克里米亞戰爭期間，追擊俄國艦隊的法英聯合中隊，將內陸與庫頁島間的海峽誤以為是廣闊潟湖，於是徒勞地枯等早已航行至另一側的獵物。

許久以後，契訶夫造訪這座港口，描寫此處僅有零星房屋和一間教堂，海灣水淺而凶險。三十年後，在俄國內戰的尾聲，一支白軍駐軍躲避在此，力守七週空等援軍。即使到了現在，二戰期間日軍棄守庫頁島的長久以後，這座城鎮仍保有戰時的蕭瑟。在多雲的早晨，越過零散分布的房屋，我們看見一座荒涼港口，堆積著成千上萬棵砍下的樹木，有落葉松、雲杉、橡樹、榆樹。木材等著運往南方，而貨船毫無聲息。

降雨使得通往海邊的小徑多半受阻，然而亞歷山大和伊果渴望去釣魚，我們繞路下到黑色礁岸，有座破碉堡斜塌在水中。他們朝堆積著壞朽機械和電線的水面拋擲釣線。在我們東邊，鋼灰色天際線襯托出庫頁島的輪廓，而在北邊我們瞥見燈塔，孤立在翻騰的大海中，白軍將領在那裡遭到紅軍處決。

一個多小時過去，亞歷山大和伊果什麼也沒釣到，但我開始跟他們一樣靜靜著了迷。我接過伊果的魚竿、朝淺灘拋擲釣線，並像他那般扯動假餌。他以出乎意料的溫柔引導我的手。他捕獲的紫貂常活生生地吊在陷阱裡，在寒冬的低溫下死去，而他毫不在乎。可是他對我展現這種默默關心，伸出大手掌穩住我的線。我覺得感動，卻有些困窘。過去幾星期，在旅館的鏡中，我驚訝注視著一位八十歲的老先生，然後忘了他。如今我體會到伊果眼中所見：一個領退休金的頑固老人，比他脆弱許多，試圖拋釣線進一池死水。接著我想起巴特蒙赫和斯拉瓦時不時對我流露的關切，還有小梁的老派照顧。突然間我想知道：他們的所見所想是什麼？對我的歲數，他們必定付出多少顧慮？我感到一陣慌張。是不是連美杜莎也憐憫我？

一條石子路穿越迷霧與密林通往拉扎列夫，那是我們在這孤寂海岸的最後目的地。由於漁獲不佳、啤酒又喝光，差勁的亞歷山大重現。他忍受不了愚蠢，在我們離開前對飯店經理發飆。伊果發牢騷：「有一天我們可能需要那個人。」

亞歷山大狂吼：「我不那樣看人！『有用』跟『沒有用』！我要不是喜歡他們，否則就拉倒。」他在霧中怒目相向。「為什麼每個人都這麼該死的笨？」他播放國王與弄臣樂團（Korol i Shut）的卡帶《吸血鬼的自白》（*Vampire's Confessions*）。接著又說：「這裡的魚天殺的都在哪兒？」可是不到一個小時，他的陰霾消散。他正式宣告：「沒問題的亞歷山大回來了！」當我們暫停稍歇，他著手示範針葉林的生存技巧。他將獵刀沒入剛萌芽的垂枝樺，把甜汁液抽進瓶中。與此同時，伊果拿木棍戳螞蟻窩，直到螞蟻群起攻擊木棍，從屁股分泌蟻酸讓我們吸吮。

於是我們帶著苦中作樂的餘味來到拉扎列夫。這座小鎮甚至比德卡斯特里更荒廢，半數房屋又破又空。而在東邊，縱長六百英里的庫頁島僅在四哩外，隔著一道韃靼海峽（Tartar strait）。從林中道路的開口，我們走下雜草叢生的小徑，倏忽豁然開朗，我們來到鄂霍次克海的上方。我們站在兩大水域的中間地帶。灰色海浪打向我們腳底遠處的岩石，日本海在南邊閃閃發光。

我們走在赤楊木矮林間，越過一片布滿草與礫石的荒地。接著，轉往內陸時，我們驟然止步。有座豎井開口在我們腳下，呈漏斗狀的一段段鋼構往下鑽：在彎弧主梁下方，二十五道肋拱漸次下降兩百多英尺沉入黑暗。我從豎井邊緣後退，開口直徑估計超過三十英尺。長久安穩堆積的一圈雪在底部發出微光。整座井看起來像某種古老、受損嚴重的階梯，可是走下去必須自行負擔風險。枯草從上層傾瀉而下。沒有告示或欄杆阻止你跌下硬生生的鋼鐵漩渦。

這道深淵實際上是史達林恐怖年代尾聲五千七百位犯人的苦工。此處在一九五三年史達林過世時關閉，拯救了他們。豎井標示著六哩長祕密海底隧道的開端，計畫將庫頁島與內陸連在一起。而我詫異越過海峽遠望，庫頁島已消失在霧中。難以想像如此計畫的結局。即使到了今天，政治人物重新審視七十年前的計畫，還是沒有結論。在底下的海岸邊，我們發現第二條隧道的橫坑開口，好讓火車從峭壁中穿出。可是隧道停在距離岩石表面三十碼處，彷彿挖掘者信心盡失。

我正想著這些絕望的苦力來自何方，我們就看見高懸在海上方，無疑曾為古拉格營房的木造區域。牆壁用薄木板和破玻璃擴建，好讓光線透進來，可是全都在裂解，終成廢墟。

當我們站在那裡眺望，認為這地方荒廢了，一扇門推開，有個戴眼鏡、穿褪色野戰服的矮小男子盯著我們看，彷彿我們是太早抵達的賓客。他剃短的頭髮讓人想起囚犯，他的臉因孤寂而黯淡。一隻斜眼狗在他腳邊哀鳴。可能是我們身為對他一無所知的外人，陌生最終讓他暢所欲言。他是這裡唯一的居民，他說。他在一九七八年到來，當時囚犯早已離去，這地方依然堆滿殘骸與廢棄機械。於是營地成了他接手的遺產，他喜歡到處研究。他說話時，我察覺一絲的失落的權威，對他在這裡的生活感到好奇。他說自己很困惑，海底鐵路從未完工，但也許隧道開始淹水，因此被封起。多年來他尋找想像中存在的宏偉鐵路入口，卻從未找到。他皺起眉頭，推了推眼鏡。一定是關起來了，在某個地方長滿雜草。從營地的垃圾裡，他找出年份標示一九三九年的馬克思肖像鐵徽章，並掛在一面發黑的牆壁上，還有鑲金邊的深紅布條，他攤開在我們面前，表情嚴肅。布條上有列寧與史達林的雙肖像，由共產黨的紅星圍繞，上面是「全體國家聯合起來」的口號。另一面題著「運水與工地管理六號」。男人說，那些日子裡，囚犯什麼都做，包括採礦、伐木、運輸，他們在工作時死去。最近在這裡鋪設電纜的士兵挖出兩個箱子，各裝有五具骸骨。那些日子的事情就是這樣，一切都祕密進行。勞改營都擠在附近，在這區很密集，然而他們甚至不曉得彼此的存在。他說，不久前，有座營地依然位於附近的森林，警衛不要的靴子丟在地上。但現在獵取紀念品的人拿走一切，甚至包括木材。

他端給我濕潺的麵包和咖啡，瓷器積著厚厚的汙垢。端詳他的房間時，我被一股認不出的惡臭襲擊。連亞歷山大都退避三舍。地板布滿彷彿用一輩子累積的垃圾。我瞥見一副鯨魚頭骨，還有其他無法辨識的骨頭。他睡在一張營床上，狗也睡在身旁。曾經他是漁業監督員，他說，現在則是林業測量士。但是他看起來一貧如洗，難以想像有在工作，我沒辦法問出口，他為什麼選擇、或者派駐在此。

亞歷山大在外面踢泥土，想要離開。「古拉格對年紀較輕的人不代表什麼。」他說：「我們只在學校歷史課本讀過幾個段落。或者你可以看紀錄片，或是讀索忍尼辛。沒有太多人在乎。」

可是在這衰敗的地方，人人都渴望史達林的夢想復興，那男人說。一條通往庫頁島的路完工，好讓聚落有可能再次存活。

Chapter

10

承諾

The Promise

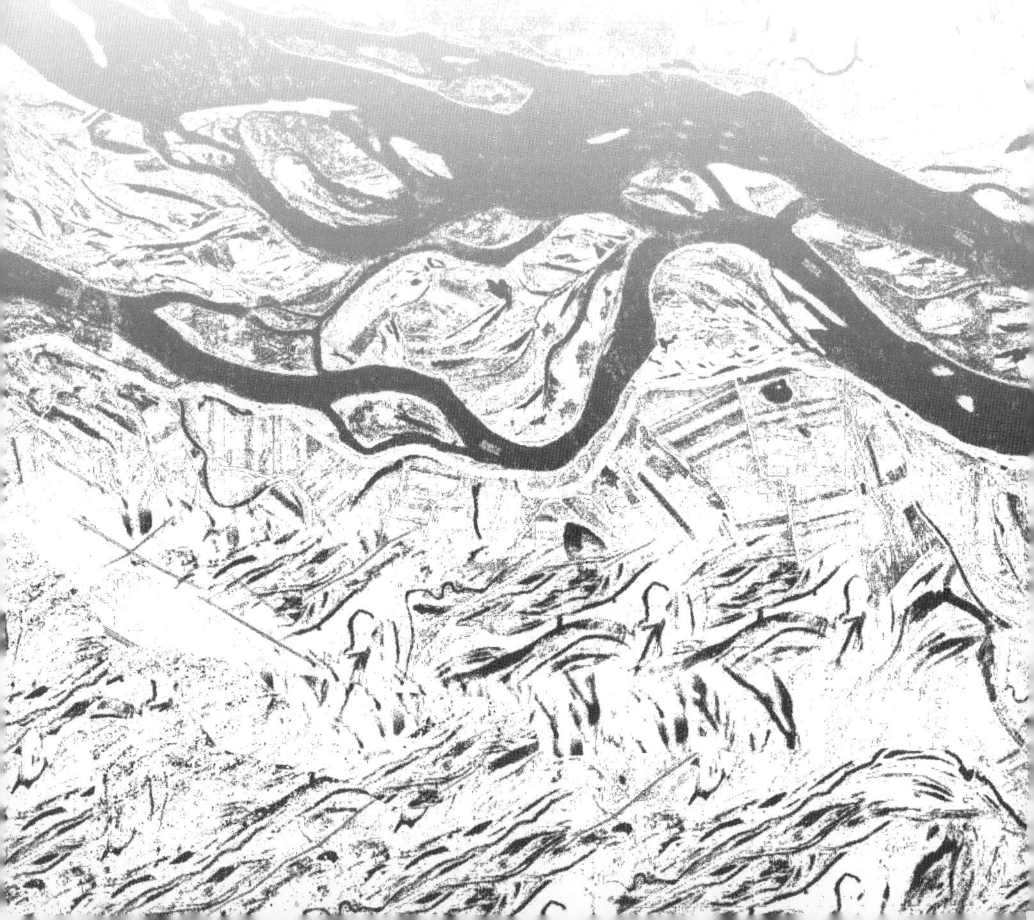

這座村莊呈現一幅鄉間太平的景象。銀灰色阿穆爾河奔流的岸邊，三兩汽船被拖到水線以上，幾輛卡車閒置一旁。即使在夏季，每棟小屋前方堆疊許多層柴薪，宛如第二堵牆。俄國人與本地的烏爾奇人比鄰生活，他們與赫哲人關係密切。覆蓋保溫層的水管騰空彎行於住宅間，懸拱通過泥濘小巷。到了村子外圍，森林漸漸出現，彷彿等著占領土地。但跟我們拋在東邊身後的寂寥太平洋聚落相比，波戈羅茲科耶（Bogorodskoye）給人一種明亮富足的錯覺，牆壁和籬笆漆成白色或綠松色，完好無缺地立於開花的蘋果樹間。在村落中心的餐館，烏爾奇人和俄國人坐在一起吃燉豆子和蟹肉沙拉。我們的旅館窗外有萌發新葉的樺樹和楓樹。

到了這裡，我跟亞歷山大和伊果一樣興高采烈。上游有原住民村莊，我們聽說漁獲豐美，阿穆爾河在那裡岔入沼地般的支流，或是陡降至海岸線的山區。

亞歷山大打給老婆，聽見她說：「你不想回家嗎？」

「我當然想，可是這裡太美了。」

她斷然說再見。她不明白他的釣魚狂熱，他說，但他毫不後悔。他很高興她喜歡待在家裡，扮演一位真正的母親。他覺得工作讓女人蒙羞。「我買了一架縫紉機給她。」

伊果的朋友謝爾蓋（Sergei）擁有自己的船。伊果有幾年沒見過他了，並且對他的衰老感到震驚。我眼中是一位身手矯健、髮色斑白的水上好手，也許五十多歲。但他是三十八歲。他雙眼的細小瞳孔淹沒在燦藍的虹膜裡，用醉漢的失焦目光看著我。他做卡車司機，他說，一個月賺的錢差不多三十五美元，所以他必須去釣魚。

「在這裡人人釣魚，這不是一種職業，而是生活必需。」他供兩個兒子在伯力讀書。最後他們會在那裡找到工作，伊果說，留他在村子裡，一天比一天更醉。

當天晚上，在我們那間由兩位寡言烏爾奇人經營的小旅館，謝爾蓋設宴慶祝我們到來。我們挖一大碗紅魚子醬，一大盤鹹魚干，還有列入違禁品的鱘鰉魚。謝爾蓋打開伏特加酒，舉杯祝明天順利。他承諾會有警察保護我們，但我不曉得是為了什麼需要保護。

黎明之際，風暴侵襲的天空使河流黯淡成鉛灰色且空氣轉涼。我們置身一艘二十五英尺長的堅固單桅帆船，四個搖晃座位從別的地方拆來，蹲坐在塑膠擋風板後方，身形因連帽風衣和救生衣而臃腫。謝爾蓋負責掌舵，儀表板上有兩個旋鈕和聖母吊飾。我們的山葉（Yamaha）船外機引擎動力可達五十節，不過這天早晨它平穩地送我們橫渡河面，航入一條寂靜支流。山嶺的剪影在我們前方交織，再以曲折森林之姿往水面合攏。

我們在河島間迂迴緩行。有些如漂浮的草墊，綠得耀眼，有些則與紫柳的蔓生根系交纏。很快我們卡在長草河島的迷宮間，除了一隻滑翔的海鵰以外全然靜止。我們在一條小溪撒網，把網子一端綁在岸邊的柳樹上，另一端沉入溪中央的水流。謝爾蓋好似認得這地方。附近的小河邊有個瓶子掛在灌木上，由盜獵者留下，警告有木頭沉在水中。我們撒下第二道網，謝爾蓋拔開伏特加酒瓶塞（每停留一處他都這麼做），倒酒、碰杯並往河中灑一滴酒，「敬婆地亞（Podya）！」獻給本地神靈。

伊果嘟囔著：「我們當然是在盜獵，現在還不到捕魚的季節。」鮭魚苗湧往下游的禁捕季快結束了，聽見這句話我心懷強烈罪惡感。

我不知道傍晚回程時會在網子裡發現什麼，因為阿穆爾河是獨特的魚類匯集棲地。水中混雜著俄羅斯的冷水品種，諸如八目鰻、北極紅點鮭與舉世體型最大的鮭科哲羅鮭，以及源自中國的品種。亮麗的七彩麒麟魚、黃頰魚和蒙古紅鮊起初必定來自南方的烏蘇里江和松花江水系，還有能離水存活數日的詭異蛇頭魚。悠游在阿穆爾河中的一百三十個物種，讀起來像一本虛擬的生物辭典：黃尾瞻星魚、白條魚、紋縞鰕虎、葛氏鱸塘鱧、馬口魚、八須泥鰍。

然而這條河畢竟屬於狗鮭。在無名支流的礫石河床上，牠們以受精卵的樣貌展開生命，當春季阿穆爾河的冰層融化，牠們開始游動，消失於太平洋四年。接著，在某年夏末，牠們以成魚之姿重返這條河，母魚鼓脹著卵，公魚有突出的吻部和牙齒，繼續疾游數百英里，沒有水壩構成阻礙，直到藉著某種神祕的嗅覺，牠們重新找到自己出生的地點。在那裡，每條母魚產下數千顆卵，公魚搶在阿穆爾河把卵凍壞之前讓它們受精，實現使命的成魚力竭後浮上水面，成為熊的大餐。

一位十九世紀旅者描寫，阿穆爾河的魚曾經豐足到連村莊裡的狗都學會捕魚。如今河口處的商業捕鮭大幅破壞魚群規模。當我們穿過曲折旁支駛入較寬的水域，岸邊經過嚴重衰頹的聚落。在河畔小屋壞朽的索隆齊（Solontsy）村莊，謝爾蓋有舊識。六年前洪水來襲時，他們說，半個村子淹進水裡。他們笑談這件事。兩人年屆七十歲，仍充滿活力且身強體壯：男生是英俊的烏克蘭人，女生有赫哲人和中國人的血統，從共青城來這裡教書，戀愛後再也沒離開。他們家獨自矗立於破敗河岸，完好且剛上新漆。

「洪水過後，人人拿到政府的錢蓋新房子。」他說：「但我們拿了錢，什麼也沒蓋。我們拿去買波戈羅茲科耶和共青城的兩間公寓給小孩。然後我們回來這裡重建。」

「所以說按法律而言，」女人大笑：「我們的房子並不存在。」

我察覺自己隨著她一起笑，卻提問：「洪水不會再來嗎？」

「會！」她丈夫知道機會很高，甚至毫無可能不再淹水。「那時候我們會去山丘上，住帳篷，下山再整修這地方一次。」

我憂心忡忡地環顧他們的屋子，望向地毯和圖紋壁紙，看起來整修得相當令屋主自豪。阿穆爾河的洪水宛如古老憾事不斷重演。在雨季劇烈的那幾年，阿穆爾河水系的溪流和大支流，使整個流域成為幾乎無法通行的泥沼，廣及我在蒙古到過的那些沼澤，河谷的水平面可能升高達五十英尺。

不過我們在索隆齊的東道主已下定決心。他身穿沾染汙漬的套頭毛衣和野戰服堅定站立，她套著印花背心，身形結實，個性幽默。他們的園圃在等待生長季節，馬鈴薯、黃瓜、番茄等蔬果苗已準備好，肥美母雞產下大顆蛋。但是村中人口大幅衰退，他們說。教堂的牧師離開了，負責看顧的老婦人過世，建築物深鎖。有一間他們稱為超市的店，可是她丈夫不願意去，她說：「他擔心自己會想要買下一切，但我們買不起！」

他回嘴：「我們什麼都不需要。」

兩夫妻希望能死在這裡。他們的親戚住在遙遠的地方，那種情況在這類村落已不再使我驚訝：有個侄子在立陶宛，姪女在蘇格蘭。他們不會回來了。但他從不曾想望別種人生，男人說。在蘇聯時代，村子偏遠得無法集體化，而他仍舊狩獵維生，既快樂又孤單。

在西伯利亞和俄羅斯遠東地區所謂的「少數民族」中，烏爾奇人幾乎是最小的族群，總數僅及三千人。他們的語言接近滿語和西伯利亞中部的古老通古斯語，但現在淪為年長者間的家中對話使用，學校少有教導。他們的村落位於阿穆爾河最寧靜的支流沿岸，間距遙遠且數量稀少：幾間老舊房屋點綴於黑礫石河岸。

在其中一處村落，沒沒無聞得連我的大比例尺地圖都未記載，我們停船靠岸，走入零星寧靜小屋間，卡車故障，野狗閒晃，僅見的人跡是發現我們的堅忍村民。他身穿標準的俄國野戰服，頭戴一頂活潑的棒球帽，看起來強壯得足以面對困境與貧窮。他有著烏爾奇族人的細長眼睛和粗獷顴骨。他好奇我們為何來訪。他說，村裡只剩下三十個居民，在他小時候有兩百人。「很快這地方就會不復存在。」

他一臉肅穆地陪伴我們，儘管在那裡沒什麼地方好去。但在聚落後方，河上的林木茂密山丘間，我們瞥見老墓園隱身在垂枝樺樹林中。我記得烏爾奇人和赫哲人畏懼死者的說法，墓地位址總是遠離村落，不過男子帶路指引我們去墓園。

一行人靜靜穿越樹林，只有亞歷山大跟我們來。有次我們遇見熊的新鮮足跡，男人說：「如果熊來了，千萬別跑走。」不過什麼動靜也沒有，連風都靜止。墳墓插著短柱，除了姓名和生卒年外別無銘文。包圍墓地的欄杆受到鏽蝕，灌木叢中只有幾朵盛開的人造花。處處可見船隻倒放在土堆旁，船身刻意被破壞，正在解體。死者的所有物往往堆在墓地上，男人說，但總是被打破、撕裂或焚燒。我探問原因，他只回答：「這樣就不會被偷走。」

然而許久以前，一位西伯利亞本地人跟我說明，死後世界的夜晚變成白日，夏季變成冬季，破碎的物品變得完整。有時候烏爾奇人把屍體放進縮小的房屋，頭朝向河流，可能是覺得這樣靈魂會流向永生。但是從葬禮歸來的哀悼者絕不回頭看，生怕死者會占據他們的身體並寄居於生者的村落。死者的靈魂可能變得懷恨報復，尤其是自殺的人。有時惡靈鬧事導致整座村落搬遷，森林裡充滿這類受惡靈糾纏的廢墟。

烏爾奇男子保持沉默，直到我追問他更多。我無法分辨他相信什麼。他說：「在蘇聯年代以前，屍體以坐姿埋葬，跟他們的物品一起。我記得在我小時候，嬰兒屍體放進樹皮搖籃掛上樹，他們的靈魂變成鳥飛翔在林梢。每個家都有自己的樹，像一種膜拜對象，我想。我們的樹在森林深處，我們家每年去施肥一次，我們有另一棵樹在家裡，小多了。」

當我繼續追問，他回答：「我不記得所有的事。俄國人剝奪我們的文化。但我記得最後一位薩滿引領死者的靈魂通往死後世界。自殺的人除外，他們被埋得遠遠的。至於溺死和失蹤的人，他們的貴重物品堆在墓地的墳間，就那樣了。我不知道薩滿會為他們做什麼……」他剛剛步入中年，但他自認為緬懷蘇聯時期聚落的黃金年代。「在那些日子裡，漁穫豐碩，生活快樂多了，更友善。人人都不鎖門，小孩自由進出。人們遺忘了那一點。」

如今墓園看起來就跟村落一樣衰微。墳墓大多埋在掉落的枝葉下。我們列隊穿越樹林，回到謝爾蓋和伊果等待的河畔。亞歷山大提議給男人小費，答謝他為我們帶路。但他沉默站立，興起一股沒好氣的自尊。他不肯收下施捨，尤其來自一位俄國人。他說：「拿去給孤兒。」

我們傍晚收網。四周的溪流平緩得近乎靜止，天空有幾抹高雲。謝爾蓋和伊果拉起漁獲，交疊的魚在他們張開的掌中跳動，有些掙扎得奄奄一息，其餘翻扭閃現銀光。我們捕到十五尾黑鯽魚：長著菱形魚鱗的魚種，離水沒幾分鐘就會魚鰭僵硬、眼睛轉藍。黑鯽的肉甜美細緻，亞歷山大說。我們當晚享用，沒人在乎我們違反捕魚禁令。有些瘦竹篙頭也在網中，三條鰻鯰浮上水面時鬍鬚纏繞下垂。謝爾蓋把體型較小的黑鯽抛回水裡。

接著有艘單桅帆船鬼魅般地突從溪流上游方向駛來，兩位粗獷男子跳上岸。我感到一絲警戒，但他們只想分一點伏特加酒，跟謝爾蓋開某件事的玩笑，並建議我們隔天捕魚的更好地點。他們幫我們拉了一會兒網，隨後加速駛離，謝爾蓋繼續喝，倒了幾滴伏特加進水裡敬婆地亞，然後載我們回航。

我問道：「那些傢伙是誰？」

他大笑：「警察。」

監控這些水域多麼令人絕望。岸邊的窮聚落與本地巡警密切往來，警察若非視而不見，就是索取賄賂。謝爾蓋認識他們全部人。他說，超過合法捕撈限額數倍的是下游的商業船隻，將鮭魚和面臨絕種威脅的達氏鰉魚子醬賣往熱絡的黑市。

在隔天清晨的霧氣中，對岸僅現紅褐色細線，彷彿地平線的邊緣鏽蝕。河流現在令人生畏。兩千五百多英里以來，阿穆爾河從面積幾乎與墨西哥相等的流域匯聚支流，直到褐色洪水順著有時寬達三哩的河道往北奔湧。在閃電連連的日子，我們的船又震又晃地駛向上游，東岸的山勢拔升，松樹、雲杉、樺樹連綿成牆，雲絮垂懸，宛如叢林冒出蒸汽。正當我們在山腳疾駛，謝爾蓋和亞歷山大的菸一根接一根，手拱起護住菸、抵擋逆風，擺在一袋卡通頭像袋的冷凍胡瓜魚旁的啤酒瓶不斷減少。

名叫沃杜伊（Valdui）的烏爾奇老人從波戈羅茲科耶來跟我們會合，他朝赫魯雪夫年代設立的青年先鋒營地比了比，該地如今已回歸森林。偶見一、兩座村莊觸及潮汐帶，有著多彩屋頂和泥濘街道，牛群在黑土岸邊吃草。然而不消一分鐘，我們又在針葉樹影和耀眼的夏日樺樹下呼嘯駛過荒野。有時一隻海鵰盤旋在無邊的天空。白腹魚鷹棲息在孤立的瞭望臺，望著淺灘，有次還看見一隻蒼鷺冒險沿岸低巡。好幾英里的路途以來，除了位於遙遠內陸的荒廢薩滿棚屋外，我們沒看見任何建築物。那裡曾經有座集體農場，沃杜伊說，解散後薩滿繼續留下，獨自死在屋中。

許久以後，名叫蒙果（Mongol）的烏爾奇村落出現，沿著陸岬連成一串。謝爾蓋停船靠岸，同時想起有個住在這裡的女人想恢復本地的生活方式。我走進她家院子，鏈著的狗憤怒吠叫。肯定有人告訴她西方人來訪，因為她穿著華麗的烏爾奇長袍迎接我們。她的黑直髮覆蓋蒼白臉龐，說話時激動泛紅。她有某種孩子氣的氣質，彷彿女孩關在女人的身體裡，並對自己的戰服感到驕傲。她把傳統服飾當作族人文化的告示牌：龍膽花般的亮澤深藍，螺旋圖案的繫帶宛如碎流，繡上透露著被久遠中國影響的金龍。

很長一段時間，她坐在沙發邊細數烏爾奇人的苦難，包括被迫集體化的歲月，不斷減少的聚落，以及使他們面臨收編威脅的通婚。如今半數烏爾奇人的婚禮與外人締結，她說，連她自己的婚姻也是。她生於我從未聽聞的科連尼科沃（Kolenikovo），與擁有烏爾奇和烏克蘭血統的建築工人訂婚。「你看我們的血統有多複雜！」她自己的母親是烏爾奇人，父親是俄國人，但我在她的寬鼻子和黑醋栗般的眼珠裡找不到斯拉夫人的痕跡。她村中大部分是原住民，她說。

「我奶奶是一位女薩滿，擁有偉大的力量。我結婚後，她試圖牽引我回家。不，我不知道為什麼。但我們的習俗是婚禮前新郎的朋友駕船綁走新娘，然後新娘的村民試著拖她回去。他們沒成功，當然囉，羈絆就此切斷。但我奶奶的力量詭異而綿長。」即使到了現在，她還是眉頭微皺。「在我丈夫的村莊，我漸漸變得恐慌，好幾個月我無法走出他家。最後他朋友聯手施行儀式好讓我自由，我不知道他們做了什麼。可是我依然感覺得到奶奶下的詛咒。每當我拜訪老家，詭異的事就會發生。有時候是可怕的暴風阻止我前進，假如我繼續走，那裡就會起火。人們愈來愈害怕我去，我有點像被放逐。村子附近有處形狀像女人的陸岬，妻子從那裡被扔進河中，那些辜負自己丈夫的妻子。」她給我看岬角的照片。「最後我不再回家。」

當下我只覺得難以想像，她對這件事描述得無比清晰，語氣無比明確。以村莊的標準而言，她家寬敞而富裕，有軟墊沙發、睡蓮圖樣的厚地毯和一架特大電視。我好奇她丈夫從事什麼職業。她說：「我們婚後不久去了共青城，我在那裡很快樂。我看見下一代的機會。可是我先生渴望回他的村落，回到針葉林。晚上他一直站在我們的陽臺，當他看見鴨群往北飛，我曉得他沒辦法再待下去。於是我們回來，他開始在村子裡工作。他回憶起自己的童年和烏爾奇人昔日的生活方式，想要恢復舊時光。我們那時候有錢了，不過我很悲傷，我想要另一種生活。」她露出壓抑的微笑。「最後我丈夫自焚，就這麼死在五十歲那年。」她從桌上拿起一張相片，我看見男人在家人身邊：一張瘦小憂鬱的臉，已顯得過度脆弱，而她的頭髮叛逆外揚，牽著兩個女兒。

從另一個視角看她的人生很容易，在這個版本中，她的薩滿奶奶變成占有欲強烈的討厭老太婆，而她是驚恐、想家的女孩。如今在漫長的哀悼下，她追隨丈夫重拾本地童年的路，蒐集故事、惦記、使語言保持純粹。

「那就是共青城的問題，我們沒有替自己人效力。當我現在回去那邊，空氣聞起來糟透了，人人漠不關心。」她希望自己聽進薩滿奶奶的話，還有她的爺爺，以前會帶她去森林裡看家族的樹，如果她沒來月經就可以撫摸樹。不過當時村落已經變成集體農場，她忙於扮演青年先鋒，一切恍如隔世。如今她希望薩滿重回身邊，不久前還有四、五位，但現在他們全過世了。其中一位薩滿給過她一顆木心臟，她自知心臟虛弱，歷經三次中風後，每發作一次木心臟就跟著變色，從白色變為棕色，彷彿吸收了衝擊。

她在我身旁坐得非常直。在烏爾奇長袍下伸出一雙小腳，套在造型像魚的塑膠拖鞋裡。我發現自己想像魚群在她腳下的睡蓮地毯間悠游。在我們面前，一扇觀景窗獻上阿穆爾河的波光河段。「洪水期河流會逼近我們窗邊，」她說：「我覺得它在生氣。當人們過度捕撈河裡的魚，它變得憤怒。你不需要掠奪河裡的一切，光是一條鰉魚就能餵飽整個聚落。」

我離開之際留意到，有幅聖母像在她裱框的照片間。可是我問起時，她朝神像輕蔑揮揮手，好似聖母是某位煩人的親戚。「我偏好我自己的神。」她將那些神祇恭奉在另一個房間，並未邀請我進去看。我只能從博物館看過的文物去猜想：戴尖頂圓帽、眼神陰鬱的木雕像。她說：「這些是我們依然擁有的，還有河流。」

「這條河以前是神靈嗎？」

她並未明確回答。「有時候我跟河說話。晚上我在岸邊生火，向河流祈求幫助。」她露出慣有的節制微笑。「河流在聽。」

在北方地帶，老虎足跡漸漸消失，森林的主宰權屬於熊。所有的原住民都崇敬熊，兩個物種以親近的關係相連。熊的別號「老人」或「祖父」意味著古老智慧，在動物之中，據信熊擁有靈魂。熊能夠變形成人類，也能變回去；據說熊是人類的祖先。有時熊與女人做愛，並繁衍子嗣。被熊殺死的男人甚至可能變成熊。

烏爾奇人與熊的關係以一種神祕儀式為核心。冒絕大風險捕捉一隻小熊、甚至是成熊，導致肢體殘缺的烏爾奇獵人一度成為常見景象，接下來兩、三年將熊養在木屋裡，由女人餵食。而後某天，押送身繫鎖鏈的熊穿越村落，女人隨著木樂器的擊打為熊跳舞，直到抵達儀式主的房屋。只有在熊站立越過門檻的情況下，這家人才能獲得原諒。接著將熊爪綁上支架，由聚落裡最強壯的男人射三隻箭殺死牠。形同分靈的熊就此回歸森林中的神靈之主，熊肉則由村中獵人在一場暴食聖餐禮上分食，使他們勇氣倍增。

布拉瓦（Bulava）是跟熊關係最密切的烏爾奇村落。我們在陰沉的天空下趕路，一週以來沒見過太陽。越過泥水翻攪的河岸與擱淺的船隻，我們走進長滿草的院落，由空蕩長屋和刻有原住民雕刻圖案的穀倉構成。這處鬼魅集合體的館長是一位熱情的烏爾奇人，表明這裡是為了紀念熊慶典而設立的。他向我驕傲展示關熊的巨大木牢籠，以及殺死熊時用的兩根木桿。可是熊慶典已不復存在。

「但我們等著迎接慶典回歸！」他樂觀地懷抱希望。「我們在一九九二年重辦過，當時我還小。真是了不起啊，兩個星期的慶典！熊被直立捆綁，人人緩步走到熊背後撫摸牠的頭。然後由我們最厲害的弓箭手射死牠，就跟從前一樣！如果那人失敗了，他就會永遠蒙羞。」他短暫露出困惑表情：「有些人覺得這樣很殘忍。」

他哀嘆種種原住民文化的消逝，即使是位於核心地帶的此地。「五十年內，不會再有人懂得我們的語言。連我太太跟我也只在不想要小孩聽懂時才講。」不過他帶我們參觀他的烏爾奇文物博物館。我第一次注意繫著流蘇穗子的長桿，插進阿穆爾河向水神提出祈願，他樂觀談論在河裡捕魚的村民。他們的商業漁船拋下一百公尺寬的漁網，範圍涵蓋北邊三十英里的支流，每家人將一小份配額留給自己享用。所以他們有辦法生存。可是熊慶典何時能回歸，他並不曉得。在蘇聯時代，當權者曾經到來，把熊用汽船載走。

亞歷山大和伊果如今憤憤不滿：跟熊無關，而是烏爾奇人的捕魚。「實際上我覺得這些人恨我們俄國人，」亞歷山大咕噥著：「因為他們先來這裡。而現在他們有特權，把漁網灑滿半條河……」

「在我的村子，」伊果發牢騷：「有條新的法律，規定只有烏爾奇人獲准捕魚。只因為某些人有雙細眼睛就得到許可，我們則要挨餓。所以有人鬧事，警察不得不放寬規定，好讓我們活下去。」

跟我們同船來布拉瓦村的烏爾奇老人沃杜伊再度現身，並哄我離開。他的臉有種遊走在兩個性別間的柔美，披著漸白的頭髮。但他憤怒不已。「又在講熊！胡說八道！他們偽造傳統……」他父親寫過民間故事，他說，村裡有他父親的紀念碑，卻使他厭惡。他甚至帶我去那裡發洩不快。醜陋基座上有根細瘦的圖騰柱，引起沃杜伊新一波的情緒爆發。「看看那東西，完全不傳統！我們從來沒有那種東西。就算我們有，一年內就會拆掉。在某個人死去的第一年，每個月會為他們舉辦儀式。之後你燒掉他們所有的東西，就此遺忘。我父親痛恨慶典，聚落只是在利用他。」

沃杜伊少女般的柔弱凝結成暴躁憤恨，讓我對曾以為他秉性仁慈產生懷疑。傳統遭到破壞使他發狂。他帶我去看他家的後院，架上堆滿腐爛的熊頭，鬆開的下巴露出巨牙。有人告訴過我，他是一位高超的獵人。不久前，有隻母熊帶著四隻小熊入侵村落，他說自己受雇去射殺熊群。「如果母熊抓死一個小孩，我要怎麼面對小孩的父母？人人都該謹守自己的領域，熊待在牠們的森林，我們待在村子裡。」

但你沒有，我心想。我變得比較喜歡熊。

沃杜伊熟知我無法理解的泛靈論傳說。善與惡的靈魂充塞四方，有隻黑狗曾經從森林現身，對他說烏爾奇語。他從正在腐爛的熊頭裡取出一枚巨大尖牙，並拿出來給我看。但他的怒氣四射。「他們談論的熊慶典是椿醜聞。那隻熊不是他們的，是我的熊，被他們偷走。而且根本不是用弓箭射熊，而是一把AK-47。慶典應該是為我的親戚、我的家族、所有擁有我的姓氏的人舉辦。我會到處宣傳，他們通通都會來，從烏茲別克、甚至是河內來。」他想像有群他從不認識的人湧來。「但我甚至沒受邀去觀禮。」隨後他鎮靜下來，畢竟有些正義已獲伸張。詛咒降臨至熊慶典的策劃者身上，他說。不久後，其中某些人癱瘓，他們的帶頭者昏迷後死去，什麼話也沒說。至於射殺熊的男人，一年後他在新西伯利亞被刺死。

河流在山腳下流淌著銀色波紋，我們隨著河水往北移動，謝爾蓋負責謀定我們在何處撒網。從波戈羅茲科耶往下游幾英里，一張寬闊帳棚充作警察的餐廳兼宿舍，他們的汽艇停在前方，越野車也停在一旁。謝爾蓋大剌剌上岸，彷彿我們受邀一般走進帆布營地。在昏暗的燈光下，我看見他們正在接待來自附近聚落的女子監獄典獄長。幾週以來，我試圖避開警察，我也許是方圓幾百哩以內唯一的西方人，但一波波熱烈歡迎包圍我，使一切差異受到遺忘。亂糟糟的暢飲和調情在我們周圍引爆。一位黝黑、熱情的警官從金髮女典獄長旁抽身，走過來擁抱我，他醉得厲害。在熱烈的情誼之中，我們張開手掌在空中一次次互碰，而他毫無理由地喊著：「螃蟹！螃蟹！」女人瞪大眼睛，男人歡笑，我們全都喝著酒，直到謝爾蓋達成起初來這裡的目的，幾分鐘後，我們再度回到開放水域，臨別的「螃蟹！」呼喊聲漸漸消失在遠處，只剩下船引擎的低吼。

我們在急流的岸邊撒下漁網，河面在強風下掀起鐵灰色波浪。當我們回頭拉網，發現漁網卡在水下深處的河床，謝爾蓋猜是勾住沉在水底的樹幹，過了半小時，來回拖動依然無法拉起。來了一艘警察汽艇，從一側拖動網子，我們則從另一側拉。接著揚起一陣歡呼聲。漁網靠著我們的船首收緊時，伊果大喊著什麼。六英尺長的魚身躍出水面，有著鋸齒狀背棘和甩動的尾巴。那是一條阿穆爾河鰟鰉魚，已遭到禁捕三十多年。不過謝爾蓋和其他人歡欣雀躍。警察讓他把魚帶回家（「拿去餵飽你的家人」），笑著疾駛離去。

亞歷山大帶著一絲安慰說：「我聽說鰟鰉魚回來了，這附近人人都在吃。」

從夏初開始，當帶卵的鰟鰉魚重返阿穆爾河，魚群就淪為現成的獵物。公魚（好比我們網中這隻）洄游河床，母魚靠近河面仰躺，在透進水裡的陽光下等待卵成熟。隨後，無論是組織精良的專業人士或來自窮村落的盜獵者，聯手造成巨大損失。中國人在養殖阿穆爾河鰟鰉魚，可是該物種在野外瀕危。由洗錢的俄國官員經手或徹底避開監管後，鱘鰉魚的魚子分銷至莫斯科或日本，或者經由中國哄抬價格銷往美國。

謝爾蓋打回波戈羅茲科耶找一位侄子，當我們在警方棚子的一哩外靠岸，這位魁梧年輕人在廂型貨車裡等待，準備把鱘鰉魚神不知鬼不覺地載回鎮上。當天晚上，他們躲在我們旅館的庭院煮魚。謝爾蓋已經把半條魚分給親戚，我們終於安穩坐下，宛如享受午夜大餐的學童，只是沒那麼純真，大啖美味魚肉，配違禁品魚子醬並以私釀的伏特加乾杯。這就是我們的生存方式，謝爾蓋說。誰負擔得起合法過日子？當我們在醉醺醺的友誼中抓著彼此的肩膀，我恍然明白，自己正是這項計畫的藉口與掩護：一位外國客人，為他的夥伴掙得暫時的豁免。

在入海前的最後一百英里，阿穆爾河再度漫入荒野。我們似乎不再航行於河上，而是迷失在內陸海洋。難得遇見船隻越過河面，唯有海鷗飛過預示著太平洋的存在。閃閃發光的水面無法掩蓋淤泥與礫石的流轉迷宮。航行河上的船長必須藉助立於岸邊、漆成白色的三角椿調整航線，一個接著一個校準方向，稍有疏忽、或強勁側風襲來，船首就可能擦上起伏不定的河床。

我們自己的吃水深度不比引擎螺旋槳低多少。最後的山坡在我們身後下切，山上的松樹疏落地生長於層層頁岩上，我們頂著寒冷逆風，以五十節的航速劃破開闊水域。我們的艉流在河面留下斑斑泡沫痕跡，連亞歷山大的菸都泡水了。有次，我們暫停在多浪的淺灘釣魚，一艘警方單桅帆船突然從旁出現，引擎低鳴，隨後疾駛離去。謝爾蓋只咧嘴一笑。「他們發現你是昨天跟他們夥伴喝酒的英國人，」他說，他們是「我們的」警察。

對岸看起來不適宜居住。伊果說，許多村莊在赫魯雪夫時代遭到連根拔起，與遠方的村落整併，集體農場則在戈巴契夫統治期間被抹去。三分之一的烏爾奇聚落消失了，岸邊滿是寂靜的林間空地。謝爾蓋記得其中一處村落，就在我們登上地勢較高、遭侵蝕的河岸邊。我們穿越交纏的灌木和長草，沿著小徑的遺跡上攀，邊走邊喊以嚇退熊。密林重回上方的高原，布爾修伊米哈伊洛夫斯科村（Bolshoe Mikhailovskoe）則消失無蹤。這裡曾是烏爾奇人的都城，謝爾蓋說，卻在一九五六年廢棄，連村中木屋都運往波戈羅茲科耶。如今石造地基在灌木叢中遺留凹陷的幾何圖形，赤楊木在空房間裡傲然生長。唯一倖存的建物是粗製的錫造方尖碑，為內戰期間被日本人殺死的四位士兵墓地留下標記。

我們在彼此身上尋找灌木叢中滋生的蝨子：一種覆蓋硬殼的吸血小蟲，攜帶的腦炎病毒可能對腦造成永久傷害，或是導致死亡。牠們聚集在亞歷山大的腰部，攀附在他野戰服的粗糙表面，有兩隻在我腿上遊走，謝爾蓋身上另有三隻。牠們完全不騷擾伊果。蝨子還來不及咬穿皮膚，我們就把牠們揮走了。

在前方的下游處，暴風雨的烏雲簇擁在山丘頂上，阿穆爾河的最後一條大支流阿姆貢河從西邊湧入。我們連忙駛越變寬的水面。隨後有某樣白色的東西接連發出亮光，像碎裂的樺樹幹。牠下潛後又再浮上水面，背鰭閃閃發光，彷彿無助地尾隨我們，在船尾泡沫的沖刷中扭動掙扎，偶爾翻身、肚皮朝天。

我們繞到一旁，將牠半拉出水面時，我看出那是一尾鱘鰉魚：並非阿穆爾河常見的品種，而是巨大的達氏鰉，瀕危且捕獲量急遽衰減。我俯瞰八呎長的巨獸，從上翻的魚吻、鏟型的嘴，往下到背棘壯觀的扭動魚身，從側面看似乎是成排鋸齒。此古老物種有能耐長到二十英尺長與一噸重，可以存活五十年，但成長緩慢，每四年產一次卵，變得愈來愈稀有。每年的這段時間，公魚在深七十英尺的河床捕食獅子魚，母魚則洄游河面。這隻是受傷的母魚。在牠的胸鰭間，盜獵者從魚身挖出魚子，再扔回河裡。謝爾蓋預期牠會活下來，面露反感，放牠回到水裡。

於是我們繼續航行到傍晚，寒意現在變得更逼人，冰雹般的水花打上我們臉龐。河畔鎖在餘冰之中，有時在岸邊高高堆疊。融化的水夾帶混濁冰塊漂在我們周圍，山丘上的裂縫仍有皚皚白雪。隨著我們轉彎上溯支流阿姆貢河——伊果在那裡有朋友，泥褐色的阿穆爾河轉為清澈的綠色。兩岸間的亂流平靜下來，河畔倒影一路在身後碎溢。伊果自己的村子在上游深處。他說在蘇聯時代，他住的這類區域獲得補助，乘客和貨船會在村外碼頭列隊，沿著阿姆貢河的三百多英里兜售物品。但現在什麼也沒有。

伊果的朋友住在幾近消失聚落旁的港灣。他們的破舊房屋有雞舍、兔籠和位於外屋的桑拿澡堂，在乍然開闊的天空下俯瞰夕陽染紅的河流，薄鋪一片蒲公英的田地往河邊開展。特羅芬（Trofim）跟第三任妻子在這裡住了十年。他是個懷抱夢想的六十三歲樂觀主義者，宣稱自己會永遠快快樂樂地住在這裡，如同上帝的永恆存在。但他的妻子加林娜（Galina）回說才沒有這種事，接著怒氣沖沖地走掉。

特羅芬帶我們參觀他的兔籠區，加州白兔正在猛吃蒲公英葉。風靜止了，在下方，一列鴨子游過深紅色水面。他向我展示草莓園和菜園，歷經七個月的冬季，這些作物要擠進稍縱即逝的生長季節。「我到天上的時候，」他說：「我會說我已經在天堂生活了，別來煩我。」

我們在深色木造澡堂的外屋吃飯，電燈忽明忽滅，爐臺上的炙熱煙囪通往天花板。加林娜為我們張羅一桌如今已看慣的違禁品：煙燻鱘鰉魚和紅色魚子醬，旁邊堆著馬鈴薯。但她沒有一起吃。我們本該在友好的親密氛圍中吃飯，因為謝爾蓋和伊果隔天早上將與我們分別，可是有一位上游來的電工，猛然把船停在我們的船旁並加入飯局。他似乎把某種病毒帶入室內。他痛恨所有人：地方政府、原住民、警察、他太太，當然少不了中國人、猶太人、所有的外國人。不過他敬愛史達林，想當然耳懷念起那段日子：當時俄國深受尊敬，人人平等，比他優渥的任何人都去了古拉格。他的長鼻子、窄額頭加上稀疏油髮，讓他看起來像黃鼠狼般躁動不安。隨著謝爾蓋與黃鼠狼爭論誰是地方電力委員會最重要的人物（同時間我們的兩枚燈泡閃爍明滅），希望我們重聚、希望我回來的一輪輪敬酒，淹沒在漸增的怨恨中。而後，當史達林的話題浮出水面，忠黨信念的交火升溫成憤怒歧見。特羅芬加入黃鼠狼期盼史達林再臨的陣營，生活自由自在的謝爾蓋和伊果則視他為歷史。喧鬧聲愈來愈響亮，醜陋的念頭爆發。亞歷山大想起一部紀錄片，拍攝三位倖存者回想古拉格。其中兩個人依然敬愛史達林，但猶太裔的第三人說：「在我家禁止提起史達林這三個字。」

這引起一陣無法理解。我明白西方人的厭惡也許對史達林有利，我只說：「我討厭他對俄國做的事。」

但沒人在聽。在伏特加助陣的吵鬧聲中，我對於種種爭論失去頭緒。我的俄語理解能力崩盤，不禁懷疑自己是不是醉了。同伴的臉在紛亂下變得難以辨識。在這種激烈時刻，平日隱藏的重大文化差異可能隨著突來的震撼浮現。如今我再也無法分辨誰恨、誰又愛，誰崇拜普丁、誰替猶太人澄清或誰厭惡史達林。亞歷山大可能察覺我的困惑，企圖訴諸放輕鬆來平息辱罵吵鬧，喊著：「講點有趣的事！有趣的事！」但太遲了。電工又跟謝爾蓋憤怒交鋒，只喝烈酒、從不抽菸的伊果看著黃鼠狼，對我低語：「我一看就認得出誰是職業盜獵者。」（後來我才明白原因。）

唯有在桑拿澡堂讓人昏昏欲睡的熱氣中，酸言酸語才漸漸退場，我坐在亞歷山大的身體和電工的細瘦大腿之間。在充滿蒸汽的緩和狀態下，我提起破裂的《尼布楚條約》，試圖打擊黃鼠狼的盲目愛國心。但他只說學校沒教過，他是在某座地方博物館知道這件事，人人都曉得，而且完全不重要。很快謝爾蓋和亞歷山大就蹣跚回到屋內，一路喝酒到凌晨，伊果留在露臺上沉思。脫下棒球帽，灰白的髮際線第一次讓他顯露老態，我突然間感到遺憾，這位沉默而友善、結實且眼神陰鬱的男人明天將要與我們分別。彷彿在為當晚的吵鬧尋求原諒，他說：「我們是簡單的人，你知道的。我們的生活從來不是別種樣貌，我們就是這樣長大。」

我問他是不是會繼續上溯阿姆貢河回家。不，他說，他在伯力有事要處理。突然他問：「一克魚子醬在英國值多少錢？」

但我沒有概念。

片刻間他懷疑要不要相信我。誰會不曉得這種事？接著他擺脫了沮喪。「我們很多魚子醬經由中國，他們再賣去國外。可是中國人很虛偽，如果你有錢，他們會拍你馬屁。如果沒錢，他們就無視你。」

「你賣魚子醬嗎？」這是個危險的問題。未註冊的買賣遭到禁止。

冰冷的微笑閃現。「我賣啊，但這是祕密。我從村子裡拿貨，有五百公斤。有時候開車運出來，有時候開船。我在伯力到尼古拉耶夫斯克之間兜售，連堪察加半島（Kamchatka）的人都跟我買。錢就是從這裡來，不是靠魚肉，也不靠打獵。」他伸手到唇邊。「別告訴亞歷山大。」

他離開後，我在河流上方的黑暗中待著。淡水湖靜止無波，也許濛著一層伏特加薄霧，轉瞬間看起來像蒙古的鄂嫩河，依然青綠、清澈而年輕。我轉頭走進澡堂休息室，沙發上擺著毯子和枕頭。黃鼠狼已經在我腳邊的地板入睡，蜷曲在一張熊皮地毯上。

在安德烈．馬金（Andrei Makine）《曾經在愛河》（*Once Upon the River Love*）的動人篇章中，主角論斷你可以在偏遠的阿穆爾河度過一生，從來不曉得自己是醜陋或美麗，也無法理解另一個人體的性感帶。「愛情也一樣，不在這艱苦地方輕易生根……」

隔天早上看見加林娜對著她的雞發表長篇大論，勾起這段哀傷的說法浮現心頭。

她膚色黝黑、外表狂放，有一頭濃密亂髮。她說自己討厭這地方。她比先生年輕，也許曾經愛過他，但不愛他的鄉下伊甸園。她很快就要去奔薩（Penza），她說，回到過窩瓦河（Volga）的遙遠西邊，她家人住的地方。什麼時候？她不知道。她今年會去，也或許是明年。「我天天尖叫，我忘了人類的語言。我們沒有電視，沒有電話，沒有收音機。」她把目光轉向我，面露詭異而炯炯有神的微笑，耳環像在挑釁一樣閃閃發光。「如果你老婆來這裡，她兩天內就會走掉。我在這裡十一年了。」

我回到澡堂，亞歷山大坐在臺階上緊抓著太陽穴。他跟謝爾蓋喝酒喝到凌晨三點。差勁的亞歷山大占領身體，他不講話。過了一小時他才吃完早餐，再以俄國人的方式消除宿醉——乾一小杯伏特加。我們等著清醒萬分的謝爾蓋做好出航準備。

沒問題的亞歷山大慢慢回歸。我們坐在河邊的長椅上，他假裝拋出釣魚線。他說是祖父教他釣魚，在他小時候，帶著他一起踏遍如今依然牢記的支流。他對祖父的敬愛讓我想起巴特蒙赫，那段記憶似乎發生在久遠以前。「他跟我祖母變得跟我很親。可是他死於心臟病發。」

亞歷山大靜靜待在煙霧裡，從宿醉陷入回憶。「那段日子我父親在工作，我從來見不到他。無論如何，他對我從沒多少興趣。他結婚時才二十歲，我猜他太年輕了。我從不覺得跟他親近。他只在我高中畢業的時候說：『現在我覺得自己有兒子了。』」他的聲音透著沙啞的理解，毫無自憐自艾。「那段日子母親把所有注意力放在我身上，所以有部分是她的錯。她現在是個酒鬼。偶爾父親跟我去釣魚，可是我們只聊魚。」

我瞥了他一眼，看看表情有沒有變化，儘管一無所獲，但他的樂觀獨立顯得可理解。連日風吹讓他的臉平滑發光。他說：「現在我父母找藉口不來看我太太跟我。他們假裝自己在忙，但兩個人都沒工作。我用手機跟媽媽聯絡，她只在 WhatsApp 傳蠢笑話給我……我想她的狀況一直在變差。他們從未看過我們的孩子。如果我試圖打破我們之間的隔閡，他們只會說：『別談那些事……』」他的聲音裡夾雜一絲意外打擊。「現在我覺得自己比父母親還老。」

靠近阿姆貢河匯入阿穆爾河處，河岸變陡，形成陡峭的陸岬。近八個世紀前，中國元朝在帝國北界的此地建造一座寺廟，後來在俗稱的野人女真奪回控制權後消失；野人女真可能是今日本地原住民的祖先。到了一四一一年，在明朝壯大下，宦官艦隊將領亦失哈帶領二十五艘船和一千名兵士，航向松花江下游再沿著阿穆爾河北上，以厚禮與頭銜使野人女真歸附，並興建永寧寺，供奉觀音。在這裡發現的紀念碑刻著漢文、蒙文和女真文，頌揚明朝的仁德天威。石碑邊緣刻著佛教心咒「唵嘛呢叭咪吽」，以四種語言低誦古老咒語。

當明朝的勢力範圍短暫動搖，野人女真旋即搗毀亦失哈的寺廟。可是在一四三二年，年長的將領攜初次出征的兩倍兵力重返，還有一位在朝中做人質的貝勒，企圖奪取野人女真的領導權。他在陸岬頂點重建永寧寺，新刻紀念石碑，再度伸張名義上的和平。然而不到三年內，明朝的野心減退，永寧寺隨之廢棄，隨著時間過去，廟址成為別種信仰儀式的舉辦場所，薩滿在看不懂的石碑間舞動。

直到一八五〇年代，俄國學者才踏足此地，發現最後的寺廟遺跡。不久後，德裔地理學家理查·馬艾克（Richard Maack）和厄尼斯特·拉文史坦因（Ernst Ravenstein）記載遺跡。兩塊銘刻石碑留存下來，並運往海參崴的阿爾謝尼耶夫博物館。一堵十英尺高牆的遺跡和紀念柱的基座尚存，一根高聳的八角柱奇蹟似的完整無缺，如燈塔般立於崖邊。

我一路心驚膽跳，從船隻停泊的小灣，途經沿懸崖零星分布的特林（Tyr）村鎮爬到這裡。在我身旁，陸岬以鋸齒爪岩下切到河邊，海鷗在岩石間築巢。可是我攀登至一片空無。一九九〇年代晚期，考古學家發現支撐屋頂的柱頭，以及飾有開花藤蔓的磚塊。其間尚有碎瓦片、龍形擺設和青銅鐘。隨後遺跡封存在柏油路面下，擁有一百五十年歷史、砲口破損的虎蹲砲架設於此。崖頂的柱子已在一個多世紀前遭毀，早在一九六〇年代俄中敵對關係可能導致遺跡變得政治化以前，更別說地點如此深入蘇聯國境內。一九四五年時，俄國沙文主義者就已宣稱特林是由俄國先祖建城。如今我站在所有遺跡清空的峭壁邊緣。在西邊，磅礴大河彎曲分流，再於朦朧的山嶺底下聚合，在我對面的阿姆貢河則蜿蜒流過翡翠綠色的溼地。唯一的聲響是遠方的狗吠與野鴨的鳴叫聲。

我回到山崖下的港灣，謝爾蓋在跟一位憤怒的村民交談。前一天，警察毆打兩位本地盜獵者，並且讓他們留在警方汽艇的甲板過夜。他認為這群人不是本地警察，而是普丁的手下。我冷酷心想，也許他們是河流保育的唯一希望。可是我意識到自己遊走在分裂的灰色地帶。我緊抱伊果和謝爾蓋道別，訝異這般忠誠友誼鞏固得如此迅速。

我的相機連日來塞滿這類照片，顯示我在擁抱漁夫、盜獵者、烏爾奇人、警察、獵人。現在亞歷山大拍下伊果、謝爾蓋與我如兄弟般相擁，此後他們會駕船回波戈羅茲科耶，消失在橫向移動的艉流前方。

今年夏季首航的寬敞水翼船，一小時後將載著亞歷山大和我順著最後一道深長河彎往東航行。隨著我們緩緩駛離髒汙的俄羅斯國旗下的鐵棧橋，兩座木材倉庫映入眼簾，裡頭堆滿成排樺木和落葉松。因淤泥轉成褐色、發出沙沙聲響的大河即將帶我們去尼古拉耶夫斯克，也就是阿穆爾河的最終港口，從那裡終於流向太平洋。流星號（Meteor）迅捷、乾淨，沒什麼乘客。在前方，最後的山丘從林中升起，連往光禿禿的河谷。我們只剩不到七十英里的路途。很快我們就穿梭在看不見的礁石間，朝著海岸線的三角地帶前行，天空在我們前方開闊起來，地平線也在退卻的河岸間延展出一條靛藍色長線。

河流的浩瀚寂靜，這一帶的人口衰減與原始森林，帶來重返某種原始世外桃源的錯覺，讓人從受苦的現世退避。可是對本地居民而言，這意味著荒涼。近四個世紀來，阿穆爾河一直與夢想有關，但也成為永久耽誤的承諾。尤其是在十九世紀中期，俄國興起一股強大而虛假的激情。正如達烏里亞河谷遍布麥田、森林裡滿是紫貂、甚至還有白銀寶石的傳聞，在十七世紀吸引哥薩克人南來，起初開明的沙皇亞歷山大二世（Alexander II）登基時也相仿，置身已停滯三十年的帝國，對此地投射高漲的熱烈希望。於是俄羅斯短暫地背對歐洲，心懷舊日屈辱，在西伯利亞東部找到富展望的未來。

突然間，浩大卻鮮為人知的阿穆爾河成為亮眼焦點。這裡會是俄國通往太平洋的要道，浩瀚水路彷彿承載天意，從西伯利亞腹地流向前景無限的海洋。英國和法國從中國強取貿易特許權、日本被迫開放，以及最重要的是年輕勃發的美國降臨在海洋另一端，種種因素必定使太平洋變身為世界商業的競技場。俄國人懷抱敬畏之心看著美國人向西推進。那似乎是他們自身迅猛通過西伯利亞、朝同一片海洋前進的寫照，而今兩國或許可以在共有的海洋聯邦下共榮。在西伯利亞，甚至有人熱烈地談論著政治結盟。

一八五八年，穆拉維耶夫—阿穆爾斯基從無奈的中國手裡奪取阿穆爾河後，對東方前景的想像成為狂喜。人們宣稱阿穆爾河會是俄國的密西西比河，穆拉維耶夫則被稱為「一位果敢、進取的美國佬」，不帶諷刺意圖。美國企業家佩里．麥克唐諾．柯林斯（Perry McDonough Collins）的幹勁使這類夢想達到高峰，他獲得阿穆爾河美國「商業代表」的怪異頭銜。「海軍將航行於這條浩瀚河流，比他施（Tarshish）[1]更加富裕強大，」他主張，在阿穆爾河口「將興起一座廣大城市，地球上的商人翹楚都會聚集在此」。

即使在穆拉維耶夫掠奪土地前，外國商船航向阿穆爾河的線報已充斥聖彼得堡。沒多久，一座燈塔就立於德卡斯特里港指引它們。成列汽船開始定期航行於曾經寂靜的水域。低窪河谷宣告為自由貿易區。萬般希望的支點恰是阿穆爾河口新開闢的尼古拉耶夫斯克港，亞歷山大和我正搭乘寂寥的流星號前往。那幾年間，德國和美國貿易公司在此開設，遷進有著鍍鋅鐵屋頂的堅固木屋。圖書館搜羅四千多本書，訂閱巴黎和聖彼得堡的報紙，樂享未經審查的內容。軍官俱樂部炫耀著飯廳和舞廳。生活據說愉快無比。尼古拉耶夫斯克的商店販售哈瓦那雪茄，法國的肉醬、干邑白蘭地和波爾多葡萄酒，日本和中國的華美家具。擁有善感心靈的人將此城鎮比擬為舊金山。當然囉，柯林斯想得更遠，他期待有天聖彼得堡能在阿穆爾河畔複製重現。

接著，不到十年內，嚴苛的現實迫近。阿穆爾河的真面目非但不是河流大道，反而是沙洲、淺灘和死路構成的迷宮，且一年中冰封長達七個月，或者有危險的浮冰漂流。即使是吃水淺的貨船也可能無法開抵伯力，更別提斯利堅斯克。此外，往返河口並不容易。陸地和擋路的庫頁島之間的海峽導致掌舵艱險，若取徑狂暴的鄂霍次克海前來更是如此。船隻甚至在河口沉沒。至於阿穆爾河岸，長達數百英里只零星住著哥薩克人、原住民和勉強餬口的農夫，許多人被迫移居貧瘠土地，暴露在依然肆虐的洪水面前。對河畔居民而言，它成為一條受詛咒的河：一位喪氣的自然學者描寫，這不是俄羅斯情感上的「小父親」，而是她的「病弱孩子」。諸如貿易公司、船務代理、自由貿易區，在別的地方管用的商業結構強加於冷漠的荒野。幻滅最深的人得到直截了當的體悟，這裡既沒有買賣的對象，也沒有物品好買賣。短短幾年內，代理商和船隊盡皆離開，首先轉往德卡斯特里港，再赴不凍港海參崴。

1　譯注：《聖經》中曾出口大量貴金屬之地。

至於尼古拉耶夫斯克港，就連柯林斯都表達了疑慮。濱水處太淺，船必須在離岸半哩處下錨，貨物由駁船運往沼地岸邊。冬季期間，城鎮受到北極來的暴風雪侵襲，有時埋在六英尺深的雪中。連外國商業活動的線報也遭揭穿為妄想，航運從未顯著增加。短短幾年內，尼古拉耶夫斯克成為乏味、放蕩、瑣碎醜聞的代名詞。一位處世圓滑的船長評論，在城裡著名的軍官俱樂部，報紙種類稀少且是數個月前的舊聞；比低等的德國啤酒屋還差。偉大的探險家尼可萊・普列瓦斯基（Nikolai Przhevalsky）認為這整個地方等同於但丁的地獄。

關於阿穆爾河孤絕境況的詭異至極預言、也是已知的首度英語記載，早在一七一九年就出現。那並非探險家或航海家的著作，而是出自丹尼爾・笛福（Daniel Defoe）。在《魯賓遜漂流續記》（*The Farther Adventures of Robinson Crusoe*）書中，虛構主角從北京踏上陸路回程，聽說「有條大河叫亞穆爾（Yamour）」：

由於航行其上並無助益，因為沿途沒有生意，擁有河流的韃靼人只肯交易牛隻；所以說完全沒有人，至少就我所聽說，曾懷抱強烈好奇心乘船下行至河口，或者從河口搭船上溯；但有件事是肯定的，這條河往東流，位於北緯六十度線，挾帶沿途匯集的浩瀚水流，並找到在那緯度的海洋注入河水；所以我們很肯定那裡有海洋。

到了契訶夫造訪的一八九〇年，尼古拉耶夫斯克已落得默默無名。他描寫半數房屋壞朽，如骷髏頭般洞開。居民在酒醉呆滯、半飢餓的狀態下維生，出口漁獲至庫頁島、侵吞黃金、詐騙原住民，並將公鹿角當成中國壯陽藥鹿茸出售。他們不在乎宗教和政治（最有名的一位神父是黃金走私販）。有時他們在附近的森林裡槍殺中國人。

契訶夫找不到旅舍。當夜晚來臨，行李堆在碼頭上，他驚慌起來。不過最終他說服兩位本地人划船載他上一艘停在近海的汽船，睡在還過得去的船艙床鋪。亞歷山大和我抵達同一處絕望碼頭，但我們在粗簡的大廣場找到一間蘇維埃風格的旅館。我們可能倒退了半個世紀。在其貌不揚的大廳，接待員不發一語地替我們分派房間。在這充滿回音的陰暗空間，僅見的另一個人是警衛，正從閉路電視監看空蕩的走廊。我肯定入住了蜜月套房，尼龍材質的床單印著紅色愛心和玫瑰，兩只伏特加玻璃酒杯擺在床頭。門上的消防須知譯成不合邏輯的英語，建議假如你無法「清除」火勢，切勿搭電梯「消遣」

（旅館裡沒有電梯）。傍晚我眺望無人出入的建築物，包括文化宮和一間醫學院，街燈不曾亮起。我想像自己聞得到海洋。或許是意識到我的旅程抵達終點，導致睡眠變得斷斷續續。在浴室鏡中，我的臉看起來比記憶中粗厲，彷彿我仍迎著風遠望。

當我醒來，一道金色光線從窗簾底透進來，我往底下的廣場看出今天是兒童節。一群十二歲的兒童聚集在臨時搭建的舞臺前，有位可愛的民歌手使出渾身解數取悅他們。與此同時，媽媽們在人工草皮和中國製造的彈跳城堡上趕嬰兒，一旁的列寧雕像在裂開的大理石基座上舉起銀色手臂。現在民歌手火力全開，半個小時以來她的歌聲響徹廣場，宣洩熱情與感染力。成群孩童站在她面前，凝視臺上，互不交談，動也不動。隨後，他們在老師身後列隊，一個接著一個地從公園長椅和停滯池水間離開。

我帶著置身世界盡頭的感覺下樓，亞歷山大在旅館臺階上抽菸。我們正在想要去哪裡吃早餐，他的手機響起。隱約中我聽見男人說話的刺耳聲音，亞歷山大沉下臉。

現在我只捕捉到斷斷續續的句子，以及他的草草回話。那聲音在逼問答案。

「這傢伙在做什麼？」

「他只是四處走。」

「但你知道我們現在跟西方有一些過節……」

「是的，我知道……沒什麼大不了……」亞歷山大的語氣變得緊繃。

「他跟誰說過話？」

「他跟誰都說過話……」

「？」

「他不是政治圈的，他不做那些事。」

「所以他……從來沒有……？」

「不，他去博物館……」

五分鐘後，來電者掛掉電話。亞歷山大以他慣有的倔強方式站立，雙腿打開，毫不動搖。他說：「對，那是聯邦安全局，也就是你知道的ＫＧＢ。」他憤怒皺眉。「見鬼了，他們怎麼會有我的號碼？」

「也許是問飯店櫃檯人員。」

「我告訴聯邦安全局的人，你對顛覆國家沒有興趣。你只是四處晃跟釣一點魚。」

他快動作地把手機關機。「我應該要叫他滾開。」

「我很慶幸你沒有。」

不過我很慶幸他想那麼做。這正是我珍視亞歷山大的原因：倔強的自信激發他的反叛樂觀。當沒問題的亞歷山大在場，也就是近乎永遠，這股自信似乎可以讓任何事變得可能。然而我有點為他擔心，一如我為布列茲涅夫時代的異議人士擔憂，他們的正直造成自身的風險。當亞歷山大和我到了別離時刻，我突然想念的正是這熊一般的頑強。

我心想：當我對俄羅斯感到絕望，我會想起他。

尼古拉耶夫斯克的軸線是漫無計畫的蘇維埃式街道，過往四十年間彷彿幾未更動。壁燈架上依然印著錘子、鐮刀和共產黨紅星，處處可見史達林風格的宏偉建築，也許是一間電影院，妝點著灰泥和粗壯柱子矗立，更外圍的低矮住宅區漸漸過渡為木屋的郊區。幾乎沒看見半個人影，在半個世紀內，全城人口減半。不過有一場爵士音樂會預計在電影院演出，遠東交響樂團（Far East Symphony Orchestra）也將演奏柴可夫斯基和馬勒。我沿著冬季過後幾未甦醒的街道步行，很容易以為店鋪關門或不存在，但入內要穿越抵禦寒風的雙層厚墊門。倘若你敲一敲關窗的販售亭，有個叫利蒂雅或斯維拉娜、眼神疲憊的人會開窗，販賣俄式漢堡或包心菜鹹派，一如五十年前。大街變窄、舊宅邸夾道的地方，你看見木鑲板從屋內木板牆上剝落，外框細緻的窗戶空無玻璃或被封死。你設想這是廢棄的房子，但黃昏時你看到朦朧的玻璃後方透出微光，從破窗簾瞥見茶炊或一些蔬果盆栽，在剛剛消失的陽光下成熟茁壯。

追查舊港口去了哪裡、尋覓軍官俱樂部或船務代理人的家皆屬徒勞。到內戰爆發之際，尼古拉耶夫斯克享有幅度不大的重振，然而一九二〇年後拍攝的照片只顯現燒焦的殘破廢墟，磚造煙囪斜插，木屋則陷落灰燼。當布爾什維克部隊穿越西伯利亞推進，尼古拉耶夫斯克仍由一小支保皇的白軍駐守，另有兩年前占領遠東區潮汐帶遠征軍的三百五十位日兵。於隆冬時節受到優勢兵力包圍，切斷所有後援，日本要塞在協定下同意讓紅軍進城。可是第一波屠殺立刻在顫抖的平民間展開。狂暴而忠黨的年輕指揮官亞可夫・特里亞皮欽（Yakov Triapitsyn）下令殺死任何有頭有臉的人。一百位白軍軍官遭俘並處決，指揮官自殺。日本人拒絕繳械，發動絕望攻擊。多數人戰死，其餘投降且被殺。接著爆發一波瘋狂復仇。城中有近四百位日本平民，許多是婦孺，他們和另外數千俄國人被斧頭和刺槍殘殺，再扔到阿穆爾河的冰層底下。到了春天，面臨日軍沿著解凍河水下行的威脅，特里亞皮欽對倖存的四千名居民掀起大屠殺，包括最後的日本婦孺。隨後尼古拉耶夫斯克燃起熊熊火焰。

一個多月後，當特里亞皮欽和他的情婦被布爾什維克自己人處決，審判時沒提到這場大屠殺。他們遭槍殺的罪名是危及莫斯科對日關係，以及殺害四位共產黨員。

也許是我住的蘇維埃式旅館走廊回音繚繞，或是打給亞歷山大的無名聲音，抑或是這座城鎮的黑暗過往，讓我想起四十年前的蘇聯旅行。我發現腦袋裡浮現自己被跟蹤的念頭。我像以前一樣在筆記本頁面留下洩漏祕密的線索，好得知資料是否在外出時受到翻查。在河畔的紀念公園散步時，我懷疑走在身旁樹林間的男子。還有，把廂型車停在路邊的警察是不是假裝入睡？我走近時轉頭動作過快的年輕人是誰？這世界不再純真。也許只是我自身的回憶使世界轉變，可是連散步的情侶都有些微妙改變。

然而須臾過後太陽露臉，曬乾種種念頭。天空為河邊的小屋漆上藍彩。只有一隻貓跟著我。附近的長椅上，有位年輕女子面露會心微笑、對著手機發出笑聲，林間的男人在撿菸屁股。公園裡擺滿紀念物品，立於濃密的蒲公英間。彷彿城鎮從自己的歷史抽身。河流上方，垂枝樺即將發芽，鋪磚小徑易損卻完好。我經過一架克里米亞戰爭的大砲，接著是海軍紀念碑，以及另一件我無法辨識的物品。一座悲傷母親的雕像，矗立於一九一六至一九二二年間死亡黨員的紀念牌匾旁。他們埋於下方河岸某處的亂葬崗。可是在這裡身亡的數千俄國白軍是未列入記載的塵埃，原先日本為本國死者建造的紀念碑則在一九七八年被某個憤慨的黨書記拆毀。

尼古拉耶夫斯克從灰燼中一點一滴成長，再度倚靠鮭魚捕撈和船舶維修營生。連沿著濱水公園緩慢步行的年長婦女，也是在較昌平年代長大的孩子。他們享受著短暫的夏日。布爾什維克屠殺如今超出現存記憶的範圍，偉大的衛國戰爭也成為老人口中的不牢靠故事。

靠近公園盡頭，三十英尺高的花崗岩方尖碑上，擺著一艘船的銅雕模型，旨在紀念探險家根納季・涅維斯科伊（Gennady Nevelskoi）早在一八五〇年創建尼古拉耶夫斯克。他的雕像聳立於左近，手裡緊握捲軸地圖，腳下是雙層階梯和一枚巨大的鐵錨。正是涅維斯科伊為俄國開通了庫頁島與內陸間的海峽，也替穆拉維耶夫偵查阿穆爾河口。

可是涅維斯科伊不承認自己建立的城鎮，他宣稱不過是塊墊腳石而已。阿穆爾河被冰川和沙洲堵塞，絕非俄國通往太平洋的門戶。那道大門必定位於日本海，從內陸更容易抵達海洋，位置在南邊八百英里之遙。

一股目標受挫的感覺瀰漫港灣，防波堤毀壞崩進水裡。儲氣槽在人工港另一端的碼頭傲立，棄置已久的起重機沒活可幹。腳下的柏油路變成泥土。我經過一輛印著漢字的卡車，裝載鮭魚，還有輛警車停在防波堤口附近監看著。在我前方，靜止陽光下的阿穆爾河口敞開三哩寬，掀起泛著灰銀光澤的泥濘波浪，以五節的速度流動。河流盡頭的孤寂沒讓我想起記憶中的江河，一側是明亮林間陽光籠罩的無瑕山丘，而我走在另一側窄突堤旁的小徑。鐵駁船的殘骸沉在河底，礫石灘上堆著倒塌的磚塊和水泥，鐵絲和鏈條纏成一團。視線裡僅有的人跡是一位穿防水膠靴的老者，來釣白斑狗魚。四下寂靜，只聽見金屬在風中挪移的微弱鏘啷聲，以及水流的啪唧聲。岬角尖端外，丘陵線消失在阿穆爾河匯聚灰暗河水注入海洋的地方。

謝辭

我要特別感激下列人士。

謝謝你們的慷慨建言與幫助：Caroline Humphrey、Jon Halliday、Jeremy Swift、David Lewis、Colin Sheaf。最重要的是 Gillian Tindall、Charlotte Wallis 撥冗閱讀。遺憾的是有些人的名字，不得不為了保護他們而更改或保留。

謝謝我的經紀人 Clare Alexander 和發行人 Clara Farmer，對於一本可能無法完成的書懷抱不懈信心。

謝謝 Goyo Travel 和 Russia House 旅行社協調費事的許可。

謝謝我的俄語家教 Edvard Gurvich 給予耐心與友誼。

謝謝 Bill Donohoe 的嚴謹地圖。

許多研究提供寶貴幫助，但我特別感激 Mark Bassin、Franck Billé、Grégory Delaplace、James Forsyth、Caroline Humphrey、John Man、Mark Mancall、Michael Meyer、John Stephan、Dominic Ziegler 的著作。

最後、也是發自內心最深處，我想感謝妻子 Margreta de Grazia，她一路上關愛打氣，也給予旅途書寫善解人意的批評。

【當代名家旅行文學】MM1159

阿穆爾河

一條往返中國與俄羅斯的河流，集結不同命運與文化之地

The Amur River: Between Russia and China by Colin Thurbon

作　　　者❖ 柯林・施伯龍（Colin Thubron）
譯　　　者❖ 楊芩雯
封 面 設 計❖ 木木 lin
總　編　輯❖ 郭寶秀
內 頁 排 版❖ 李偉涵
特 約 編 輯❖ 李偉涵
責 任 編 輯❖ 洪郁萱
行 銷 企 劃❖ 力宏勳

事業群總經理❖ 謝至平
發　行　人❖ 何飛鵬
出　　　版❖ 馬可孛羅文化
台北市南港區昆陽街 16 號 4 樓
電話：886-2-2500-0888 傳真：886-2-2500-1951
發　　　行❖ 英屬蓋曼群島商家庭傳媒股份有限公司城邦分公司
台北市南港區昆陽街 16 號 8 樓
客服專線：02-25007718；02-25007719
24 小時傳真專線：02-25001990；02-25001991
服務時間：週一至週五上午 09:30-12:00；下午 13:30-17:00
劃撥帳號：19863813 戶名：書虫股份有限公司
讀者服務信箱：service@readingclub.com.tw
城邦網址：http://www.cite.com.tw
香港發行所❖ 城邦（香港）出版集團有限公司
香港九龍土瓜灣土瓜灣道 86 號順聯工業大廈 6 樓 A 室
電話：852-25086231　傳真：852-25789337
電子信箱：hkcite@biznetvigator.com
馬新發行所❖ 城邦（馬新）出版集團
Cite（M）Sdn. Bhd.（458372U）
41, Jalan Radin Anum, Bandar Baru Seri Petaling,
57000 Kuala Lumpur, Malaysia.
電話：+6(03)-90563833　傳真：+6(03)-90576622
電子信箱：services@cite.my
輸 出 印 刷❖ 中原造像有限公司
初 版 一 刷❖ 2024 年 6 月
紙 書 定 價❖ 540 元（如有缺頁或破損請寄回更換）
電子書定價❖ 378 元

國家圖書館出版品預行編目 (CIP) 資料

阿穆爾河 : 一條往返中國與俄羅斯的河流，集結不同命運與文化之地 / 柯林 . 施伯龍 (Colin Thubron) 作 ; 楊芩雯譯 . -- 初版 . -- 臺北市 : 馬可孛羅文化出版 : 英屬蓋曼群島商家庭傳媒股份有限公司城邦分公司發行 , 2024.06

面 ;　公分 . -- (當代名家旅行文學 ; MM1159)

譯自 : Amur river

ISBN 978-626-7356-79-1(平裝)

1.CST: 遊記 2.CST: 中俄關係 3.CST: 俄國

748.9　　113007044

城邦讀書花園
www.cite.com.tw

ISBN: 978-626-7356-79-1（平裝）
ISBN: 9786267356814（EPUB）